新媒体环境下
高校思想政治教育改革研究

张巧利　著

中国纺织出版社

图书在版编目（CIP）数据

新媒体环境下高校思想政治教育改革研究 / 张巧利
-- 北京：中国纺织出版社，2019.6 （2024.2重印）
ISBN 978-7-5180-3710-0

Ⅰ. ①新… Ⅱ. ①张… Ⅲ. ①高等学校—思想政治教育—教学改革—研究—中国 Ⅳ. ① G641

中国版本图书馆 CIP 数据核字（2017）第 149281 号

责任编辑：韩　阳
责任设计：林昕瑶　　　　**责任印制**：储志伟

中国纺织出版社出版发行
地　　址：北京市朝阳区百子湾东里 A407 号楼　**邮政编码**：100124
销售电话：010-67004422　**传真**：010-87155801
http: //www . c-textilep. com
E-mail: faxing@c-textilep. com
中国纺织出版社天猫旗舰店
官方微博 http：//weibo. com/2119887771
北京兰星球彩色印刷有限公司印刷　各地新华书店经销
2019 年 6 月第 1 版　2024 年 2 月第 7 次印刷
开　　本：710 × 1000　1/16　**印张**：14.5
字　　数：200 千字　**定价**：78.00 元

前言

我们要把握思想政治教育的时代特征。各级教育系统高度重视思想政治教育，思想政治教育工作在改进中加强，在创新中发展，取得了重要进展。方法和途径深入拓展，队伍建设不断加强，育人环境不断优化，广大青年学生思想政治面貌主流积极健康向上。在肯定工作和成绩的同时，我们也要清楚地看到，高校作为各种思想文化交流交锋的前沿和阵地，所面临的形势仍然十分复杂和严峻。从国内看，思想政治教育的对象、环境、方式、内容都在发生深刻的变化。同时，新媒体技术对思想政治教育产生了越来越深远的影响。社会新变革对思想政治教育理论创新的需要越来越迫切，青少年的思想特点和成长规律对提升思想政治教育针对性、实效性的诉求越来越强烈。这些都是思想政治教育工作者需要研究的新问题，需要应对的新挑战。广大思想政治教育工作者需要准确把握当前的这些时代特征，梳理总结新中国成立以来，尤其是改革开放以来大学生思想政治教育取得的可喜成绩和宝贵经验，关注时代发展的特点和党的战略部署，积极探索和构建具有中国特色的大学生思想政治教育的工作体系和理论体系。

聚焦思想政治教育的前沿问题。思想政治教育的前沿问题是指在理论研究和实际工作中遇到的热点问题、难点问题和规律性问题。这些问题对大学生成长成才以及思想政治教育创新发展产生重要影响，具有普遍性、集中性和迫切性等特点，需要进行创造性的研究和破解。一是要树立问题意识。从理论研究角度说，没有问题意识就没有理论聚焦，没有理论聚焦就不能形成对问题的关注，思想政治教育理论和实践的创新发展过程，就是一个不断地提出问题、回答问题、解决问题的过程。从实际工作层面看，问题意识来自于现实生活的呼唤。现实生活中矛盾、问题的集中爆发，必然引起人们的普遍关注，成为当下迫切需要解决的社会热点和难点问题。二是要掌握正确的方式方法。思想政治教育规律所揭示的是思想政治教育发展过程中的内在本质联系。从受教育者的角度看，有效的思想政治教育必须遵循受教育者身心发展的一般规律，这就要求思想政治教育工作者必须正确掌握和运用科学的方式方法，既要正确处理统一要求与因材施教的关系，也要根据受教育者身心发展规律，坚持和掌握反复教育与强化教育的原则和方法。反复和强化不是简单地重复某一原理或结论，而是从各个层面阐述基本原理，从而使受教育者在感受生动性、鲜明性、独特性和新颖性中理解基本原理。三是要有跨学科的视野。虽然思想政治教育学科已经设立30周年，但相较于其他学科，还很年轻，人才培养、队伍建设、科学研究的基础还相对薄弱。所以，思想政治教育的创新发展要深入，走内涵式发展道路。其理论研究和实践探索就需要具备跨学科视野，在坚持独立性，遵循理论研究规律、思想工作规律、人才培养规律、课程设置规律和创新发展规律的基础上，借鉴其他学科的优秀理论成果和研究方法，丰富自身建设内容，建构自身发展体系，进而深化研究，推进实践。思想政治教育研究的跨学科实践，关键在于把握跨“度”，与其他学科之间形成适度张力，形成符合实践需要的中国特色思想政治教育内容、方法和理论体系。

限于编者自身水平有限，加之时间仓促，本书难免有错误或不妥之处，诚请读者批评指正。

著者

2018年3月

目录

第一章　概述 / 1

第一节　新媒体的含义与特征 / 3

第二节　新媒体的发展概述 / 8

第三节　新媒体的价值影响 / 15

第二章　新媒体环境对高校思想政治教育的影响分析 / 19

第一节　新媒体对高校思想政治教育环境的影响 / 21

第二节　新媒体环境对高校大学生的影响 / 30

第三节　新媒体环境对高校思想政治教育工作者的影响 / 37

第三章　新媒体环境在高校思想政治教育改革中的应用 / 49

第一节　新媒体环境下思想政治理论课的优势 / 51

第二节　新媒体在思想政治理论课教学中的应用思路 / 55

第三节　新媒体在思想政治理论课中的具体应用途径 / 59

第四章 依托电子公告拓宽高校思想政治教育领域 / 63

第一节 电子公告板的产生与发展 / 65

第二节 贴吧论坛——思想汇聚传播 / 66

第三节 电子公告媒体思想政治教育的经验研究 / 69

第四节 电子公告媒体思想政治教育的发展预测 / 71

第五章 依托即时通信媒体拓宽高校思想政治教育领域 / 75

第一节 即时通信工具的产生与发展 / 77

第二节 QQ——迅捷交流沟通 / 80

第三节 即时通信媒体思想政治教育的对话范式 / 83

第四节 即时通信媒体思想政治教育的经验研究 / 86

第五节 即时通信媒体思想政治教育的发展预测 / 88

第六章 新媒体环境下高校思想政治教育的话语变革 / 91

第一节 新媒体环境下高校思想政治教育话语的特征与功能 / 93

第二节 新媒体环境下高校思想政治教育话语权的转移现象与成因分析 / 104

第三节 新媒体环境下高校思想政治教育的话语重塑 / 117

第七章 新媒体环境下高校思想政治教育的内容结构优化 / 131

第一节 新媒体环境下高校思想政治教育内容结构优化的依据 / 133

第二节 新媒体环境下内容结构优化的原则和要求 / 137

第三节 新媒体环境下高校思想政治教育内容结构优化设计 / 143

第八章 新媒体环境下高校思想政治教育的载体合力生成 / 155

第一节 新媒体环境下高校思想政治教育载体的运行现状 / 157

第二节 新媒体环境下高校思想政治教育载体合力的生成理论 / 165

第三节 新媒体环境下高校思想政治教育载体合力的动态生成 / 169

第九章 新媒体环境下高校思想政治教育的资源整合 / 185

第一节 新媒体环境下高校思想政治教育资源整合的基本依据 / 187

第二节 新媒体环境下高校思想政治教育资源整合的理论支撑 / 193

第三节 新媒体环境下高校思想政治教育资源整合的现状分析 / 200

第四节 新媒体环境下高校思想政治教育资源整合的路径选择 / 206

参考文献 / 221

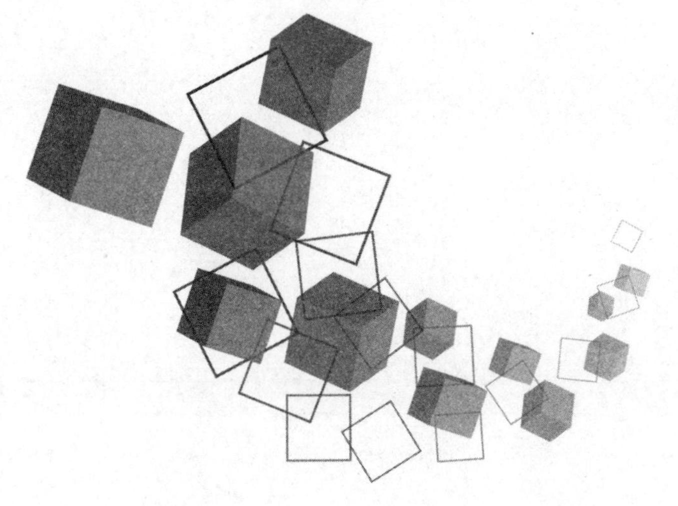

第一章　概述

21世纪的人类社会已进入新媒体时代，信息传播因新媒体而变得顺达、快捷，适应了现代社会发展的需求，新媒体已根植于社会经济、政治、文化和生活等各个方面。高校大学生群体作为使用新媒体技术最为广泛、最为活跃的群体，其价值取向、行为方式、人际交流等方面呈现出多元化的倾向。为适应新媒体时代所带来的新变化，高校思想政治教育工作者必须深刻认识和理解新媒体的特有内涵和特性，打牢思想政治教育的根基和基础，只有这样才能更加有效地做好新媒体时代的大学生思想政治工作。

第一节 新媒体的含义与特征

20世纪下半叶兴起的新科技革命浪潮，将人类社会推向一个全新的信息时代——新媒体时代。

一、新媒体的概念辨析

出现于19世纪末20世纪初的“媒体”这一名词，来源于拉丁语“Medium”，音译为媒介，意为两者之间。媒体与媒介并无概念上的本质区别，只是使用习惯上的细微差异。一般来说，媒介是整体的抽象名词，而媒体则是个体的具象名词。媒体是一个传播信息的平台。包含两层意思：一是存储信息的实体，如磁盘、光盘等，即媒质；二是传递信息的载体，如数字、文字、声音、图形等。不仅指直接面向接收者传递和运载传播符号的物质实体，而且包括其传播的总体内容。就媒体本身意义而言，媒体是具备价值的信息载体，必须具备一定的受众、信息传递的时间、传递条件以及传递受众心理反应的空间条件，这些综合形成媒体的基本价值。

在本书绪论中，已对新媒体概念的由来作了一定程度的阐述，这里依然要作一些简单说明。如前所述，最早提出新媒体概念的是CBS（美国哥伦比亚广播电视网）技术研究所所长P.戈尔德马克。1967年，他在一份关于开发电子录像（EVR）商品的计划书中，将电子录像称为“New Media”，开启了“新媒体”之门。之后，这个词迅速在美国流行并随着传播技术的不断更新而日益兴盛。21世纪初，新媒体进入我国业界和学界（特别是传媒界），越来越多的专家学者开始关注并探讨新媒体，尽管如此，许多基本问题却未能形成较为统一的认识，比如，什么是新媒体，新媒体区别于旧媒体的本质是什么。但各执一词的界定，都在不同层面上推进了内涵的深入。

关于新媒体的定义，下面列举国内外比较有影响力的观点：

联合国教科文组织：新媒体就是网络媒体，是以数字技术为基础，以网络为载体的传播媒介。

清华大学熊澄宇教授：新传媒（或称数字媒体、网络媒体），是建立在计算机信息处理技术和互联网基础之上，发挥传播功能的媒介总和。它除具有报纸、电视、电台等传统媒体的功能外，还具有交互、即时、延展和融合的新特征。互联网用户既是信息的接收者，又是信息的提供者和发布者。包括数字化、互联网、发布平台、编辑制作系统、信息集成界面、传播通道和接收终端等要素的网络媒体，已经不仅仅属于大众媒体的范畴，而是全方位立体化地融合大众传播、组织传播和人际传播方式，以有别于传统媒体的功能影响我们的社会生活。

就其内涵而言，新媒体是指20世纪后期在世界科学技术取得巨大进步的背景下，在社会信息传播领域出现的建立在数字技术基础上的能使传播信息大大扩展、传播速度大大加快、传播方式大大丰富的、与传统媒体迥然相异的新型媒体。就其外延而言，新媒体主要包括光纤电缆通信网、都市型双向传播有限电视网、图文电视、电子计算机通信网、大型电脑数据通信系统、通信卫星和卫星直播电视系统、高清晰度电视、互联网、手机短信和多媒体信息的互动平台、多媒体技术以及利用数字技术播放的广播网等。

中国人民大学匡文波教授把“数字化”和“互动性”作为新媒体的主要标准。他认为对于新媒体这一概念，要从以下四个方面进行理解：

第一，“新媒体”是一个通俗的说法，严谨的表述是“数字化互动式新媒体”。从技术上看，“新媒体”是数字化的；从传播特征上来看，“新媒体”具有高度互动性。

第二，“新媒体”是指“今日之新”。“新媒体”是一个相对的概念，其内容会随着传播技术的进步而有所发展，从人类传播史的角度而言，应是一个时代范畴，特指“今日之新”而非“昨日之新”或“明日之新”。

第三，“新媒体”的“新”是以国际标准为依据。一些在国人看来是“新”的媒体形式，在发达国家早就有了，不能成为新媒体。例如，车载移动电视。

第四，“新媒体”是一个宽泛的概念，是利用数字技术、通过计算机网络无线通信网、卫星等渠道，以及电脑、手机、数字电视机等终端，向用户提供信息和服务的传播形态。

中国传媒大学宫承波则从时间和技术两个维度来对新媒体作出界定。首先从时间上来说，是指相对于书信、电话、报刊、广播、电影、电视等传统媒体而言的媒体形态。其次从技术上将“新媒体”概念作出广义和狭义两种界定。广义上的“新媒体”是利用数字技术、网络技术和移动通信技术，通过互联网、宽带局域网、无线通信网和卫星等渠道，以电视、电脑和手机为主要输出终端，向用户提供视频、音频、语音数据服务、连线游戏、远程教育等集成信息和娱乐服务的所有新的传播手段或传播形式的总称，包括“新兴媒体”（搜索引擎、门户网站、网络报纸 / 杂志 / 广播 / 视频 / 电视、网络社区、SNS、即时通信 / 电子邮件、RSS、博客、播客、维客、网络游戏动画文学等网络媒体形态；手机短信 / 彩信 / 彩铃、手机报纸 / 杂志 / 出版、手机电视 / 广播、手机游戏 / 动漫等手机新媒体；数字电视和 IPTV 等互动性电视媒体），也包括“新型媒体”（户外新媒体、楼宇电视和车载移动电视等）；而狭义上的“新媒体”则专指“新兴媒体”。

歌风传媒经过对媒体的研究、大量市场数据分析，以及纵观业内对新媒体认识看法，结合消费者的观点，总结出新媒体定义。认为新媒体首先必须有革新的一面，即技术上、形式上、理念上的革新，理念上的革新尤为重要。真正意义上的新媒体可以简称为 VOEL 媒体或 OEL 媒体（Value 价值，Originality 原创性，Effect 效应，Life 生命力），用以区别于狭义上的个别性新的媒体。这四个要素可以涵盖其理念上的革新、技术上的创新或者形式上的革新。至于是否运用到高科技，不是决定其新旧的关键，更不能决定其在一定时间内存在的价值。就其理念而言，可分为：细分受众类的，如楼宇媒体、社区媒体、医院媒体、娱乐场所媒体、手机短信彩信、手机报媒体等；相对广众的公车视频、地铁视频、网络媒体、卖场视频、人口聚集处互动网络媒体终端机等。就其形式而言，有室外媒体，楼宇、社区、公车视频等，有无线形式的如彩信类、手机报、网络。就其关注度而言，有强制性关注的，如楼宇、电梯、短信等；有选择性关注的，如网络博客、网络互动、电视购物等。

综上所述，在新媒体的概念中，无论给怎样去界定，总能看出“新”是与“旧”及“传统”等词相对而言的时间性概念，处于动态发展过程中。因此，很难给它下一个严格的定义。只有在一定的时间段内，才能给到一个相对稳定的内涵。目前，新媒体是建立在数字技术、网络技术和移动通信技术的基础之上延伸出来的新的媒体形式。比如，现在人们习惯按照先后顺序划分，报刊为第一媒体，广播为第二媒体，电视被称为第三媒体，互联网则被称为第四媒体，移动网络（如手机）以其强大的优势被称为第五媒体。前三大媒体及户外（如路牌灯箱的广告位等）被称为传统媒体，后两大媒体被称为新媒体。可以预见今日的“新媒体”在未来同样也会归入“旧媒体”的范畴。概念是客观事物的本质属性在人们头脑中的反映，定义是对于一种事物的本质特征或一个概念的内涵和外延所作的确切表述。所以，本书对新媒体概念的界定，试图立足当下、依托梳理出来的已有定义，找出其本质。

二、本书的定义及哲学延伸

综合国内外专家学者对新媒体众多不一的解读，不难发现，人们对新媒体的认定，虽有分歧，但也有共识，或者以媒体出现的时间为主要判定标准，或者以技术发展为基础产生的媒体的功能性替代为依据进行定义。

但是，如麦克卢汉所说，电灯的出现，其意义不在于它所带来的光明，而在于它所导致的传统时空关系的转换，电灯的出现影响了人们构建自己生活和私人生活的方式，也影响了人们构建诸种社会关系和社会感知的方式。笔者认为要对新媒体进行定义，需要考虑这样几个因素：一是要能够涵盖已出现的媒体形态，并能为将来更新的媒体形态留有涵盖的空间；二是要揭示出与传统媒体的最本质的区别。因此，笔者试图跳出新媒体，即新兴媒体或者新型媒体的圈子，挖掘出新媒体的深层内涵。

基于此，本书所给出的定义是：新媒体就是依托数字技术、网络技术和移动通信技术等，通过有线或者无线传输网络，向用户提供信息（数据）服务，发挥传播功能，并能使传播者与受众（用户）互动的媒介的总和，它以其数字化、交互性、高技术支持等构筑了一个全球性、开放性、全方位的信息空间。

新媒体的内涵可以分为两个层次：第一层次为技术层面上的新媒体；第二层次为哲学层面上的新媒体。

第一层次，在技术层面上，新媒体即数字化媒体。人类已经进入了一个“信息高速公路”时代，传播信息的速度、数量与质量都实现了革命性的飞跃。也就是说，新媒体应该称为数字化媒体。数字化是计算机技术、多媒体技术和软件技术的基础，复杂的信息通过可以度量的数字（数据）建立起适当的数字化模型，把它们转变为一系列比特（“0”或者“1”），引入计算机内部进行排列组合，这样，人们就可以方便地阅读或者编辑修改文本、图片、声音、影像、动画、游戏等。新媒体是利用网络技术、数字技术和移动通信技术等，通过互联网、无线通信网和卫星等渠道以及电脑、手机、数字电视机等终端，向用户提供信息（数据）服务的传播形态及媒体形态。数字化是信息社会的基础，也是新媒体时代的重要特征。首先，新媒体承载的信息因数字化而变得迅速、海量和高清，人类随时随地都被信息包围。其次，以数字化为主要特征的新媒体实现了点对点的信息传播，由传统媒体的一点对多点的传播，转变为一对多、多对多、多对一的传播，所有人对所有人的传播已经实现，信息传播的全民化和互动化时代已经到来。

第二层次，在哲学层面上，新媒体实现了人类与信息关系的根本性变革。麦克卢汉在对媒介进行解读的时候，认为媒介引进了“一种尺度”——媒介即信息（讯息）。媒介就是讯息，是媒介本身而不只是媒介传递的信息在改变着人类社会。真正有意义的并不是各个时代媒介所传递的信息，而是人们拥有了某个媒介，运用媒介从事与之相适应的传播活动及其他相关内容。任何媒介（即人的任何延伸，或任何一种新技术）对个人和社会的影响，都是由新的尺度产生的。机器的意义不在其自身，而在于人们利用机器所做的事情，无论是生产玉米片还是生产高级汽车。在人类社会进步的历程中，信息发展是一条奔腾不息的长河，经历了四次革命。第一次是语言信息革命，即通过器官进化而发出有意识的声音来实现点对点的信息传递方式；第二次是文字信息革命，即依靠文字记录的刻画、书写及印刷载体来完成线性的信息传递方式；第三次是电磁波信息革命，电磁波及以后通信技术的不断进步，使得信息传播形成一个信息覆盖面；第四次是电子计算机信息革命，通过互联网、移动通信和数字技术形成了一个全方位的立体化的信息传递网络。这四次“点—线—面—网”的信息革命中，每一次的变革都标志着人类文明的进步，特别是第四次变革，实现了立体化的根本性的突破。因新媒体而实现的海量、实时、高清信息将人类强势包围，人类和信息几乎是零距离。特别是全息投影技术和3D技术所带来的无比真实的现场感，使人类进入了一个信息狂欢时代。全民参与和互动也使得人们对信息世界秩序进行全面重构，这将完全变革人类对媒体的认识。被报纸、电视等传统媒体捧为至宝的客观和真实原则因新媒体而接受挑战。比如，周克华案件，在网络新媒体的介入之下，发生了微妙的变化，人们开始对网络所传递的信息表示出一定的怀疑，甚至来自官方媒体的权威也受到了冲击。

第二节 新媒体的发展概述

新媒体自出现到鼎盛，历经的周期较短、速度快，主要因为其契合了当前大众对于社交媒体、资讯媒体、娱乐媒体的巨大需求。新媒体具备多维功能媒体的诸多特点，可以集约化、一体化满足用户需求。随着技术的发展、市场的酝酿、资本的准备和政府的重视，新媒体发展迎来了新的格局。国家发展规划中强调，要大力推进以数字技术和互联网技术为核心的文化生产和传播新兴行业，加快传统行业向现代行业的转变，积极发展电子书、手机报刊、网络出版物等新业态，发展手机网站、手机报刊、AP电视、数字电视、网络广播、电视、电影等新兴的传播载体。新媒体发展迎来了自己的上升期和机遇期。对于新媒体当前发展状况的了解，有助于我们把握媒体发展规律和大学生媒体的应用心理。根据新媒体代际递变的规律，我们发现了新媒体在技术、群体、社交方面的发展轨迹，由此探究当前新媒体的发展思路，了解新媒体的形成内核。

一、新媒体的代际递变

“新媒体”一词是1967年由美国哥伦比亚广播电视网（CBS）技术研究所所长戈尔德马克率先提出的，作为概念标签定格了一个时代媒体的特征，沿用至今。新媒体概念也一直嬗变发展。新媒体技术出现于20世纪中后期，以计算机技术和互联网技术为发展基础，可以说，数字技术的诞生和发展体现了新媒体演变的轨迹，促进了电话、电视、电脑等技术走向融合，形成多媒体的格局。在数字技术运用下，信息的生成与采集、信息分配、信息处理、信息存储、信息显示更加高效率、高质量。新媒体作为变动中的代际概念，已经被我们圈定了研究范围。五种新媒体呈现出媒体发展历程中的特性，暗合了媒体发展的技术、群体、社交三大属性。从比较长期的媒体发展史中可以窥探其中的线索。

(一) 技术方面的进步与创新

新媒体代际递变表现在数字化技术的一步步精准、集约、人性化。传统媒介中，手抄文字图画、对口传播是第一次传播革命；印刷媒体的诞生产生了第二次传播革命；广播电视的发明及应用掀起了第三次传播革命；第四次传播革命产生于信息社会，互联网的革命性就在于贡献了新媒体，使得信息传播走向真正的技术层面，深刻转变了新媒体在数字化技术上的精准。

首先，电子计算机的产生、互联网的出现和 HTTP 协议的发明是新媒体兴起的首发阵容。这三项技术契合了人类社会生活交往的需要，伴随媒体应用功能的探索不断深入，组合发挥新的媒体影响。其次，卫星通信技术的出现也为新媒体开拓了疆域。1974 年，美国首先试播卫星电视成功。随后卫星通信、全球定位系统将空间与媒体技术融合为一，真正实现了“地球村”的设想。再次，宽带技术的出现，带来了网络能力的增强和容量的增大，实现了信息高速公路的设想。最后，手机技术的成熟，从单一电话与短信业务拓展到彩信业务和彩铃业务等多媒体技术，再逐步变革职能系统，开发 APP 应用，成为全新的媒体平台。

从不同的角度观察，可以发现新媒体代际变化经历了软件个性化、互联无线化、带宽加大化等变化。软件个性化是指从个人软件到社会软件的发展。互联网应用的模式变化很大，经历了以“人机对话”为主到“人与人对话”为主的蜕变。电脑服务人性化要求增加，“以人为本”的个性化渴求得到满足，对今后互联网业、软件业、电信业和硬件业等都将带来根本性的变革。互联无线化是从互联技术来看，以满足个人需求、实现任何时空互联为核心理念的移动互联网，目前已逐渐建立核心市场。带宽加大化是从窄带互联走向宽带互联的趋势来看，网络带宽的增加将刺激媒体更快速地发展，从现在以图文为主的阶段发展到以多媒体为主的阶段。据瑞典互联网市场研究机构 Pingdom 在其网站公布的数据，2012 年全球互联网用户数达 24 亿，其中中国用户以 5.65 亿的数量居全球之首，巨大的用户数量代表了个人互联网应用条件的成熟。

(二) 群体方面的延展与普及

新媒体的代际递变表现在媒体服务是群体属性的变迁和转移，从精英媒体到大众媒体，再从大众媒体到个人媒体。媒体发展经历的这三个阶段，分别代表着传播发展的农业时代、工业时代和信息时代。精英媒体相对于当时的社会生产力局限而言，传统的媒介传播，使得媒体资讯成为社会的稀缺物品，为精英阶层所垄断。大众媒体时代，媒介借助工业革命和技术手段得以普及，报纸、广播、电视等媒介成为主流的大众传媒。个人媒体时代真正搭上信息快车，个人成为多维媒体中的一维，且每个人都成为自媒体，爆炸式增长传播触点，病毒式传播资讯信息，个人媒体主体作用更加凸显。各种媒体层次的本质在于信息的生产、流通、消费群体不同。

首先，精英媒体阶段，信息由少数人生产、少数人消费。从造纸术、印刷术、竹简、帛书等形式可见信息的昂贵与稀有。少数人生产出了少量的信息，通过高成本的传播渠道，被少数群体所消费。在这一过程中，信息编辑受到精英影响，传播范围和影响力也局限在精英群体内。精英新媒体发展至今也保留了一定的群类，如高级内参杂志等，影响仅限于精英层。其次，大众媒体时代，信息由少数人生产，多数人消费。从书籍、报刊、广播、电视等工业传播媒介开始，传媒生产力和生产关系获得巨大发展，单位时间内和具体空间内的信息量猛增，使得信息辐射到大众层面，在具备信息载体的情况下，信息成为人人触手可及的必需品。大众传媒发展至今依然保持巨大的主体性，但是随着报网融合、电网融合，传统的纸质媒体和广播电台逐步走向转型和淘汰。最后，个人媒体时代，信息由多数人生产，多数人消费，生产和消费界限模糊。从贴吧、博客、微博、微信等形式中可以展现个性，新媒体完全基于个人用户的内容进行传播。大多数人都成了信息源，也互相形成树枝状、网络状的信息介质，从而推动信息暴涨蔓延，为大多数人所消费，消费的同时，转发、评论、分享等功能的开拓更推动了信息生产的同步化。

三个阶段中，个人媒介中心点在于个人，个人性和社会性之间的权重存在较大差别，本质上是真正的P2P（Peer to Peer）的传播方式。随着社交生活的丰富和网络技术的发展，以往因强调个人为中心而被边缘化的新媒体已渐渐走向主流。其中以博客最为典型。博客本身就是一场媒体革命，不仅更新了传播的生产方式，而且也更新了传播的消费方式，使得消费者、传播者和生产者都产生了深刻的变革。有学者认为当下如日中天的微博代表了真正的新媒体，其传播特征就是由所有人面向所有人进行传播。从传播变革的进程来看，个人媒体的革命将成为必然。从网络商业化到网络社会化发展的历程来看，过去十年是互联网的商业化阶段，未来十年是互联网的社会化阶段，而其核心则是个人网络化。互联网的主体也悄然变成了一个个“个人”，所代表的不仅是网络用户和信息的消费者，也是网络资讯主动的生产者、创造者和建设者，从而将这个新媒体时代递变成了一个适用于且必须用于思想引领和思想影响的时期。

(三) 社交方面的功能衍变与转移

新媒体的代际递变表现在媒体社交功能和渠道的进一步拓展。新媒体蕴藏了海量的网络信息，与以往传统的社交模式不同，大学生可以根据自己的兴趣和目标，自主搜寻对应的社区和群落进行交流，更加直接和便捷。一方面，新媒体突破了传统社交模式的时空局限，不需要特别的聚会和集中，就可以在网络上进行相对平等的对话、讨论，也不需要考虑性别、年龄、地位的差别，它是年轻的大学生发扬个性、结交朋友、相互联络的重要途径；另一方面，网络运营商针对大学生群体推出的各种业务，包括套餐、积分活动等，价格实惠，使大学生在经济上完全可以接受。虽然大学生运用新媒体并不完全基于社交的考虑，但这确实比传统社交活动的花费更低廉。

全球知名新媒体研究专家布莱恩·索利斯，曾在其个人官网上发表《社交媒体2011年状况》的分析性文章。指出社交媒体在2011年取得高速发展，其社会影响力与日俱增。此外，作者认为社交媒体的初级发展阶段已经结束，但如何在未来提升社交媒体在人类社会生活中的参与度和领导力仍需探索。据报告显示，目前，社交网站和博客占据了美国网民的大部分时间，这个比例接近25%。有五分之四的活跃网民（每天上网）会访问社交网站。这种热衷社交的情况不仅在美国，而且在全球十大互联网市场上，超过75%的活跃网民使用社交网络和博客。社交媒体发展势头强劲，美国轻博客运营商tumblr的受众在2010年一年内翻了3倍。社交媒体发展到现在，已经成为我们生活中的重要组成部分，话语权不再囿于专家学者组成的精英阶层。

在社交方面，新媒体代际变化体现了人际交往的点、线、面的扩展。早期人际交往在大众传媒条件下，还是基于血缘、族缘、乡缘、学缘、业缘等纽带关系形成和扩展的人际圈。到了新媒体时代，陌生人和原本没有可能联系的人也可以联系在一起。所谓点，表现在原来熟悉的个人（社交触点）到另一个熟悉的个人（社交触点）的缓慢、稳定的人际关系转移。不同社交触点之间的相似度和亲切度较高，且后一个社交触点的建立多基于前一个社交触点的关系基础。在中国社交“熟人”社会模式下，没有人介绍、引荐的情况下，一个人熟识另一个人的概率较低，具有很大的偶然性。例如，在新媒体互联网上，陌生人的随机接触，可能会流于表面，易于变动，而通过熟悉的触点到达下一个触点，则比较方便和稳定。所谓线，表现在由一个行业群体、事业群体形成的人际交往线索，也是逐步延长的。相同志趣、相同目标、相同事业等群体，不涉及个人之间触点如何，可以凭借相同线索实现从熟悉群体、比较熟悉群体到比较陌生群体的社交转移。在隔行如隔山的中国，行业协会发挥着重大的社交作用。在新媒体人际交往中，相同志趣人群形成的QQ群交流、微博广场交流，也体现了线的迁移。媒体代际递变到了新媒体时代之后，在所谓面上进一步铺展。新媒体的普及，形成了新媒体使用用户全面开放的格局，往往可以覆盖全体新媒体使用用户的交际圈。微博上任意一个人几乎都拥有来自不同地域、不同身份的粉丝。社交圈演变为可以无局限扩展的社交网络，新媒体作为社交工具实现了其功能和影响的爆炸性增长。从受制于熟人社会的社交触点，到跨越地域、人群限制的社交线索，再到无疆界、无时差的社交网络，以Facebook为代表的社交媒体突飞猛进，最终，新媒体完成了点、线、面的代际递变。

（四）时间区间方面的前后相续与递进

考察中国新媒体的实际发展区间，我们发现其中在时间区间上存在相续性和递进性。每一种新媒体从产生到普及的时间逐渐缩短，新媒体之间更新换代的速度也逐渐加快。平均3.5年换代一次，在既定媒体增速放缓情形下，更新一类媒体增速加快，几大新媒体齐头并进，形成一种主流、多个支流、重叠复合使用的情形。

1994年中国第一个曙光BBS诞生，到现在已经走过20年左右。和许多互联网产品一样，BBS作为一种长寿命的产品形态，同样完成了由发展到衰退的转变过程。作为互联网新媒体的第一枪，BBS产生的用户使用习惯与既定功能模式依然影响着现今新媒体发展的趋势。

二、当代新媒体动态格局

新媒体发展至今延续了媒体发展的便捷性和高效性，但是当前新媒体格局却凸显出不同于一般媒体的格局：新媒体较以往任何媒体都更加生活化，更深刻地嵌入每个新媒体用户的生活。同时，新媒体也因为技术平台的多样性与技术彻底更换的不平衡性，产生了多种不同代际的新媒体共存的局面，并且在共存中不断交际、融合、改造，趋于产生新的边缘产品和多功能产品。当前新媒体正在形成其特有的生态圈，这一生态圈纷繁复杂，却紧紧围绕用户体验的营养土壤，向着用户群体效应的阳光不断生长。由于用户群体效应的变化多端，新媒体总是在更新换代与“自我繁衍”。

当前新媒体已经形成了BBS、SNS服务、社会化电子商务、签到/位置服务、微博、即时通信、RSS订阅、消费点评、百科、问答、社会化书签、音乐/图片分享、博客、视频分享等数量巨大的新媒体群类。这些新媒体根据早期技术发端，源于世界某一个热门媒体进而引进中国，改造衍化。在各种群类中，既有单独从事专项新媒体运营的公司，也有跨界联合的大型传媒集团。在固定新媒体群类内部也存在着几大产品并存的局面，并且在短期内都锁定了自身特定的用户群。新媒体生态圈中各种新媒体在服务定位和服务水平方面各不相同，而这些服务形成的使用喜好和体验习惯有利于“黏住”固定用户群。目前，中国网络用户多使用即时通信、搜索、音乐、新闻、网络视频等应用，其中新媒体占据了五分之三，而这些网络产品都具备社交和娱乐的新媒体功能。可以说，新媒体已经不再仅仅是传统意义上的媒介或资讯的传播工具，更成了网民网络生活的载体和核心。人们在互联网上的生活，出现了新的业态。

第一，优酷网、土豆网、56网、爱奇艺网等视频网站强势鼎立。视频分享和欣赏成为主要娱乐方式，由此产生了“播客”这一类似媒体记者的群体。用自己的摄像设备，记录社会、传播社会。类似的还有虾米网、巴巴变、新浪Qing博客等音乐分享网站和图片分享网站，都在娱乐分享的情况下实现了视频媒体、音频媒体和图片媒体的传播。

第二,百度百科、互动百科、维基百科等百科式网站，以及百度知道、搜搜问问、360问答等问题回答式网站，以及QQ书签、新浪书签等社会化书签。最新的社会知识群体已经通过新媒体衍生了知识的大众化，大量信息和知识来源逐渐倾向于“有问题，百度一下”“搜搜问问”等新媒体。建立在资讯分享和答疑解难的信息需求上的文化与知识分享，在知识水平进一步提高的中国愈加普遍。

第三，大街网、天际网、商麦网等商务社交网站，以及拉手网、美团、大众点评等社会化电子商务与消费点评平台。商务社交网络的主要目的是为职业人士创造一个在线社交平台。在此平台上，用户可以通过不断扩展的人际网络从容地寻找商务联系人。而社会化电子商务与消费点评实现了商务消费与社交的融合，通过对沟通消费属性的群体的聚合实现商务利益的集中化。

总体来看，目前大学生使用频繁与较为广泛接触的新媒体平台，其思想性和娱乐性要多于消费性和商业性，行为的非功利化和社会责任感也多于婚恋社交和商务社交用户群。就我们选择的论坛、贴吧、博客、空间、QQ、微信、微博等新媒体来分析，当前新媒体动态格局主要体现在以下方面：

第一，在论坛聚合媒体方面，猫扑、天涯、百度贴吧依旧保持强劲的媒体地位。论坛贴吧出现多年之后仍然保持在网络舆论的最前沿，就在于其固定的用户习惯。众多网络热门事件多曝光于论坛。目前，论坛依旧是网民通过评论来参与社会事件的基本阵地。

第二，在社交博客媒体方面，当前格局以微信形成了主流地位，以及以新浪博客、网易博客和腾讯博客等形成的博客群。中国高校新媒体用户集群有说法为“北有微博，南有微信”，一方面体现了博客式社交媒体的重要地位，另一方面展现了大学生对社交媒体的知识化与个性化的追求。

第三，在即时通信媒体方面，腾讯QQ、微信依然保持了首要位置。中国移动飞信、MSN、阿里旺旺等产品占据着专业的市场份额。出于多年即时通信的积累，腾讯QQ依然是中国最普遍使用的新媒体之一。微信已经成为联系便捷的通信工具。手机微信具备移动设备交友的更大便利。

第四，基于移动设备的终端平台，链接了移动Web或4G网络的新媒体，以及由手机短信、彩信功能延展的手机报新媒体，展现了更加灵活多样的媒介形态。当前手机新媒体呈现出以移动、电信、联通等手机运营商为主架构，多种群团组织、社会机构、商业公司“多报齐发”的媒体状态。手机报以及移动信息平台对于广大新媒体用户来说意义重大，促进了真正双向互动的实现和用户的精准定位。

第五，在微博方面，出于内容建设和分享的便利性与参与社会公共事件的热情，推动了微博成为当前新媒体中最重要的一极。在社会捐助、扶贫帮困、打拐救助、高铁事故等一系列事件中，公众通过微博获知事件即时信息，政府通过微博政务公开、取信于民，企业也通过微博做好产品公关和推广宣传。

第三节　新媒体的价值影响

新媒体相较于传统媒体而言具有开放性、自由性、丰富性和个性化的特点，因此，它对个人和社会的价值影响广泛而深入。

一、新媒体在核心价值建设中的作用

核心价值代表了一个民族的灵魂和精神，是一个民族和国家生生不息的重要力量。新媒体可以通过高效的信息传播、舆论引导、社会监督、公益事业等方式为社会服务，承担更多的社会责任，在社会主义核心价值体系建设中发挥重要的作用。

第一，传递信息，引领社会主流价值观。新媒体时代，人们获得的很多信息直接来源于媒介，如何有效引导舆论，强化社会主流价值观，是媒体的

一大责任。新媒体以其信息传播的广泛性、即时性等优势成为“意见领袖”，弘扬主旋律，用正确的舆论引导社会形成主流价值观。以中国新闻网站为例，近年来，在国家和政府相关部门的关注下，中国新闻网站的新媒体建设大力加强，不断尝试使用博客、播客、电子杂志、电子报、网络社区、手机电视、微博等多种新媒体传播方式，使传媒资源优势得到进一步提高，在重大事件的传播中占据着无可替代的主流媒体地位。

第二，反馈信息，搭建平等对话交流平台。交互性是新媒体的重要特征，在信息互动过程中，信息传播者与信息接收者之间可以进行双向交流或多向交流，缩短角色距离，实现平等对话。

第三，及时报道，形成和谐社会风尚。新媒体的即时性特征，使其在对公益事件的报道中，通过及时、有效的诉求，激发起受众的爱国主义、民族精神、正义团结等高尚情感，进而形成社会公益事业的中坚力量。例如，在汶川、玉树地震报道中，新浪、搜狐等网站每天都及时更新、加强跟踪，第一时间让全社会知道抗震救灾的进展情况，弘扬大爱精神。《手机报》每天早晚为手机用户提供地震灾区的信息，随时告诉人们，“关心身边的人”，“献出一份爱”，“感动中国”等，这些信息的传递为和谐社会的建设提供了良好的舆论环境。

二、新媒体带来的相关问题

新媒体以其无可比拟的优势占领受众市场，在推动社会主义核心价值体系建设、促进社会生产力发展的同时，对传统的价值观念、道德观形成了巨大的冲击和挑战，并带来了文化安全等问题。

新媒体时代改变了传统媒体信息传播的中心化和权威化，体现了大众参与的“草根性”特点。新媒体参与者的“草根性”和信息的“无屏蔽性”深刻地影响着人们的价值取向，带来了价值观念多元化、价值目标现实化和价值理想个体化。

价值观念多元化。社会的主导价值观是主导社会理想、信念和精神风尚的灵魂，是稳定国家的经济制度、政治制度和思想文化制度的精神支柱。在人类历史上，任何社会的统治阶级，为了维护本阶级的统治地位，为了保障社会的安全，都必然要把能代表本阶级根本利益的价值观作为社会主导价值观加以倡导。在我国，长期以来，集体主义价值观一直在道德领域占有一元的主导地位，树立共产主义理想和社会主义信念一直是人们的政治追求。但在新媒体环境下，一方面，由于网络的开放性、不可控性和隐蔽性，致使各种各样的文化思潮、价值理念、生活观念、消费方式等通过新媒体广泛传入，使得人们传统价值观念受到多方面的冲击和挑战；另一方面，一些大众媒介一味追求经济效益，缺少约束机制，为制造轰动效应而不惜迎合社会上某些庸俗、消极乃至不健康的思想文化潮流，对人们的价值标准的选择形成了强大的冲击。

价值目标现实化。价值目标是价值主体所设想的自身实践活动的结果。科学的人生价值目标应是个人发展与社会发展相统一的，个人当前追求的目标应服从于事业发展的长远目标，个人目标应服从于社会的主导目标（爱国主义、社会主义、集体主义的价值目标）甚至最高目标（全心全意为人民服务的共产主义价值目标）。在新媒体环境下，纷繁复杂的网络信息，使人们的集体主义价值观受到削弱，导致了个人本位主义、利己主义和极端个人主义的滋生。受实用主义和拜金主义思想的影响，在价值观上，有的人相信“人都是自私的”，理想太远、太大、太空，个人的现实生活最为实惠。有的人则过分张扬个人价值，有意销蚀社会理想和集体主义价值观，在处理与他人关系时采用所谓的“实用、实惠”准则，在观念上倾向于个人本位主义和利己主义，使集体主义人生价值观的主导地位逐渐被注重个人的存在和物质至上的现实主义价值观所取代。

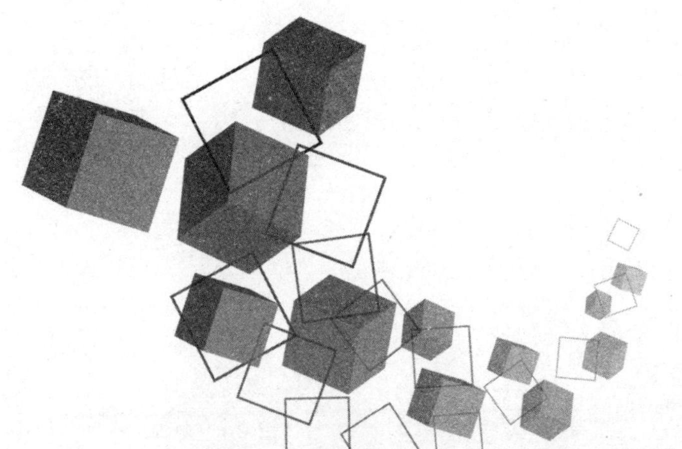

第二章
新媒体环境对高校思想政治教育的影响分析

新媒体时代，高校思想政治教育面临着前所未有的新情况和新问题：一方面，它使得思想政治教育的社会环境、文化环境变得更加复杂，工作对象、模式、队伍受到冲击，大学生的生活、学习、心理和价值观都面临着重大影响和严峻挑战；另一方面，由于新媒体技术在信息收集、信息内容与形式、信息传播渠道等方面的重大变革，作为新媒体时代高校思想政治教育的一种新形式，对大学生的思想政治素质、价值取向和道德观念的形成有着积极的影响作用，给高校思想政治教育带来了难得机遇。因此，认真研究和分析新媒体对高校思想政治教育的影响，是做好新媒体时代高校思想政治教育的首要工作。

第一节　新媒体对高校思想政治教育环境的影响

高校思想政治教育环境是由社会环境、文化环境和技术环境构成的。这是因为，在推进高校思想政治教育的过程中，社会环境起着制约作用、文化环境起着补充作用、技术环境起着支撑作用，它们对思想政治教育能否顺利进行，都起着极为重要的影响作用。与以往相比，新媒体时代高校思想政治的社会环境、文化环境和技术环境已经或正在发生重大变化。

一、社会环境

新媒体技术对社会变迁的影响主要表现在两个方面：一是基于信息技术而形成新型社会形态，亦即网络化社会；二是由互联网架构网络空间或虚拟世界，亦称虚拟社会或赛博社会。基于新媒体时代的社会环境，高校思想政治教育主要发生了以下变化：

(一) 社会空间“无屏障”

在新媒体环境下，由于媒体接近权的实现，不仅使人的感知范围和能力空前提升，更使个体的传播能力和沟通能力得到加强。人们对世界的认识不再依赖单一、单向的信息来源，往往是在多信道中通过沟通和辨别来完成。在如此社会环境下，高校思想政治教育由原来的“点对面”的“封闭式”的单向传播得以改变，新媒体的即时互动性不仅使信息传播“时间无屏障”、“资讯无屏障”，更重要的是使得社会空间变得“无屏障”。如今人们利用新媒体已经做到了随时随地与人对话、交流，在有关站点公开发表自己对有关事物的意见和建议，有时还展现出更强大的舆论力量。高校思想政治教育工作者的作用日趋减弱，呈现出传播内容的极大开放性，受众的主体地位得到极大的彰显和提升。与此同时，给信息的真伪性的甄别带来很大困难，使得大学生容易受到虚假信息及不良信息的误导，也给大学生思想教育工作带来困难。

(二) 社会舆论同化迹象严重

新媒体技术所带来的是传播内容全球化，意识形态全球化，但是，这种全球化并非双向，而是单向的。在如此单向传播的社会环境下，媒体舆论的格局发生了重大变化，即中心与边缘是否对称，在海量信息特别是重大问题如国际相关事务问题面前，大学生的观点或价值取向，往往是相似的甚至是舆论同化的，这种状况给高校思想政治教育带来了空前的难度。究其原因：一方面，由于大学生生活在新媒体环境之中，他们的日常生活及其学习活动处处与新媒体有关，有意或无意地受到垄断媒介的舆论控制；另一方面，西方发达国家的既有优势控制着新媒体的资源和技术，将其触角伸向全球各个角落，试图使全球舆论传播摆脱主权国家的烙印。以美国为例，美国控制着信息与网络的基础资源，从互联网诞生至今，美国控制着 1 台主根服务器和 9 台副根服务器，而根域名服务器是架构互联网所必需的基础设施。美国拥有全球访问量最大的搜索引擎 Google、最大的视频网站 Youtube、最大的微信平台 Twitter 和最大的社交空间 Facebook，美国的 Intel 垄断着全球电脑芯片，IBM 推行着“智慧地球”，Microsoft 掌控着电脑操作系统，ICANN 掌控着全球域名地址，苹果主导着平板电脑。美国的网络空间霸权遍布国际互联网的每一个领域、每一个角落，在如此社会环境下，社会舆论被同化已成为一种必然。

(三) 社会负面信息呈膨胀趋势

新媒体作为当代社会的一个开放系统，一方面，它扩展了大学生获取信息的渠道，使大学生接触的信息面更宽，接触的不同观点更多，获取的信息就可能太多太滥；另一方面，海量信息，鱼龙混杂，使得高校思想政治教育的环境变得更加复杂化。首先是多元的大众传媒形态，超时空、数字化的虚拟世界，光怪陆离、泥沙俱下的传媒信息，对于世界观、人生观和价值观正在形成之中的青年大学生来说，容易分辨不清，不可避免地带来诸多负面影响。其次是新媒体所具有的高技术与生俱来的渗透性，是一个不以人的意志为转移的客观存在。据悉，全球互联网的全部网页中占81%的是英语，其他语种加起来不足20%；国际互联网上访问量最大的100个网站中，有94个在美国境内。当前从国际互联网上可接受的信息来自美国的占80%，来自中国大陆的仅占0.01%。这表明，以美国为首的西方发达国家凭借其资金与技术的优势，占据了互联网信息资源的绝对控制权，大肆进行意识形态方面的渗透。由于缺乏必要的技术手段和监督机制，社会负面信息对高校思想政治教育所产生的冲击也是不可避免的。

二、文化环境

(一) 文化环境的变革

1. 网络语言盛行

新媒体的发展，带来了新型的思想交流方式，改变了人们的行为习惯和表达方式。网络发展促进了一种独特的话语体系的产生。网络语言是当今高校文化环境的一个极为重要的特征。网络语言是伴随着新媒体的发展而新兴的一种有别于传统平面媒介的语言形式。它以简洁生动的形式，一诞生就得到了大学生们的偏爱，发展神速。目前正在广泛使用的网络语言，在形式上有如下几种：

(1) 符号化语言。在电脑上输出文字时，习惯上会带有相关的符号语言。例如，-)(微笑的象形)；-D (大笑的象形)；-C (撇嘴的象形) 等。

(2) 数字化语言。运用数字及其谐音可以更好地表达自己的想法。例如，55(呜呜的谐音，表示哭的声音)、88(拜拜，英语单词Bye-bye的谐音)、520 (我爱你的谐音) 等。

(3) 字母化语言。类似于数字的运用，字母也有表情达意的功效。例如，BF (boyfriend的缩写，即男朋友) 等。在内容上有如下表现：一是新词新意层出不穷。像网络新词酱紫 (这样子)、表 (不要)、杯具 (悲剧) 等，它们是同音替代或合音替代。一些旧词有了新的意思，可爱 (可怜没人爱)、天生丽质 (贬义词) 。二是使用超越常规的语法。网络语言已经不再拘泥于传统的词语构成语法，各种汉字、数字、英语或简写混杂在一起，怎么方便怎么用，语序也不受限，倒装句时有出现。例如，“……先”、“……都”、“……的说”，千奇百怪；三是口语化的表达。网络交际语言用于网上交流，在表达上更偏向口语化、通俗化、事件化和时事化。

2. 文化消费呈多维性和选择性

文化消费是一种直接影响人的精神、思想、心理、情感以及价值观、人生观的为人类所特有的社会文化现象。新媒体扩大了文化消费的内涵。随着信息产业的发展，媒体消费不单是一种文化产品载体，或者一种文化消费品，媒体消费已经融入人们的日常生活，逐步成为一种消费习惯和消费行为。当以电视为核心媒体的消费文化，利用难以计数的符号和形象流动生产出无休止的现实模拟的时候，消费者往往失去对现实的把握，人们在消费过程中逐步地迷失于“符号”的海洋里。20世纪末~21世纪初，当以互联网为核心媒体的信息消费，利用便捷的信息传播通道和手段将信息传播的时空差别降到最低，生活在如此文化环境中的大学生，媒体消费已成为他们日常生活中的一种基本消费，投入时间和资金在信息的获取上已经成为一种基本的、习惯性的消费。与以往的文化消费不同，新媒体文化消费呈现出新的特点：个性化特征更加明显，受众的自主选择性能够更加充分地发挥；互动性加强，信息传递从单向走向双向、多向互动交流；受众参与性增强，将受众从被动的接受者变成主动的参与者；更加便捷的新媒体扭转了文化消费的时空限制，文化消费可以更多地通过新媒体随时、随地发生；异地形象可视的文化消费活动、异域文化产品资源共享、远程文化消费操控等新的行为模式，成为新兴媒体引领的文化消费亮点。

3. 青年亚文化已成为高校文化环境的重要形态

在高校文化环境中，青年亚文化的存在一直与主流文化是相互伴生的。新媒体为青年亚文化提供了成长的温床，同时也促成了一种新的文化形态，即新媒体环境下青年亚文化。这种亚文化有别于传统的表达方式，大学生群体在张扬个性、宣泄情绪的同时，尤其显示出一种对主流文化、精英文化的抵抗和解构。近几年来，在高校流行的网络游戏、网络文学、网络音乐、网络恶搞和网络事件等形式，已成为高校大学生所追求的与主流文化、精英文化有偏离性差异价值观的生存方式。

网络游戏：英文名称为 Online Game，又称“在线游戏”，简称“网游”。指以互联网为传输媒介，以游戏运营商服务器和用户计算机为处理终端，以游戏客户端软件为信息交互窗口的旨在实现娱乐、休闲、交流和取得虚拟成就的具有可持续性的个体性多人在线游戏。大学生亚文化群体借助于这种游戏形式，既舒缓了压力、表达了个性，同时也使他们对现实社会的挫败感和失落感都在网络游戏过程中得到了发泄。

网络文学：指新近产生的，以互联网为展示平台和传播媒介的，借助超文本链接和多媒体演绎等手段来表现的文学作品、类文学文本及含有一部分文学成分的网络艺术品。网络文学与青年亚文化存在着内在的姻亲关系。由于借助强大的网络媒介，网络文学具有多样性、互动性和巨大的自由性，因而成为大学生亚文化群体表达思想和情感的最便捷工具，成为青年亚文化的一个表达空间。

网络音乐：是指音乐作品通过互联网、移动通信网等各种有线和无线方式传播，其主要特点是形成了数字化的音乐产品制作、传播和消费模式。网络音乐主要由两个部分组成：一是通过互联网提供在电脑终端下载或者播放的互联网在线音乐；二是无线网络运营商通过无线增值服务提供在手机终端播放的无线音乐，又被称为移动音乐。网络音乐既能够表现大学生亚文化群体对自我思想的表达和对社会现实的讽刺与揭露，同时也能够充分体现他们对人生、社会、爱情、生活等方面的追求与理想，因而成为大学生亚文化的一种强有力的表达方式。

网络恶搞：是一种借助新媒体，为建立集体认同而采用符号的新风格化方式来挑战现实社会的手段。自2005年年末，胡戈的《一个馒头引发的血案》恶搞陈凯歌的电影《无极》，把中国互联网视频恶搞带入了鼎盛时期，到如今恶搞之风越刮越烈，五花八门的恶搞铺天盖地而来。除了视频，还有图片恶搞、声音恶搞、软件恶搞等。网络恶搞所具有的张扬个性、颠覆经典、反讽社会、解构传统的特点，已成为大学生亚文化群体对主流文化抵抗的工具。

网络事件：是指通过网络或其他技术手段，利用信息系统的配置缺陷、协议缺陷、程序缺陷或使用暴力攻击对信息系统实施攻击，并造成信息系统异常或对信息系统当前运行造成潜在危害的信息安全事件。大学生亚文化群体十分关注网络事件，往往通过对事件的分析来表达自己的看法，他们对网络事件的表达本身就隐喻着青年亚文化的价值观。

新媒体时代青年亚文化对社会文化的发展有着独特的文化价值和社会价值。就文化价值来说，青年亚文化促成了文化传播方式的改变，从“单向”向“互动式”方向发展，充分体现了尊重文化自由平等的表达权利，使“个性文化”成为流行的主题，引领着社会文化朝着探寻真实的生命体验出发。就社会价值来说，青年亚文化已成为青年群体特有的生活态度和生活方式的依托，它不仅有利于从意识想象层面解决代际冲突，而且逐渐从虚拟空间开始影响到现实的社会生活。从社会交往方式的发展来看，青年亚文化作为一种新的生活方式，它打破了传统的社会交往模式，极大地丰富了社会生活交往的内容，预示着新的社会交往模式的发展。

(二) 文化环境的负面影响

在如此文化环境下，对高校思想政治教育产生了严重的负面影响。

1. 高校思想政治教育失去了文化辅助

长期以来，高校思想政治教育一直是由主流文化、精英文化辅助的，因而使得思想政治教育工作能够得以延续。现在高校的文化环境已经发生了重大变化，在网络语言、亚文化氛围中，传统的思想政治教育失去文化辅助已成必然。新媒体时代高校思想政治教育的有效开展，离不开与之相伴的文化辅助，否则，就会使教育演变成单纯说教，失去知识性和趣味性，影响思想政治教育的效果，难以实现社会道德的有效传递。

2. 高校思想政治教育工作者的权威丧失

在新媒体时代，文化环境在很大程度上调整了“受教育者”与“施教育者”的关系，教育者与受教育者之间的地位是平等的，教育者可以把正确的世界观、人生观、价值观有机地融入网络的各种形式当中，但是不能强迫受教育者接受某种思想观点。按照以往传统的知识传承习惯，青少年一代在成长过程中所获取的知识和信息，主要是从他们的父母、老师那里获取的，父母和老师的知识权威形象是不可动摇的。新媒体时代开始动摇了这一传统的知识传承习惯。随着新媒体文化技术含量急剧增加，技术文化已经超越了传统人文文化而成为社会文化存在的主要支撑，这便使富有创新且易于接受新事物的年轻一代成为新文化的拥有者，也就是说，他们能够从父母、老师以外获取更多的知识和信息，这是他们在与父母、老师的互动中获得“反哺”

能力或"话语权力"的最重要途径。这种文化反哺现象，既是一种文化加速度发展的表现，同时也是一种代与代之间道德传递发生阻碍的必然，由于青年一代在构建其道德观中主体性强盛而继承性不足，因而严重影响了传统道德文化的整体传承。

3. 社会道德标准被游戏化了

新媒体时代，高校的文化环境所发生的异化现象还体现在：校园的一切事物似乎都可以被娱乐化、轻松化、戏剧化，社会道德也不例外。比如，现在一些大学生遇到亟待救助的事件时，往往抱着"事不关己，高高挂起"的消极心理，甚至有的人还会在网络上加以嘲笑，有无道德的信守似乎无关紧要；对待我们社会倡导的"雷锋精神"和多年教育中本已接受的价值理念，更是成为大学生调侃的谈资。社会道德标准被游戏化，社会道德陷入价值观念尚未确立就遭消解的窘境。面对如此文化环境，关注和重建社会道德责任感，重塑社会公德和民众私德，使中华民族道德的优良传统薪火传入，已成为新媒体时代高校思想政治教育急需解决的问题。

三、技术环境

（一）高校思想政治教育的技术环境的变化

新媒体的广泛应用，给高校思想政治教育的技术环境带来许多变化，其中最突出地反映在以下三个方面：

1. 信息传播海量化

一般来说，传统媒体信息量小、信息面向窄、信息途径相对单一，而新媒体依托高科技形成了一个覆盖面广泛、涉及领域全面的网状体系，不仅承载、传播了巨大信息量，而且信息更新的速度远远超过传统媒体。在新媒体时代，只要教育者掌握相应的互联网、手机短信、飞信等新媒体终端的应用知识，就可以自由地获取大量的信息资源。一般认为，动态更新的消息、数字资源极为丰富的数据库，是新媒体传播最有价值的两种信息。比如，像搜狐、新浪等门户网站每天24小时可以滚动上万条消息，可做到重大事件即时报道出来。又如，登录中国知网搜索，可以查看各行各业的知识与情报。网络上海量的信息为教育者提供了极为丰富的知识资源，使教育者足不出户就可了解自己所研究领域最新的知识，也为自己获得相关材料进行备课、教学提供了方便。信息传播海量化的技术环境，使高校思想政治教育实现了根本性跨越和对传统思想政治教育环境的彻底颠覆：大学生可以凭借新媒体随时随地获取所需的知识和信息，极大地提高了思想政治教育信息的传播效率；高校思想政治教育工作者借助新媒体技术，可以以声音、文字、图像等丰富多彩的表现形式，生动地表达思想政治教育内容，并在最短的时间内快速地将思想政治教育信息传达给受教育者，而且不需要受到制度、体制和其他烦琐程序的制约，从而增强了思想政治教育的及时性和辐射力，进一步拓展了思想政治教育空间。

2. 人际关系虚拟化

新媒体时代，由于新媒体技术的广泛运用，现实生活中的每一个人既可以成为一个传播载体或是消息源，也可以成为一个受众，传者和受众的角色大多是虚拟的，信息交流的对方均是未知的符号代替，因而使得新媒体信息变得复杂多变，人际关系极具虚拟化。这种虚拟化虽然大大削弱了门户对消息的控制，但对加强高校思想政治教育无疑是个机遇：它有利于大学生将内心深处的孤独、苦闷、迷惘等真实地倾诉出来；有利于教育双方可以通过短信、论坛、网络聊天等形式“毫无顾忌”地进行真实心态的交流，发表自己的意见，真正实现畅所欲言。高校思想政治教育工作者通过新媒体把握了大学生最真实的想法，针对他们所暴露的一些思想、学习和生活中的问题进行组织讨论，会收到传统思想政治教育方式不可比拟的效果，达到疏通、引导、教育的目的。

3. 教育平台多样化

传统的高校思想政治教育平台主要以课堂教育为主，教育手段也比较单一。新媒体技术为高校思想政治教育工作者塑造了全新的平台，提供了通路上的便利。从传播通道上来说，新媒体实现了从单向度、单维度向多角度、多维度转变；从传播内容上来说，实现了从静态、单一的形式向动态、多样的形式转变，信息的发布和传递更加自由，信息的接受与运用更加方便，从而彻底打破了传统思想政治教育载体的时空、速度限制，使得信息耗散与反馈失真的弊病得到了克服。在新媒体时代，熟练掌握新媒体技术的高校思想政治教育工作者，可以通过新媒体的多种技术，集文字、声音、图像、数据等为一体，形成集成性、同步性、交互性和形象性的教育新通路，使高校思想政治教育更加生动活泼、富于艺术性且更具亲和力。可以说，新媒体为高校思想政治教育创造了最佳的技术环境，不仅带来了工作场合和对象、教育方式与手段还是信息获取与传播的突破性的改善，使传统的思想政治教育平台由单一性变为多样化和立体化；而且极大地提高了思想教育信息的传播速度，增强了高校思想政治工作的生动性与感染力。

(二) 高校思想政治教育技术环境的消极影响

新媒体为高校思想政治教育创造良好技术环境的同时，也带来了一些消极影响，主要是：

1. 由海量化信息所产生的副作用

新媒体时代，随着海量化信息的铺天盖地传播，在给受众带来比以往任何时候都能更加迅速便捷地获取信息的同时，也极容易造成受众在面对海量信息时的眼花缭乱和茫然失措。尤其是对那些涉世未深的大学生来说，在面对海量信息所包含的腐朽思想、消极观点时，往往对信息的被动接受将多于主动的思考，容易受到诱惑和盲从，以至于会影响他们道德信念、价值观念的建立，与高校思政课所传授的社会主义核心价值体系产生冲突，抵消一部分教学效果，稀释了思想政治教育的浓度。

2. 由虚拟化关系所造成的副作用

新媒体时代，在新媒体所营造的技术环境下，高校现有的思想政治教育模式受到挑战：真实世界和虚拟世界变得界限模糊，在某种程度上造成了“虚拟时空”的存在形式，高校大学生往往不知不觉地受到“虚拟时空”的影响并被动接受，失去理性和自我。由于人际关系虚拟化，人的身份可以变成一串字符，任何人都可以不受约束，随意使用不同的名字、性别、年龄与人交流而不会被人觉察，久而久之造成了一种疏离与隔阂，带来人与人之间关系的微妙改变；但同时由于网络上缺少现实中的道德和法律约束，极易造成人们是非观念的混淆，诱惑人们去尝试在现实世界里不敢付诸行动的“行为”。目前，高校思想政治教育自身改革的进展远远跟不上新媒体技术的发展步伐，在教育理念、教育政策、教育目的等方面缺乏前瞻性研究，对新媒体环境下的高校思想政治教育工作缺乏前沿认知。

3. 由多样化平台所带来的副作用

新媒体技术的应用，使得教育平台多元化了，但同时也增加了网络管理的难度。以手机上网为例，现在高校学生是应用网络和手机上网的主要人群。近几年来，手机网络发展迅速，手机与互联网的互动更具有隐蔽性和不可预见性，对网络监管部门来说，追查信息源头的难度以及对信息真实性的鉴别难度进一步加大，给大学生思想政治教育舆论导向增加了控制难度，使得国家、社会和学校对思想政治教育舆论的引导难度空前加剧，舆论引导在高校思想政治教育中的作用明显弱化了。

第二节　新媒体环境对高校大学生的影响

新媒体给高校思想政治教育环境带来影响的同时，也对高校大学生的生活、学习、心理和价值观带来了重大影响：

一、生活影响

新媒体时代各种形式的新媒体已深入渗透大学生日常生活的各个方面，对他们的衣食住行都产生了重大影响：以网购为例，现在大学生购物、买书、电话叫车、订票等主要通过网上形式完成。据统计，截至2009年年底，淘宝拥有注册会员1.7亿，全年交易额达到2083亿人民币。2016年则高达4000亿元人民币。其中，大学生占有很大比例。除了衣食住行外，QQ、MSN、人人网、微博、微信等的广泛应用，拉近了人与人之间的距离，方便了人们交往，使得新媒体时代大学生的交际领域也更为广阔。新媒体给大学生生活带来了很多便利，同时也带来了一些问题，主要反映在两个方面：

（一）生活方式的改变

在日常生活中，沉迷于QQ、博客、网络论坛、社区等新媒体形态，“离得开父母和朋友，却离不开网络或手机”，已成为当代大学生的较普遍现象。对新媒体的依赖，极大地减少了大学生现实生活和交往的时间，出现了这样一种生存状态：在网络虚拟世界，他们兴致勃勃、浪漫幽默，不停地转换角色，善于和许多陌生人打交道；在现实生活中，他们却沉默寡言、性格孤僻，躲避甚至害怕与他人进行感情的交流。这种虚拟的生活方式，容易导致大学生行为或思想逐渐固定化，产生讨厌生活、逃避现实、丧失自我等问题，长久下去，还会引起一系列不健康或亚健康疾病。

(二) 人际关系的冷漠

新媒体时代人际关系出现了奇怪现象：一方面，网络虚拟世界拉近了人与人之间的距离，为人际交往带来便捷；另一方面，现实生活中人与人之间越来越“老死不相往来”，心理距离变得越来越远了。在很多情况下，当代大学生的人与人之间的感情联络、思想交流和嘘寒问暖不再是通过面对面的直接接触来体现了，而主要是由各种新媒体形式来代劳了。这种生活方式，缺少了人情味和真情实感，久而久之，很容易使人际情感产生弱化，进而导致人际交往关系的冷淡。这一现象还表现在与父母一辈的关系方面，随着代际共同话题的不断减少，对问题理解的差异也越来越大，代际隔阂日生，代际关系也发生了异化，对父母、长辈的尊重和孝敬也变得淡薄。此外，新媒体上的“个人空间”虽然满足了大学生个性化的心理需求，有助于提升个人自信心，但与此同时也缩小了在现实世界里与他人交往的空间，容易滋生排他心理。

二、学习影响

据武汉大学青年传媒(集团)开展的新媒体技术对大学生影响力调查，新媒体技术对大学生的学习方式、方法有着良好的影响，特别是对知识的积累有着明显的趋势，不少学生通过运用新媒体技术来达到辅助学习的目的，使用电脑和网络查资料的占 71.2% 之多，用于完成作业的占 46.2%。数据显示，有 66.5% 的大学生认为新媒体技术对他们的学习造成很大和较大影响。与没有新媒体技术之前相比，现在大学生们通过新媒体能够及时了解和掌握所学专业领域的最前沿的知识和信息，对深化课本知识、拓展自己的知识面，确实起到了很好的帮助作用。尤其是现在许多高校教师借助计算机或者在线的网络教学使得课堂或者学习进程变得更加生动形象，改变了传统教学中学生只能依靠书本和老师传授的学习模式，对高校的现行教学模式改革也起到了积极的促进作用。

与此同时，新媒体对大学生的学习所带来的副作用也是明显的：一是新媒体知识和信息的传播往往是零散和不系统的，由于缺乏专业老师的指导，大学生容易对问题的认识和理解不得要领、一知半解。尤其是新媒体搜索引擎的便捷，在帮助大学生学习的同时，也容易使他们滋长惰性，养成依赖新媒体来完成作业的习惯，以致造成学习研究能力下降，不利于学术功底的培养。二是大学生世界观还处于形成期，由于受知识、经验、思维认识的局限，他们对许多问题的认识和理解还不太成熟，面对新媒体带来的海量信息，往往看问题容易极端片面，缺乏必要的鉴别力，对他们的思维能力和辨别能力的提高有一定阻碍作用。三是由于缺乏必要的课堂交流与社会接触，仅仅通过新媒体学习，既不利于大学生创新能力的提高，也不利于大学生综合素质的提升。

三、心理影响

(一) 新媒体对大学生心理的积极影响

1. 有利于大学生形成内涵丰富的自我

新媒体以其广阔的空间，丰富的信息资源，向大学生展示了一个全新的世界，为大学生个性的发展创造了自由的空间。它不仅满足了大学生对新生事物的好奇心，激发了他们的想象力、求知欲和创造性，而且思维得到了活跃和拓展，促进了心智潜能的开发。

2. 有利于促进大学生的心理健康

新媒体为大学生适时地转移、倾诉和宣泄自己的不良情绪提供了机会和场所。通过此种方式，他们可以宣泄被压抑的不良情绪，获得一定的心理自疗效果，让他们从日常的精神紧张中解脱出来，有利于促进他们的身心健康。

3. 有利于大学生更好地实现自我

新媒体传播信息的互联性和“无屏障性”，有助于大学生了解世界、思考世界，形成全球性的思维。由此全球性思维视角已不再是少数精英的专利，普通大学生也能够参与，更好地实现自我价值。

(二) 新媒体对大学生心理的消极影响

1. 由于新媒体所传播的海量信息，容易使大学生无从选择，导致出现焦虑不安、精神疲惫的心理问题

新媒体所传播的信息，既海量，又丰富多彩，往往使涉世未深的大学生目不暇接，他们的心理长时间浸泡在杂乱的信息中，其兴奋点和注意力也被信息的奇、新、异所吸引，并随着信息的飘浮不定时而兴奋、时而迷惘、时而激动、时而颓伤，情绪起伏不定、千变万化。由于大学生心理不太稳定，当他们面对太多的信息时，许多人常常陷入无所适从、束手无策的状态；当海量信息远远超出他们个人处理和利用信息的能力时，又常常表现出无所选择、焦虑不安甚至精神疲惫的状态，而这些正是心理不健康的一种征兆。

2. 由于新媒体所形成的虚拟化环境，容易使大学生缺乏面对面的人际交往，产生孤僻、冷漠的心理健康问题

“网络孤独症”、“人际信任危机”、“网恋”等现象，是当前大学生群体中高发的一种心理疾病。这种心理疾病产生的原因：一是现在的大学生大都是独生子女，从小就生活在一种父母和长辈呵护、缺少与同龄人交流的环境中，他们比较自恋、我行我素，加上在学校与老师、同学的交流又不是十分通畅，因此他们比较孤独，渴望交友，希望受重视。二是网络给大学生带来精彩世界的同时，也让他们陷入更加封闭的虚拟环境，使得原本缺乏人与人之间交流的现状更加恶化。三是长期生活在网络环境中，加剧了大学生对网络的依赖心理，加之许多人又把握不好“线上生活”和“线下生活”界限，造成与现实生活的沟通障碍是必然的。这种心理疾病，不仅严重影响大学生面对面的人际交往，由此产生的信任危机很有可能会引起大学生群体对现实生活中诸多活动无动于衷，这是对新媒体时代高校思想政治教育工作的又一挑战。

3. 由于新媒体所营造的空间自由度，容易使大学生责任感弱化，滋生多元的自主选择的心理问题

新媒体的开放性与高度互动性，为信息的传播者和接受者构筑了一架平等的沟通桥梁，给使用新媒体的大学生提供了极大的自由度。新媒体中信

息组织的非线性使得大学生可以根据自己的需要点击信息。大学生处于即将完成社会化过程准备阶段，自我意识日渐凸显。但同时，也应看到新媒体所营造的虚拟世界存在着严重弊端：一是虚拟世界的自由性，容易导致部分大学生的个人主义倾向被强化。在虚拟世界里，人们可以放纵自己，说任何话、做什么事都无人管束，甚至还可以滥用自己的权利，把新媒体作为追求个人自由和宣泄个人不良情绪的场所。这种多元的自主选择的心理问题，将会使大学生的个人主义倾向被强化。二是虚拟世界的隐蔽性，容易导致部分大学生的责任感弱化。网络打破了国家和地域的限制，不仅如此，连同社会角色、社会阶层、性别、年龄、相貌、身体都成了身外之物，出现了角色认同的危机。由于虚拟世界的隐蔽性，大学生可以完全隐去真实的社会身份，根据自己的兴趣、爱好来扮演不同的社会角色与他人交往。这种自由性和隐蔽性，会使一些意志薄弱的大学生放纵自己的行为，忘掉自己的社会角色和社会地位，淡漠道德和社会责任感。

四、价值观影响

新媒体就像一把“双刃剑”，对大学生价值观的形成与发展既有积极有益的一面，也有消极有害的一面。

(一) 新媒体对大学生价值观的积极影响

1. 培养了“网络民主”意识

“网络民主”是新媒体时代的产物，是政治民主化的内在要求与网络技术普及融合的结果。美国学者马克·斯劳卡早在1995年就提出了“网络民主”一词，将网络与民主联系起来加以研究肇始了新媒体时代对民主形式的新探讨。作为民主的一种全新形式，在网络空间里人们没有现实世界中的贵贱、尊卑、种族之分，人与人不再有身份、地位的羁绊和制度、纪律的约束，相互之间的表达机会趋向平等，每个人都享有平等的话语权，都有坚持和保留自己观点的权利。这种“网络民主”形式，不仅有利于畅通政治参与的渠道，而且也扩展了民主的监督对象和范围，创造了全新的网络监督模式。现在越来越多的大学生热衷于接受和实践“网络民主”，在揭露“涉腐、涉富、涉权”三类事件中，他们积极参与、伸张正义，以“滚动散发性”的方式引发一波又一波舆论焦点和社会热议。在这一过程中，“网络民主”不仅为大学生民主意识的增强提供了众多的机会和渠道，也有利于他们民主意识的极大增强。

2. 增强了主体意识

新媒体既为大学生群体提供了一个开放的、自由的、虚拟的话语空间，也为每个人提供了个性化的表达方式。在充斥于网络的各种各样的论坛、空间里，大学生在新媒体环境中有了做主人的感觉，每个人随时都可以以一种虚拟的身份用自己喜欢的方式就关注的政治事件表达自己的思想、发表自己的看法。应当说，在没有新媒体之前，人们对各种问题也会有自己的不同认识和议论，只不过那时没有可供发表的平台和渠道，让许多好的建议湮灭在萌芽状态。现在这个局面打开了，大学生们可以通过手机短信、论坛、聊天室、QQ、微信等工具，对自己感兴趣的各种话题发表看法、提出建议，充分表达和张扬了自我。在参政议政的过程中，大学生们获取了现实生活中不容易得到的自信和满足，使得自我意识不断完善，主体意识也不断增强。

3. 强化了开放意识

新媒体拉近了人类地域之间的距离，使“地球村”变为现实。在新媒体时代，今天的人类思考问题，已经不再仅仅是考虑自己所在地域里的问题了，地球上许多问题都是相互关联的，如人口问题、资源问题、环境和生态问题等，它需要地球人必须形成一种国际意识、树立一种全球观念，通过全人类的共同努力才能有效解决。大学生是最易于接受新思想、新观念的群体，而新媒体恰恰又有助于拓展大学生的国际视野，促进他们的全球化价值观的形成。同时，借助新媒体所搭建的双向或多向交流的开放平台，大学生在了解世界文化、展示自己思想的同时，也有助于他们进一步强化自己的开放意识。

（二）新媒体对大学生价值观的消极影响

1. 价值取向多元化

新媒体时代，新媒体技术激发了各种文化的交流与发展，呈现出前所未有的活力，以极快的速度实现“零时间”交流和传播，在诸多文化中也不乏西方腐朽的价值观念和社会思潮等，使我国主流、传统价值观念受到不同程度的冲击和挑战。一些原来被人们普遍接受的价值观念开始变得陈旧，在实践中屡屡受挫；而另一些原来难以接受的甚至是被普遍否认的价值观念却被冠以“普世价值观”而备受推崇，并开始引导人们的价值取向。就大学生而言，价值取向是他们对价值追求、评价、选择的一种倾向性态度和行为选择。但由于大学生还没有形成稳定的价值观，对一些价值观念缺乏理性的判断能力，年轻人天生的好奇心和新鲜感，往往牵引他们或者盲目追从和不明就里地加以选择，或者左右摇摆、不知所措，呈现出双重或多元价值标准并存的状况，无形中削弱了社会主义意识形态的控制力，造成价值选择迷惘和价值取向紊乱，促进了大学生价值取向的多元化。

2. 道德情操滑坡

通过对国内外已经发现的信息犯罪案件的统计显示，目前网络中出现的“黑客行为”和“情感欺骗”等犯罪案件，犯罪年龄在 18 ~ 40 岁之间的占 80% 左右，平均年龄只有 23 岁，其中有一些确是高校大学生所为，反映了他们在道德情操方面的严重滑坡。产生道德滑坡的原因，有现实生活中思想政治教育弱化的问题，也有大学生的自身修养问题，但最主要的诱发因素来自两个方面：首先是由于新媒体所具有的隐蔽性，极易导致一些大学生片面认为网络是个相对自由的“民主”的场所，无论赞成什么还是反对什么均可以，不承担任何道德和责任。从客观上来说，新媒体具有数字化和虚拟化的特点，确实难以对大学生在新媒体环境中的行为或言论逐一进行人员对号或者加以监控。正由于存在这种“真空”现象，同时又缺少了“他人在场”，使得一些大学生得以放纵自己，显露出人性中恶的一面，从而产生种种不道德的行为。其次是由于新媒体还是一个新生事物，目前在新媒体以及虚拟空间方面的立法尚处空白，据中国社会科学院课题组进行的调查显示，目前计算机犯罪大约只有 1% 被发现，而且这 1% 中又只有 4% 会被指控，加上现实社会的道德规范又难以约束人们在虚拟空间中的行为，导致青年大学生道德判断力削弱、道德行为庸俗，已成为一个亟待解决的现实问题。

3. 价值取向自我化

新媒体为大学生群体提供了个性化的表达方式，使大学生的主体性得到增强，能动性得以发挥，自我价值得到体现，但同时也带来了消极影响：一方面，由于新媒体交互机制激发了大学生的主体意识，使大学生产生了强烈的自我表现欲望，导致了他们的个体意识极度膨胀，个人主义价值取向凸显，过分追求个人的绝对自由。另一方面，由于新媒体对利益激励、竞争等一系列市场经济机制的过多宣传强化，导致了物质价值追求与精神价值追求之间的失衡，助长了大学生的浮躁心理，价值观念自我化，人生理想庸俗化，行为取向呈现无政府化。目前，在大学生群体中，关心集体利益、关注国家前途命运的少了，而追求奢侈享乐、关注自身价值实现的却越来越多，发展下去势必会影响大学生的价值取向出现重个人轻群体、重功利轻道德、重时尚轻传统、重索取轻贡献的不良倾向。

4. 民族认同感的弱化

新媒体的发展促进了世界各民族之间的交往和了解，不同民族的文化形态、思想观念在网络上或交融或冲突，但由于英语的主导地位及美国文化在新媒体中的垄断地位，极易消化其他民族的优秀文化，模糊人们对自己民族身份的认同，淡化乃至磨灭自己心灵深处的民族文化烙印。据中国社会科学院课题组的调查研究发现："互联网在强化了青年地球村村民意识的同时，弱化了他们民族意识。'新人类'的身上本来就带有很强的国际化色彩，而互联网的使用跨越了时空的界限，增强了他们作为地球村村民的意识，这有利于他们在日益'一体化'的世界中生存。另一方面，与这种'一体化'意识相伴的是种族、民族意识的弱化，民族认同感减弱，民族身份逐渐消解，在某种意义上不利于爱国主义思想的形成。"互联网的这种不平衡发展使得我国的社会主义核心价值观受到污染和冲击，对民族文化构成了严重的威胁，在大学生群体中不少人出现了思想上的混乱，陷入迷惘境地，还有一些人人生观、价值观发生倾斜，盲目相信西方民主价值观，淡化自己民族文化的烙印，进而弱化对自己民族的认同感，给我国当代大学生社会主义核心价值观的形成和确立蒙上了阴影。

第三节　新媒体环境对高校思想政治教育工作者的影响

如同新媒体对高校大学生的学习、生活、心理等带来影响一样，新媒体对高校思想政治教育工作者的影响，主要反映在以下几个方面。

一、工作影响

（一）新媒体对高校思想政治教育工作者的积极影响

1. 为高校思想政治教育工作搭建了新平台

教育主客体之间相互联系沟通，是思想政治教育工作者实现育人目标的首要前提。在传统思想政治教育环境中，教育主体对客体的思想状况的把握，主要是通过座谈会、个别谈话、班级骨干汇报等途径来完成的，受各种条件和因素的制约，往往情况不太真实或者把握不住问题的关键点，因而难以达到思想政治教育的效果。新媒体在为大学生提供学习和交流的新工具和新平台的同时，也为思想政治教育工作者开通了更多地了解大学生思想状况的渠道。在虚拟世界里，大学生们可以无拘无束、敞开心扉，表达自己的喜怒哀乐，让高校思想政治教育工作者一览无余、尽在掌握之中。高校思想政治教育工作者可以根据大学生的各种心理需求，及时地进行先进思想文化的传播引导和正确的世界观、人生观、价值观教育。可以说，新媒体为高校思想政治教育工作者搭建了更加广阔的思想政治教育平台。

2. 为高校思想政治教育工作提高了时效性

传统思想政治教育主要是通过思政课、传统媒体等形式来实现的，信息传播的范围、速度都是有限的。新媒体凭借全天候、全时空、全方位的优势，不仅传播速度快，而且具有极强的时效性。在新媒体时代，人们足不出户，通过新媒体便可以了解世界上政治、经济、文化、科技、体育等各种信息，同时也可以把自己制作的信息发布到世界上的每个角落，因而深受大学生的偏爱，成为他们了解世界、关注时事的主要渠道和来源。新媒体技术提供信息的丰富、及时和迅速，作为高校思想政治教育的一种新型载体，对思想政治教育工作者来说，无疑也提高了他们工作的时效性，使他们能够更加便利地获取丰富的教学资源，能够突破传统教学时间限制和其他烦琐程序的制约，更加便利地传播思想文化，更加及时地开展思想政治引导和教育。

3. 为高校思想政治教育工作增强了实效性

所谓思想政治教育的实效性，是指实际的功效或实践的效果，思想政治教育预期目标与结果之间的张力关系，是实践活动结果对于目的是否实现及其实现程度，亦即实际效果问题。具体来说，大学生思想政治教育实效性表现在两个方面：一是思想政治教育的内在效果，就是要求思想政治教育能够顺利地内化为大学生个体的思想道德素质，具体针对的是大学生个体的发展和人格的完善；二是思想政治教育的外在效果，就是要求通过思想政治教育能够提升大学生的思想道德素质，以良好的行为举止影响社会，营造良好的社会氛围，推动社会全面进步，具体针对的是社会的整体效果。思想政治教育的内在效果和外在效果，是相辅相成的，但要取得最佳效果，内化最为关键。从新媒体信息容量大、资源丰富、传播迅速、交互性强、覆盖面广、形式多元等优势来看，新媒体为促进思想政治教育实现内在效果提供了机遇。新媒体丰富的共享资源，为高校思想政治教育工作者开展工作提供了充足的资源；新媒体的快捷性，为高校思想政治教育工作者大规模地、主动地、快速地传播正确的思想、理论和政策提供了方便，避免了信息传递过程中的衰减和失真；新媒体主体的平等性，促进大学生主动参与对话交流，实现了教育者与学生双方的随时互动交流，使教育者和学生之间的互动更广泛、更深入；新媒体传输的超媒体性，扩大了思想政治教育的覆盖面，将思想政治教育的课堂延伸到学生学习、生活的各个场所，促进了思想政治教育的社会化，使思想政治教育的实效性得到了大大增强。

4. 为高校思想政治教育工作强化了渗透性

隐性教育是相对于显性教育而言的。所谓隐性教育，是指在宏观主导下通过隐蔽的、无计划、间接、内隐的社会活动使受教育者不知不觉地受到影响的教育过程。高校思想政治教育工作者在实践中常常感到，公开的、显性的思想政治教育，往往难以达到预期的效果；而采用隐性教育，通过“潜移默化”、“润物无声”的方式，更能够对受教育者的思想、观念、价值、道德、态度、情感等产生影响。由于新媒体具有隐秘性、虚拟化的特征，为高校思想政治教育工作者开展渗透隐性教育提供了可能。高校思想政治教育工作者可以借助于新媒体技术，利用博客、微博、网络论坛、网络聊天等形式，潜移默化地对大学生进行思想教育，以取得思想政治教育的实际效果。

（二）新媒体对高校思想政治教育工作者的消极影响

1. 新媒体传播的“无屏障性”，增添了高校思想政治教育工作的复杂性

新媒体给高校思想政治教育工作带来了空前的复杂性：首先，是海量信息所承载的鱼龙混杂的“资讯轰炸”，快速地进入大学生的视野，对于涉世不深、阅历较浅而又对网络具有极大依赖的大学生而言，很容易黑白不分、自我迷失。要帮助大学生分清是非、走出迷茫，非一日之功所能奏效，无形中增加了思想政治教育工作者的工作难度。其次，新媒体传播的“无屏障性”，增加了高校对校园网控制的难度。现在网上经常出现假新闻，随意散布各种谣言，人肉个人隐私等屡禁不止。虽然监管部门也采取各种手段加以制止，但碎片化的有害信息仍旧大行其道。这些不良网络信息对大学生极具诱惑力，他们自觉或不自觉地充当起“传声筒”和“扩音器”，对不良信息蔓延起到了推波助澜的作用。最后，新媒体传播方式隐秘性，为引发各种病态人格和网络犯罪提供了温床。一些大学生在虚拟空间，为所欲为，宣泄不满，随意攻击社会、学校乃至身边的人和事，从而催生“网络愤青”、“网络暴力”，加大了高校思想政治教育工作者的引导工作难度。

2. 新媒体技术的“易更新性”，考验了高校思想政治教育工作的创新性

新媒体是高科技，技术更新快速，尤其是新的应用方式层出不穷，对高校思想政治教育工作者提出了工作的创新性要求。由于高校思想政治教育工作者比较熟悉传统的思想政治教育方式方法，对新媒体的运行机制不了解、对新媒体的话语表达不适应、对新媒体的运用不熟练等，在这种情况下，他们的工作主导性缺失、教育效果不太理想也是难免的。但高校思想政治教育工作已进入新媒体时代，积极应对新媒体的新挑战，充分发挥思想政治教育网络传播的吸引力和导向性，是大势所趋、时代所需，作为教育者唯有及时调整心态，创新方法理念，才能更好地利用新媒体开展大学生思想政治教育工作。

3. 新媒体的“匿名性”，加强了高校思想政治教育工作的针对性

新媒体的“匿名性”，既有利于大学生在网上敞开心扉、吐露真情，为高校思想政治教育工作者把握大学生的思想脉搏提供便利；同时，又由于是匿名表达思想、宣泄情绪，使思想政治教育工作者无法锁定特定对象，也就

无法有针对性地做好思想政治教育工作，等等。因此，如何使高校思想政治教育从内容到方式都具有更强的针对性，以适应新媒体时代发展的要求，已成为高校思想政治教育工作者亟待解决的新课题。

4. 新媒体的“无序性”，增大了高校思想政治教育工作的难度性

新媒体极大地突出了公民个体在传播中的主体地位。新媒体时代，新媒体用户不再是单向地接收信息，而是可以自主生产传播内容并传递信息的“自媒体”。2010 年 5 月，美国皮尤中心发布的一项调查表明：有 32% 的美国青少年曾经有过被人在网络散布谣言、未经允许公布私人电子邮件、收到威胁性信息、未经允许上载令人难堪的照片等欺凌和骚扰的经历。新媒体传播在一定程度上的“无序性”，大大增加了现代社会的风险性，已成为社会风险因素的重要来源。新媒体带来的“无序性”，引发一些学生在虚拟网络中的不道德行为泛滥，对他们的身心健康造成了很大的负面影响。由于新媒体技术背景下的社会是一个难以用规范制约的社会，这种无序性不仅使高校思想教育的管理增加了难度，同时也给高校思想政治教育工作的开展带来了困难。

二、主导地位影响

㈠ 新媒体对高校思想政治教育工作者主导地位的积极影响

1. 有利于高校思想政治教育工作者掌握工作的主导性

在传统的高校思想政治教育环境中，从表面上看，高校思想政治教育工作者始终是掌握着工作主导性的，但实际上由于无法真实把握大学生的思想动态和真情实感，加上思想政治教育的形式又比较单一，思想政治教育是很难收到较好效果的。新媒体时代，新媒体为高校思想政治教育工作者掌握工作的主导性增添了助力：一是新媒体的交互性，使思想政治教育工作者能够掌握到大学生的思想动态，及时了解他们关注的热点，这为思想政治教育工作者更好地发挥主导性创造了条件。尤其是对大学生中出现的倾向性问题，能够及时有效地加以引导、处理，使问题在萌芽状态得到解决。二是新媒体信息资源丰富，许多新潮语言层出不穷，经过思想政治教育工作者的加工处理，能够很快丰富和转化为思想政治教育教材，成为思想政治教育工

作者掌握话语权的重要资源。三是新媒体形态多样，有助于思想政治教育工作者发挥创造性，将立体的文化传播形态集翔实的文字材料、悦耳的音乐旋律和精良图形图像于一体，引入大学生思想政治教育中，使大学生更乐于接受。

2. 有利于高校思想政治教育工作者增强工作的互动性

思想政治教育能否成为一个互动的系统，做到主客体之间的互动与交流，这是思想政治教育取得实效的关键。总结高校思想政治教育工作的经验与教训，教育主体与客体之间不平等，两者之间存在对立与隔阂，不能做到互动与交流，应当是其中一个重要教训。新媒体时代，网络的虚拟性和匿名性使得思想政治教育工作者居高临下的姿态不再，他们以平等的姿态与大学生互动交流，建立起一种新型的主客体关系。这种新型关系的建立，有利于创造教育者与教育对象之间的和谐环境，有利于他们和谐相处、相互尊重、互动交流，有利于尊重和维护高校思想政治教育工作者的主导地位，也有利于在比较宽松的新媒体环境中对大学生进行潜移默化的教育，从而增强了高校思想政治教育的渗透性和实效性。

3. 有利于高校思想政治教育工作者实现工作的高效性

长期以来，高校思想政治教育主要是通过课堂教学并辅以座谈、讨论、谈心、社会实践等形式来开展的。这种传统的思想政治教育形式，在社会日益快节奏发展的今天，越来越显得效率低下，不能适应新媒体时代高校思想政治教育的需要。而在新媒体时代，新媒体所展现的快捷、灵活的优势，有助于改进高校思想政治教育效率低下的现状。高校思想政治教育工作者运用新媒体能够使正面的声音摆脱时空限制迅速传播；能够及时了解社会热点新闻，使教育者及时掌握教育对象的最新思想动态，进而发现问题，解决问题；能够更为方便和快捷地发布更具个性化的信息，在最短的时间里把教育内容迅速传递给受教育者，使思想教育更直接、更深入。通过新媒体，大学生改变了在规定的时间到规定的场所接受教育的方式，他们可以在任何一个地方、任何时间获取所需的知识和教育，从而达到了高校思想政治教育工作者实现工作高效性的目的。

(二) 新媒体对高校思想政治教育工作者主导地位的消极影响

1. 消解了高校思想政治教育主导地位的权威性

新媒体时代，新媒体为高校思想政治教育主客体之间平等相处搭建了平台，但同时也产生了两种情况：一方面，教育主体由于受到自身新媒体素质、行政事务和工作时间等的限制，面对海量信息，他们所看到的信息，大学生也会看到，他们没有来得及看到的，可能大学生已经知道了，信息的获取往往落后于教育客体。由此，高校思想政治教育工作者深感主导地位的权威性正在面临着教育客体的质疑与反叛。另一方面，由于受教育客体的信息接触面日益广泛，在网络所传播的各种不同观点影响下，他们对信息的理解更加多维和主动，而不像以往那样被动地接受教育者的灌输和安排，更乐于根据自身的是非观念和判断能力，选择自己认为正确的东西。在这种情况下，传统的思想政治教育过程中教育者的信息优势正在逐步减弱，特别是当前一线的思想政治教育工作者并没有深刻理解新媒体技术条件下思想政治教育呈现出的新特征和规律，因而很难有效地利用新媒体来开展思想政治教育，使得教育者在大学生思想成长过程中主导地位的权威性受到了强烈的冲击。

2. 侵扰了高校思想政治教育主导教育的思想性

当前，高校思想政治教育工作者中出现了这样两种情况：一种是有些思想政治教育工作者由于思想保守、观念陈旧，抵触新媒体，他们的教育方式和教育内容越来越不被大学生接受，有的甚至被大学生评为“不受欢迎的教师”。另一种是有些思想政治教育工作者由对新媒体不适应转而一味迎合大学生的思想观点，更有甚者动摇社会主义信念，对网上宣扬的西方资本主义的价值观念津津乐道。这两种情况都是有害的，对新媒体时代高校思想政治教育的顺利开展构成了前所未有的冲击。它不仅降低了思想政治教育工作者在大学生心目中的权威性，导致他们对思想政治教育的冷嘲热讽甚至阳奉阴违，而且也严重侵扰了高校思想政治教育主导教育的思想性。

3. 弱化了高校思想政治教育主导方式的有效性

传统的高校思想政治教育主导方式主要以课堂教学为主，辅以专题讲座或小组讨论、参观访问等面对面的交流。这种形式亲切、自然的主导方式，使教育者能够在现场及时感觉到受教育者的情绪、思想等真实变化，充分体现思想政治教育的“在场有效性”。新媒体的出现弱化了这种“在场有效性”，在一定程度上改变了大学生的认知方式和自我表达方式。新媒体技术的开放性和交互性使社会对个人思想行为的制约机制发生了显著变化，增加了教育制约的难度，加上我们的管理经验不足，各种合法或不合法、健康或不健康的信息快捷方便地进入大学生的视野，不少信息直接对大学生精神世界带来消极负面的影响。这种快速侵入、立竿见影的效果对传统的主要靠长期坚持、反复灌输、潜移默化发挥作用的教育，无疑是一个严峻挑战，不仅弱化了高校思想政治教育主导方式的“在场有效性”，而且给高校思想政治教育的效果带来许多不确定性。

三、教育模式影响

（一）新媒体对高校思想政治教育工作者教育模式的积极影响

1. 拓展了高校思想政治教育工作者的教育内容

与新媒体时代相比，传统思想政治教育时期，由于受到主客观条件的限制，思想政治教育的信息知识储备量、教育覆盖面等相对较小，影响了高校思想政治教育的效果。新媒体时代，高校思想政治教育工作者的教育内容得到了极大拓展。这种拓展，主要反映在四个方面：一是新媒体技术超大信息量的特点，使思想政治教育的内容变得更加丰富而全面，同时也使思想政治教育工作者在实施教育时更加具有可选择性和客观性；二是新媒体的广泛运用使得全球性信息资源共享变成可能，它使改变传统思想政治教育的信息知识储备量小、教育覆盖面窄等成为可能；三是新媒体信息的速度更迭，有助于高校思想政治教育工作者在短时间内完成思想政治教育内容的收集、筛选工作，选择那些时代性强、教育意义强的思想政治教育内容，从而大大提高思想政治教育工作的时效性，体现思想政治教育工作的时代要求；四是新媒体技术的多样性，使原本比较枯燥、抽象的教育内容，开始走向立体化、动态化、超时空化，思想政治教育工作者通过集声、色、光、画等为一体的新媒体技术演绎出来，使抽象变得形象、枯燥变得活泼，大大增强了思想政治教育的吸引力和实际效果。

2. 更新了高校思想政治教育工作者的教育方式

新媒体的广泛运用，极大地改变了传统思想政治工作的教育方式，它带来了“四个转向”：一是转向开放式教育。由于新媒体技术的广泛使用，改变了以往的封闭式教育方式，使得大学生接受教育的渠道变得更多元、更直接、更具体，因而趋向开放式教育成为可能。二是转向启发式教育。新媒体时代，高校思想政治的教育方式已经不适合采用灌输式教育方式，这种教育方式已更新为以学生为主体、教师为客体，以启发诱导的方式来引导大学生的思想进步。三是转向双向互动式教育。新媒体时代，由于新媒体使得教育主客体之间真正实现了双向互动交流，教育者在进行授教的同时，自己也在接受着教育，因而从单向被动式教育向双向互动式教育转变成为可能。四是转向服务式教育。新媒体技术的运用，使得传统的以“老师说，学生做”为主的教育方式失去了其优势。由于思想政治教育工作者在思想政治教育中所起的作用更多的只是一种引导和指引，即通过引导和指引将强制性的信息灌输变为信息的选择利用和服务，从而大大提高了思想“灌输”的实效性。

3. 丰富了高校思想政治教育工作者的教育手段

高校思想政治教育工作者在实践中深深感到，与新媒体技术相比，传统思想政治教育的手段比较单一，效果难以彰显，越来越不适应时代发展的需要。而新媒体丰富了高校思想政治教育工作者的教育手段，如手机短信、博客、网络论坛、微博、QQ、微信、手机等工具，运用在高校思想政治教育工作者的手中，都可以拓宽大学生思想政治教育的途径，成为新媒体时代开展思想政治教育的新手段。比如，充分利用现在校园流行的“QQ群”，高校思想政治教育工作者可以将思想教育的内容渗透到班级“QQ群”交流中，使班级在网络中也能呈现出交互性信息活动场所；又如，通过运用“网络论坛”新手段，高校思想政治教育工作者可以克服课堂教学的时间限制，打破传统意义上的班级概念，借助网络论坛来传递信息、交流思想、聊天谈心，从而卓有成效地推动大学生思想政治教育。

(二) 新媒体对高校思想政治教育工作者教育模式的消极影响

1. 新媒体的发展使高校现有的思想政治教育模式受到挑战

新媒体技术的迅速发展，把人们由现实世界带入虚拟世界，在这个虚拟世界中，实体的现实与创造的现实已经融合在一起，人们的认知方式也随之发生了根本性的变化。处在这个大背景下，高校思想政治教育面临着全新的挑战：一方面，由于这种认知方式容易使大学生受到虚拟世界的左右，自觉或不自觉地受“虚拟时空”这一存在形式的强制性影响和被动性接受，从而失去理性和自我。如何创造一种全新的教育模式，来承载新媒体时代高校思想政治教育的任务，这对高校思想政治教育工作者是个新考验。另一方面，对高校思想政治教育工作者来说，他们所依赖的原有教育制度环境已严重滞后，尤其是在教育理念、教育政策、教育目的等方面缺乏前瞻性的理论与实践的研究，远远跟不上新媒体技术的发展步伐。因此，改革现有思想政治教育模式，以适应新媒体时代高校思想政治教育的发展需要，已成为高校思想政治教育工作者义不容辞的职责。

2. 新媒体的发展使高校现有的思想政治教育引导功能受到挑战

在传统社会里，实施整合社会价值的主渠道和载体，一直是由政府主导的新闻媒体承担并发挥着主导作用。但是，随着新媒体的崛起，这种独家统霸天下的局面开始被打破：新媒体正在逐步成为现代社会价值传播的重要渠道。但是，由于新媒体开放性、匿名性、虚拟性的特点，使得新媒体自身传播的价值也是多元的，既传播先进的、正确的价值观，同时也夹杂着很多黑白颠倒的、有害传统道德价值观的东西，这不仅导致了大学生价值观的异变，而且无形中也加大了高校思想政治教育引导功能的难度。在高校思想政治教育改革的过渡时期，随着由政府主导的新闻媒体所引导人们形成的价值观模式日渐弱化，高校现有的思想政治教育引导功能将会受到越来越大的挑战。

3. 新媒体的发展使高校现有的思想政治教育内容受到挑战

高校思想政治教育的主体内容是思想政治教育工作者按照国家教育部制定的培养要求，通过“灌输式”和“诱导式”的方式使受教育者“被教育”。高校思想政治教育的内容，不仅体现了思想政治教育的性质，而且是实现思想政治教育目标与任务的重要保证。这种模式所形成的教育内容，它的最大长处是能够与教育目标始终保持一致性与趋同性，其短处是容易导致教育内容的相对静态化和平面化，尤其是忽视了对学生的个性及内在需求。进入新媒体时代，大学生信息接收途径更加广泛，主流文化与非主流文化，他们都能够从新媒体上快速获取；由于受到多元文化的影响，他们对那种自由言说的方式和无拘束性的言论表示出莫大的欣慰，使得个体最原初的心理和精神得到释放，开始对被动接受既定道德规范和合乎规范性的习惯出现反叛。由此可见，随着传统媒介“把关人”理论的颠覆，新媒体以其传播快捷性、表达交互性、内容随意性、言论自由性，对当前高校思想政治教育的主体内容提出了新挑战。如何既能利用新媒体技术对高校思想政治教育内容进行创新，又能保持思想政治教育内容符合国家教育部制订的培养要求，是我们必须着力研究的一个新课题。

4. 新媒体的发展使高校现有的思想政治教育方式方法受到挑战

所谓思想政治教育方法，是指进行思想政治教育时，在马克思主义世界观的指导下，在塑造人们灵魂、丰富人们精神生活和调动人们积极性，实现培养目标的过程中所应用的各种手段、办法和程序的总和。传统的思想政治教育主张教育者对受教育者的言传身教，是一种单向教育模式，学生处于被动接受的地位，缺乏互动性。这种思想政治教育方法的优点是针对性强、反馈及时，有利于大学生接受正面思想，实现思想政治教育的目标。缺点是教育的作用对象、作用次数都是有限制的，脱离了特定的环境或氛围，教育内容对受教育者的教育和感染作用难以持久。新媒体的应用，带来了高校思想政治教育工作方法的革新，它不仅使原有传播方式从单向传输改变为双向互动交流，增强了思想政治教育的吸引力；而且还突破了教育内容发挥作用的人数、次数限制，极大地增强了思想政治教育的效果。但对高校思想政治教育工作者来说，如何在实践中推动传统方法与新技术的结合，还处于探索阶段。从一些高校思想政治教育网站的冷清可以看出：对新媒体优势把握的不准确，往往造成思想政治教育方法的低效；同样传统方法与新兴技术结合不当，也不可能很好地发挥新媒体的比较优势。如何主动学习并运用新媒体技术，将传统的思想教育方法现代化，对高校现有的思想政治教育方式方法提出了新的挑战。

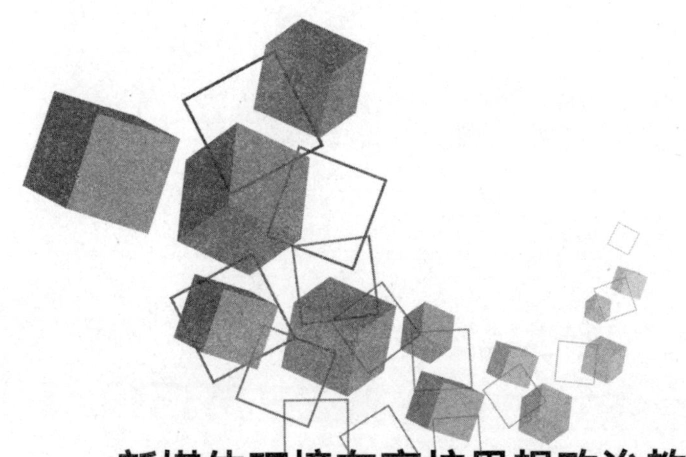

第三章

新媒体环境在高校思想政治教育改革中的应用

新媒体支持下的思想政治理论课教学与传统教学相比，具有明显优势。为了更好地利用新媒体，结合教学实践经验，提出了增强新媒体在思想政治理论课教学中的应用思路。在此基础上，探索新媒体与思想政治理论课融合过程中的有效途径，包括网络教学平台、微博动态交互平台、严肃游戏和慕课移动教学。只有创新形式，才能充分发挥新媒体的优势，才能切实增强思想政治理论课教育教学的有效性。

第一节　新媒体环境下思想政治理论课的优势

一、教学载体优势

“载体”本是一个科技术语，最早出现于化学领域，后来广泛应用于科学技术的各领域。其基本含义可概括为：某些能传递或运载其他物质的物质。在社会科学领域，载体被引申为承载知识和信息的物质形体。教学载体是承载教学内容和信息、联结主客体、促进主客体互动、使课程信息有效地传递给受教育者的各种实体物质和活动形式。思想政治理论课教学载体是指能承载、传导思想政治理论课教学内容和信息，并能为教师和学生所运用，且主客体可借此相互作用的一种实体物质或某一具体活动形式。传统的思想政治理论课教学载体主要包括教室及教学设备、教材、教案、课堂教学活动等，还包括社会实践场所和活动。随着时代的改变，科学技术的不断进步，新媒体作为思想政治理论课教学载体在教学中发挥着越来越重要的作用，其以数字技术、网络技术和现代通信技术为依托，将文字、图片、音频和视频相融合，表现为多媒体课件、网络教学平台、社交网络（博客、微博）、新媒体通信工具（QQ、微信等）、严肃游戏等。

与思想政治理论课传统教学载体相比，新媒体作为思想政治理论课教学载体主要有以下优势。

（一）形式多样生动

传统教学载体形式较单一刻板，新媒体教学载体形式多样生动。在新媒体尚未兴起前，传统思想政治理论课教学主要依赖的是教师，教师依据教材，借助以文字为主的黑板板书，通过系统讲授完成知识的传输。教育素材一般来自于各种传统媒介和教育者自身的社会阅历，教材永远都是思想政治理论课的重要教学载体。这里的教材主要是指教科书或课本、各类教学辅导材料和补充读物。教材是依据高校思想政治理论课的课程标准编写的，是对马克思主义经典理论的基本阐述和对中国具体实践的经验总结。教材具有权威性，是开展思想政治理论课课堂教学的重要工具和媒介，对于保障课程质量具有重要作用。教师讲课中的口头表达方式是人类交际中最基本、最重要的行为之一。由于是面对面进行授课，因此教师更易洞察课堂变化，能及时对学生的应求作出回应。黑板板书则是对教学内容提纲挈领，完整展现教学中的思维过程，具有高度概括性，且能较长久保留，所以板书作为传统载体不可取代。

然而，教材虽然是承载大量信息的载体，语言比较规范，但是由于是适用于所有学生，因此整齐划一，缺乏个性，语言与学生接触的生活语言、网络语言相比，略显刻板，不够时尚生动，而且信息更新速度较慢，使得内容承载量有限。而新媒体载体则形式多样，生动形象，集文字、声音、图像、动画于一身，通过多种样态调动人的所有感觉器官，如眼、耳、口等，给学生视觉、听觉和实时交流等多方面、多兴奋中心的刺激，使学生更容易全身心参与课程中，大大增强学生对教学内容的识记和理解能力。新媒体载体以其独特的魅力，使思想政治理论课教学实现了前所未有的感官效果，使教学内容有形化、立体化、直观化，是对以纯文本为主的教材以及单纯以语言为主的教师教授有益的补充，增强了课程的吸引力和感染力。

(二) 更新速度快

传统教学载体相对固定静止，新媒体教学载体更具流动性。传统的课堂教学，是基于相对静止的课程目标、教材来展开的。教材是由国家权威部门审定，内容涉及马克思主义基本理论、马克思主义中国化最新成果以及国家政策方针等，因此具有权威性，内容固定，不能轻易变动，年度教材修订一般只涉及很小部分，甚至只是个别语句，大体而言，内容一致，教材内容的相对固定是教材的特殊性所决定的。传统的教学，教师主要依据教材进行讲授，语言规范，教学要点固定，教学内容有所局限。教学过程就是教师忠实而有效地传递教材的过程，教师基于教材做出调整和发挥的空间较小，是传统一成不变的灌输。

新媒体载体承载的内容浩瀚博大，其开放性使学生能够便捷获取与课程相关的大量信息。同时，新媒体更新速度快、传播、交流速度快，各种信息能够通过网络、无线通信技术在第一时间散播世界各个角落，学生能以最快速度掌握与课程相关信息。在传统教学中，虽然教师的主动性可以使课程呈现出一定的流动状态，但新媒体载体呈现出的知识流动和思想流动特点更为鲜明。传统的、刻板的知识传输为信息的自由流动所替代，知识在新媒体的帮助之下呈现出更强的灵活性、更有利于在需要者之间进行传播和转移，更易于为学生所掌握、所应用。因此，通过新媒体载体，学生能够迅速知晓新近发生的时政事件以及对该事件的各种评论，即时追踪与课程相关的理论前沿，捕捉该领域最新的学术进展，便捷得到各种与课程相关的精品资源，如名校精品课程视频、百家讲坛演讲等，层出不穷，且更新速度快并滚动播出。同时，通过新媒体载体传递的流动性的知识内容更易为学生所接受。传统载体承载的知识主要通过灌输实现，尤其书本知识由于其呈现面貌特征及灌输手段的局限性，不宜为人们所接受。而新媒体载体承载的知识，由于其较强的流动性及较快的更新速度，更容易传达到学生，对于学生来说知识总是新鲜新奇的，具有更强的冲击力。知识的流动性决定了其更易于传播、搜寻和转化。教学内容及其所蕴含的价值导向通过新媒体载体具有更强的直观性和感染力，因此通过新媒体载体，教学内容更容易为学生所接受，学生更愿意主动参与到思想政治理论课知识学习过程中，思想政治理论课教学也因此具备了更强的主动性和吸引力。

二、教师主体性优势

教师主体性主要表现在对教育对象的把握、对教学内容的选择以及对教学方法手段的创新等，是教师在教学活动中的主体地位所决定的，体现了教师主观能动性。新媒体下思想政治理论课教学与传统教学相比较，教师主体性优势主要表现在以下几个方面：

（一）有效扩展辅助学习资源

虽然新媒体环境下，学生获取信息能力增强，但是在有效获取思想政治理论学习资源方面并不占有优势。在海量搜集到的信息中挑选有价值的信息费时费力，而教师对课程更熟悉，总体把握能力更强，教师利用新媒体，可以为学生提供有针对性的、更直接有效的学习资源。

首先，教师依托新媒体可以向学生提供相关课程的辅助学习资源。包括课程的相关通知信息，也可以提供预习材料、复习资料、答疑信息、前沿信息等辅助学习资源。例如，可以制作课前预习材料，发给学生。课前结合教学内容，从教案中抽取知识条目，使用工具软件将其制作成电子书，形成微型电子教案，提供给学生在手机上进行阅读，提纲挈领地向学习者介绍本知识点的教学目的、教学要求、教学难点等，便于学生在下次课开始前进行预习，了解将要学习的内容，对有疑问或感兴趣的地方进行思索，有针对性地听课，提高课堂学习效率和独立思考能力。此外，对于课程中涉及的一些专业名词、有关定律、概念、知识背景等内容，可以将其整理好后制作成词条，设计制作成电子词典，由学习者通过超级链接进入相关知识点，供学生随时查阅，作为课堂教学的补充和延伸。如果能技术升级，将课程内容以知识地图的形式呈现出来，将更便于学生进行搜索和查找，快捷便利地获取真正所需要的信息，将更能提高思想政治理论课移动学习的效果。因为在繁杂的学习资源中找到适合自己实际情况的资料对于学生来讲是件很烦琐的事情，如果能通过知识地图导航，帮助学生快速选择到适合的学习材料，必将能更好地满足学生的学习需求，提升学生的学习兴趣。这种方式尤其适用于《中国近代史纲要》课程，课程中大量需要记忆的知识点可以通过知识地图的方式，使学生在多次随时随地的学习中进行巩固加深。

其次，依托新媒体可以向学生提供相关课程教师的授课视音频资料。有条件的学校，可以在课堂中利用多媒体教室的录音设备将教师上课时所讲述的内容用软件录制下来，制作成音频文件上传至学校的教学服务器的课件资源库中，学生可以登录本校思想政治理论课网络课堂学习，或者将相关内容在校园网上下载至手机中，充分利用闲暇时间，在晨练、行走在教室或食堂的路上、等车的空隙、就寝前的片刻，进行播放收听，将更能加深学生对课堂所学知识的理解，补漏查缺，巩固课堂所学知识，将课堂延伸到课外。这种片段式的学习方式还能将学生零碎的时间化整为零，提高学习效率，是思想政治理论课数字化学习优势的体现。而对于因为特殊原因没能亲自到课堂听课的学生来说，教师授课的视音频文件可以很好地弥补这种缺憾，是课堂教学的有益补充，尤其思想政治理论课通常采用大班开放式的课堂教学形式，难免有学生会缺席或没能按时到课堂，对于这样的学生，可以通过新媒体载体发送课堂录音，便于学生自学或查漏补缺。

最后，依托新媒体，教师可以向学生提供相关课程的拓展性学习资源，包括学生感兴趣但课本上没有的相关资源。比如，与课程相关的百家讲坛精彩演讲，世界知名学校的开放课程，国内知名高校的讲座录像等。凡是与课程相关的优秀资源，都可以通过新媒体向学生传送。

（二）促进学生进行知识整合

传统社会时代，知识不像新媒体时代，在没有被数字化之前，生产、交流和传递十分不易，流动性不高，知识总量也不像今天一样呈爆炸式增长态势，所以教师容易在信息知识拥有方面握有主动权，相对于教师而言，学生在当时了解、获取到的信息知识非常有限，因此以教师当时所掌握的知识总量很容易就能满足学生有限的知识需求。在传统思想政治理论课教学中，教师掌握大量专业知识，因其在知识、年龄、经验、信息等方面占有优势，而掌握课堂的主动权。教师系统讲授课程，是知识、信息创造和传递的垄断者、统治者。而传统社会下的学生接触信息有限，容易造成视野狭窄，因此学生在教师传道授业解惑过程中，必然会对教师因其拥有丰富的学识而产生敬佩敬畏之感，对教师所传授内容也毫不怀疑地接受，无条件地遵从，教师的知识主体权威地位卓越，没有受到任何质疑和挑战。

第二节　新媒体在思想政治理论课教学中的应用思路

一、依据教学目标合理选择媒体形式

高校思想政治理论课的教学内容是多元的，既包括哲学、历史、法律，也包括心理、道德，而思想政治理论课的教学目标也是多层次的，要在知、情、义三个层次上，有层次、有顺序地提升学生的思想觉悟和人格完善。认

知层面的教学目标，例如，相关历史知识的获得主要通过传统的教师讲授，辅之以党史、近代史网站和电影、电视等手段拓展学生视野，调动学生情感，了解历史知识，把握重要的知识环节。情感方面的内容，因为只需要有直指人心的力量，因此在授课的同时，更可以通过心理咨询网站、手机短信等新媒体方式建立一对一交互的精准个体辅导，以解决学生在学习障碍、恋爱、生活等方面存在的心理问题和情感困惑。意志层面的内容，则不能仅仅停留在知识传输和心理咨询层面，一方面需要在比较、鉴别、掌握知识的过程中打下相应基础；另一方面还需要在实践中，在社会冲突和矛盾解决中，形成相对稳定的价值观和坚定意志力。因此，我们需要选择那些与社会生活密切相关的媒体、网站等形式辅之以教师的辅导、引导和指导。总之，高校思想政治课教师要针对思想政治课不同教学目标，有意识地选择相应的新媒体形式为我所用。

思想政治理论课教学目标还可以从认知层面、行为层面和养成层面进行划分。首先，思想政治理论课教学目标认知层面，包括把握相关概念的内涵、内容等，明确理论意义、理论价值、作用、功能等，认清相关事物的特点以及相关事物之间关系等。比如，学习马克思主义经典著作，经典理论的获得，应主要采用传统课程教学载体，以教师讲授和学生自己研读为主，而不宜采用各种课外活动载体，活动载体只能作为学习经典著作的一种补充。

其次，思想政治理论课教学目标行为层面，则包括践行社会主义核心价值观，努力适应新的环境，履行社会主义法律要求公民所必须承担的义务，协调、维护人与人之间的各种法律关系和道德关系，善于处理化解各种矛盾，积极响应党的号召保护生态环境等。总之，是以行动践行所学的各种理论，将所学理论转化为具体的行动，以理论指导行为，反过来在社会实践后进一步提升对理论的理解。这也是马克思主义认识论中完成对事物认识，对真理掌握的不可或缺的重要环节。脱离实践、脱离具体行为的思想政治理论课只是纸上谈兵，如果不能通过实践，完成理论对行为的指导和影响，学生在日常行为中得不到任何改变，则思想政治理论课目标不能得到实现，思想政治理论课的意义也无法得到落实。行为的改变，良好行为的养成，在通过传统课堂教学掌握基本理论的基础上，还需要通过社会实践，引导学生深入社会，深入基层，通过在复杂环境中的行为选择，来历练锻炼自己的行为。此外，在深入社会充分利用社会实践活动载体之外，还可以充分利用新媒体载体，在课堂中加入适量的时事事件、社会热点视频和影视作品片段等，以另一种在场的方式体验生活，融入社会，引导学生通过讨论，做出正确的行为选择。新媒体以其生动鲜活的特征，形象再现事件场景，使学生很容易有身临其境之感，营造出大家参与其中的氛围，使学生身不在场心却在场，跟随视频中的事件和人物，做出自己的判断，并付诸行动。行为层面目标的实现，也可以通过新媒体支持的社会仿真实验室，严肃游戏等方式，让学生更进一步贴近事实，通过一次次模拟演练，来提升自己面对纷繁复杂社会现实时的行为选择能力。

最后，思想政治理论课教学目标养成层面，则包括培养良好的合乎道德的行为习惯，树立贡献国家和社会主义事业的远大志向，树立正确的世界观、人生观和价值观，增强遵纪守法的意识，也就是真正树立起社会主义法律信仰，拥有用马克思主义观点辩证历史地观察世界、解释世界的思维等。养成层面是最高层次的思想政治理论课教学目标，非短时期内所能实现，观念的养成、习惯的养成、思维的养成，知识的认知和行为的践行不同，知识的掌握只要理解和识记就能做到，行为的践行只要付诸行动就能完成，而养成层面比如观念思维的形成，是需要在知识和行为基础上，通过不断地吸收和转化，需要长期的反复磨炼，经过反复的批判反思，真正的意识理念才能逐步得以树立。高校学生思想政治理论课养成层面目标的实现，需要借助多种媒体形式，包括传统的课堂讲授、新媒体下的虚拟体验、网络课堂的学习以及微博、微信、QQ 的互动等，通过长期的浸润和熏陶，在有形无形之间，在直接间接之间，在显性隐性之间，逐步接受思想政治理论课的内容和信息，并用于指导自己的行为，最终内化为自己的思想品德。观念一旦形成，行为将更加自觉。

新媒体应根据思想政治理论课教学目标，有针对性地科学准确地选择相关媒体和载体，有效地展开思想政治理论课教学，真正达到教学目的，使学生在思想层面、行为层面和认知层面全面提升，完成人格完善和觉悟升华。

二、依据媒体特点有效整合媒体形式

新媒体环境下，不同媒体有不同的特点和优势，高校思想政治理论课不能仅重视或采用单一媒体来实现自己的目标，还要学会整合多种媒体来实现思想政治教育的有效性和现实性。现代各种媒介各有所长、各有所短，思想政治理论课中具体应该选择哪种载体以取得最佳效果是值得教育者思考的问题。事实上，在很多情况下，要传播某种信息，并非某种载体一定胜过另一种载体，而是应根据特定情况做出特定选择，许多情况下是将传统载体和各种新媒体进行有机的整合，以综合发挥各种载体的作用和优势。无论是新媒体还是传统板书或是教师口授等，都是方法而不是目的，它们之间是互补关系而不是替代关系。网站的丰富与交互性，手机媒体的即时性，传统课堂教学的面对面和在场感，可以相互补充，相互影响。传统的课堂教学可以引入多媒体的形式和手段，多媒体的形式和手段可以重新包装和整理传统课堂的教学内容，例如，现在盛行的网络公开课等。这样，既可以大大拓展传统课堂教学的领域和视野，增强课堂教学的吸引力和凝聚力，也可以把正确的价值导向和科学的世界观注入现代新媒体之中，从而使各种教学手段和教学方式的优势得以充分发挥。通过各种媒体的有效整合，将实现综合运用，优势互补，各种媒体的综合效能能够更加充分地发挥出来。

毋庸置疑，新媒体以其快速的发展、日益强大的功能在人们的日常工作、学习、生活中发挥着越来越重要的作用。因此，在思想政治理论课教育教学领域引起人们越来越多的关注。在思想政治理论课教育教学中，借助于不同媒体技术特点，根据课程特征、经过精心设计完全可以将新旧媒体相融合，进而创新教育教学的新模式。比如，手机媒体与其他媒体的有效融合，就将大大增强思想政治理论课的灵活性和有效性。手机媒体是新兴媒体，在21世纪的今天，手机不仅能用来充当移动电话，还具有传送大容量文字、图形、影视等多媒体信息的功能，事实上，手机媒体本身就是网络技术和通信技术的有效融合。基于手机这种移动通信的功能，可以将手机媒体与传统媒介以及网络媒体相融合，根据新旧媒体的优缺点进行有效利用，拓宽教育信息的传播途径，实现教学过程的现代化，弥补传统教学中的信息传播闭塞的现象。比如，运用相应软件，将教师课堂用课件甚至教师授课视频加载到手机媒体中，将手机媒体与网络课堂相联结，能实现将教学体系中涉及的有用、准确、及时的信息迅速提供给在任何时间、任何地点的学习者。以手机为依托，将多种媒体相融合，使思想政治理论课教学具有学习开展的灵活性、学习工具的便捷性、学习场所的移动性等突出优点，同时也推动了教育教学过程中学生和教师之间、学生之间更加方便、灵活的沟通和互动。不可否认，借助手机这种新媒体形式进行教学也有其局限性，即学习的知识较为零散，人在移动的学习状态中，由于受周边环境的干扰，加上某些学习工具本身限制，比如，屏幕小、信号差等，导致手机媒体移动学习是一种碎片式经验。另外，由于无线网络带宽不足、费用较高及学习资源缺乏等，导致目前基于手机媒体的移动教学只能是一种辅助性教学，是对传统课堂教学模式的一种重要补充，而不可能占据主流，更不能代替现有的、正式的学校课堂教学模式。但是，由于其突出的灵活性和优越性，尤其在高校学生中，手机已经相当普及，更重要的是，手机上网已经成为大学生获取外界信息的重要途径，因此，手机媒体不能在当前思想政治理论课教学中缺位，必须依据新旧媒体特征，依据手机媒体的优缺点，经过精心设计，找到手机媒体和传统媒体相融合的结合点，以实现扬长避短、优势互补，通过立体的、全方位的媒介融合，开辟新媒体应用于思想政治理论课教学中的又一重要创新途径。

总之，依据各种媒体特点有效整合媒体形式，将拓宽思想政治理论课教育教学路径，增强其实效性和吸引力，彰显独特优势，如果说借助于网络媒体实现了思想政治理论课从课堂延伸至课外的扩展性教学，那么，手机媒体在实现扩展性教学的基础上，无疑同时开启了思想政治理论课的移动性教学的形式。

第三节 新媒体在思想政治理论课中的具体应用途径

随着互联网的诞生，人类迎来了一种新的学习环境即数字化学习环境，网络技术被运用于教学活动，网络教学平台应运而生。所谓网络教学平台，是指建立在网络基础上、通过现代信息技术和现代教育理论构建的、为网络教学提供全面支持服务的软件系统。

一、网络教学平台的起步与发展

国外最早的网络教学平台是由加拿大不列颠哥伦比亚大学（University of British Columbia）计算机科学系为高校开发的课程传递及管理系统 Web CT，继而美国的 Blackboard、澳大利亚 Moodle 等平台为网络学习提供了强大的数字化环境，它们至今在全球拥有较大的用户群。我国的网络教学平台出现于 20 世纪 90 年代中期，早期形态是一些教育和商业机构开发的教学系统，其被广泛使用是最近十多年的事情。2000 年研发成功的“4A 网络教学平台”是我国最早开发成熟的网络教学平台，清华教育在线、上海卓越课程中心等也被国内很多高校所选用。

如今，网络教学平台已在我国高校教学中广泛使用。就平台类型而言，主要有四种：一是美国商业化平台 Blackboard 在线教学管理平台；二是开源软件，如 Moodle 等，使用者可以根据自身情况对软件源代码进行一定程度的改造；三是国内机构所研发的商业化平台，4A 网络教学平台、清华教育在线、上海卓越课程中心、南京易学天空教室都属于这种；四是一些高校针对自己的需求而研发的、仅在本校范围内使用的教学平台。以 4A 平台、清华教育在线为例即可以看到当今网络教学平台应用的广泛性。2005 年因高等教育出版社注资介入，4A 网络教学平台改版完善，今天这一平台在全国已经拥有注册用户约 1 亿。清华教育在线平台的研发起步于 20 世纪末，经历 10 余年 9 次升级改版，这一平台已经在全国 260 多家院校合作应用，是国内同类应用平台中用户最多的系统。

网络教育平台的功能是国内外研究者长期思考的问题之一。“4A 网络教育平台”的研发者余胜泉等认为，一个完整的网络教学平台应该由四个系统组成，网上教学支持系统、网上教务管理系统、网上课程开发工具、网上教学资源管理系统四个子系统。这些子系统在课程教学中发挥着教学管理、资源管理、交流互动等功能，以 Blackboard 为例，其系统由三个平台组成，即教学管理平台、资源管理平台、门户社区平台。目前，我国高校网络教学平台也是围绕教学资源管理（如教学资源库的建设）、教学过程管理（如用户与课程管理、课件的制作与发布、作业的提交与批阅、教学评价等）和师生交流互动（如邮件问答、讨论区等）三个方面，形成了一个相对完整的网络教学支持环境。网络教学平台的发展大大改变了传统大学教学模式。

二、网络教学平台与高校思想政治教育教学

与其他课程一样，当今的思想政治理论课教学也因网络教学平台而迎来了新的发展契机。因为课程性质的特殊性，在借助网络的互动性、共享性、开放性来完善教学的探索中，思想政治理论课教学平台的设计应用中表现出一定的特点。

第一，有助于开展隐性思想政治教育。网络平台应用中的承载特点、互动功能、隐蔽性等与隐性思想政治教育的特征存在着内在的统一性。与传统课程载体相比，网络教学平台能够承载、运行数量庞大的信息，而且包含着文字、图像、视频等符合青年学生阅读习惯的直观内容，使学生在主动浏览中不知不觉地接受信息背后承载的思想观念。网络平台为师生互动提供了空间，网络主体间的平等性会减少学生的抵触心理，在信息互动中，教师易掌握学生的思想动向，有效地澄清大学生在思想认识上的误区，促进大学生的健康成长。同时，网络互动方便匿名交流，这与隐性思想政治教育的隐蔽性特征相一致，学生可以用无名者的身份与老师展开交流，利用网络虚拟特点，隐去当事人真实身份，这样更易使学生敞开心扉，在开诚布公的讨论中增加对人生、对世界的理解，发挥隐性思想政治教育的功效。

第二，有助于学生交互学习和体现教师主导地位。虽然，网络平台教育促进学生参与教学、自主学习。但在思想政治理论课教学中，还应特别强调教师的主导性。教师要留心关注讨论区、留言板，有计划、有目的地提出论题，激发学生的参与热情。同时，教师要及时跟进，根据学生的观点作出恰当的反应，鼓励正确的看法，纠正不当的认识。必要的时候，教师还可以将论坛中有代表性的观点引入课堂教学，通过系统点评分析，因势利导，解决学生们思想上的困惑，帮助他们树立正确的世界观、人生观、价值观。

第四章

依托电子公告拓宽高校思想政治教育领域

随着互联网技术的不断进步，无论是传统的电子公告板，还是高校 BBS 或论坛贴吧，亦都有了新的发展。但不管电子公告媒体如何发展，以“帖子”为核心的发帖、阅帖、回帖、顶帖等仍是电子公告媒体的根本。

第一节　电子公告板的产生与发展

电子公告板，即BBS，是基于BBS软件系统建立的电子数据库。现在的电子公告板就像现实生活中的公告板一样，用户除了可以进入各个讨论区获取各种信息外，还可以将自己要发布的信息或参加讨论的观点“张贴”在公告板上，与其他用户展开讨论。

一、电子公告板的产生

1978年，美国芝加哥地区的计算机交流会上，Krison和Russ Lan借助于当时刚上市的Hayes调制解调器将两台计算机通过电话线连接在一起，并且把自己编写的程序命名为计算机公告牌系统，这就是第一个BBS系统的开始。之后，在软件销售商考尔金斯的推动下，CBBS加上调制解调器组成的第一个商用BBS软件包于1981年上市。

当然，早期的电子公告板没有太多的功能，如同街头和校园的一般公告板，区别只在于是通过电脑来传播或获得消息而已。直到互联网和个人计算机的普及，爱好者们尝试将苹果计算机上的电子公告板转移到个人计算机上，至此电子公告板的现代功能才初具雏形。

二、电子公告板的发展与高校BBS

1978年，在美国芝加哥开发出一套基于8080芯片的CBBS/Chicago，继这一套最早的电子公告板系统之后，又相继开发出基于苹果机的Bulletin Board System和大众信息系统两种系统。经Russ Lane为IBM个人计算机原型程序的编写，并通过Capital PC User Group（CPCUG）的组织中Communication Special Interest Group会员的努力，最后经Thomas Mach整理，个人计算机的第1版BBS系统“BBS鼻祖”——RBBS-PC诞生了。这套电子公告板系统的最大特色是其源程序全部公开，利于日后的修改和维护，后来开发其他 BBS 系统时都以此为框架。而 BBS 的网络化可能还得归功于 1984 年美国的 Tom Jonning 开发的具有电子功能的电子公告板程序 FIDO。该软件具有站际连线和自动互传信息的功能，于是，站际间彼此就可以在一个共同的预定时间传送电子邮件。

国内最早的电子公告板站点是 1991 年创建的背景长城站，由于互联网尚未开始普及，当时开户访问量每天只有十几人。国内第一个真正意义上的网络 BBS 站也得追溯到 1994 年春，曙光 BBS 站的开通。随着计算机及其外设的大幅降价、计算机技术的不断发展和互联网的普及，BBS 也从简单的电子公告板发展到网络论坛。而现在，网络迅猛发展，网民也逐渐分化，BBS 分类也随之细化。目前，BBS 按照功能可分为综合类、专业类、商业类、特色类；按照版块内容，可以划分为情感、旅游、体育、文学、购物等涵盖生活的方方面面，网民可以在不同的版块就自己感兴趣的问题进行交流。目前，较有影响力的 BBS 主要有天涯论坛、猫扑、西祠胡同等。应该特别指出的是，最早出现的一批发端于校园和科研机构、为教育科研而创设的校园 BBS 站点——电子公告板（BBS）站点，于 1995 年 8 月建立的水木清华 BBS 正式开通，揭开了国内高校 BBS 建设的序幕。

第二节　贴吧论坛——思想汇聚传播

进入 21 世纪，电子公告媒体迅速发展，一方面表现为网络论坛数量高速增长，另一方面表现为网络论坛栏目与功能多样化，更表现为网络论坛形态的不断创新。其中，“贴吧”正是由网络论坛与搜索引擎结合产生的。网络“贴吧”是互联网上一种具有沟通功能的粘贴板，是一种基于关键词的主题交流社区，它与搜索紧密结合，准确把握用户需求。

一、网络论坛新模式——贴吧论坛

贴吧是百度网的一项发明，是一种以搜索引擎为内核的网络论坛。目前，“百度贴吧”是全球影响最大的中文网络贴吧，是百度网站为网民量身打造的一个通过网络适时发布、获取、交流信息的平台，一个表达和交流思想的自由网络空间。其他大型商业网站也有类似的服务，如谷歌与雅虎的“群组”、搜狐的“搜狗说吧”等。此外，一些网站借鉴“贴吧”的经验，形成各式各样以网络论坛为内核的“吧”，如天涯论坛的“天涯来吧”、强国社区的“人民聊吧”等。

贴吧，本质上与论坛并无区别，但也有其自身特点：其一，创建极为简单，并且对创建主体无严格限制；其二，主题比论坛更为具体集中。一个贴吧根据一个主题来命名，所有讨论在同一个主题下展开；其三，更为个性化。网络用户不仅可以创建个人贴吧，而且能够创建与感兴趣的人物、事情相关的各类贴吧。在浏览贴吧页面的时候，亦可将贴吧或贴吧中的帖子推荐给吧中、QQ 上的好友。贴吧还支持手机浏览功能，使用手机亦可查看关心的话题、最新的回复动态，并发布自己的信息。正是这些特点使得贴吧成为网络舆论的重要集散地，打破了网络论坛的惯例，将论坛的设立和管理权力(实质上已成设置的权力) 完全交给不特定的网络用户。任何一个网络用户，以某一关键字设立“贴吧”，其创立和消亡都不需要网站主管者的介入。

二、贴吧论坛与思想汇聚

无论是贴吧抑或是论坛，自出现以来，深受广大大学生网民的青睐，成为大学生上网的必做之事，甚至出现“贴吧热”、“论坛热”的现象。因此，大学生通过贴吧可以畅所欲言，自由自在地表达个人的主观意识。贴吧所具有的作用，就是通过其本身具有的广大人员基础，与其能够充分发挥思想开放性、自由性的平台，汇聚各种人的意见、建议、批评、讨论。通过观点的表达与热点的碰撞，拓展思想的广度与深度，这也就是贴吧论坛作为电子公告这种新媒体特色模式的最大体现。

(一) 贴吧具有思想表达的开放性和自由性

无论是贴吧抑或是论坛，都是开放的空间，不限制任何人的进入和发言。用户只要登录就可发帖和回复，对相关问题进行讨论。不同的文化和话题都充斥其中，用户可根据自己的喜好选择相应的讨论区，进行信息互通、讨论兴趣爱好、表达情感等，亦可以寻求帮助、提出意见和建议，甚至可以在此投诉个人和相关组织、发泄不满等。

(二) 贴吧具有信息存在的虚拟性和隐蔽性

贴吧论坛诞生于虚拟的网络。网络的虚拟性提供了一个相对自由的空间，用户根据自身喜好自行命名进行注册即可匿名登录，没有暴露真实身份的后顾之忧。如此，就避免了面对面交流带来的尴尬和拘谨，大学生可把工作、学习、生活中的困惑，同学间的矛盾，对国家、社会、学校、老师等的看法，以及在现实生活中不便或不敢说的话真实地吐露出来，而不必担心他人的打击和报复。

(三) 贴吧具有意见表达的自主性和平等性

在贴吧论坛上，注册用户发表的言论只要符合其规章制度均能发表，且所有参与者一律平等，没有任何经济、政治等方面的地位区别，这为大学生提供了一个广阔而自由的言论空间。虽然贴吧也有着“吧主”、“楼主”等“小管理员”的存在，但是这样的存在仅仅起一个建立平台和开创话题的作用，信息的交流共享还是倾向于自主意愿的表达和平等交流模式的推动。这就源于贴吧本身具有的自主性和平等性。

(四) 贴吧具有信息来源的广泛性和多面性

随着新媒体技术的不断发展和互联网的普及化，越来越多的大学生接触到论坛贴吧，进行资源获取、娱乐消遣、情感交流。基于贴吧论坛的自由性，其中的话题亦包罗万象。广泛性和多面性不仅仅表现在贴吧类型的多样性，还表现在贴吧本身的话题多样化、受众多样化，以及衍生出来的舆情导向的多样化。

因此，在新媒体充斥的市场下，贴吧论坛作为大学生思想汇聚之地的作用不断显示出来，成为教育部门和教育主管部门了解大学生思想和心声的有效载体。

第三节　电子公告媒体思想政治教育的经验研究

随着互联网技术的不断进步，无论是传统的电子公告板，还是高校 BBS 或论坛贴吧，亦都有了新的发展。但不管电子公告媒体如何发展，以“帖子”为核心的发帖、阅帖、回帖、顶帖等仍是电子公告媒体的根本。这种以“帖子”为中心的电子公告媒体世界，我们暂且称之为“帖时代”。“帖时代”随之而来的就是一种由电子公告媒体思想引领的发散范式，在这种发散范式的作用下，所有思想都能够通过贴吧来发散，而且这样的发散不仅仅局限于贴吧内部的信息发散，还包括信息的外部传播。其中，最为凸显的就是电子公告媒体所特有的教育咨询、价值观传达。

一、“帖时代”思想政治教育的范式初探

日益发展的互联网和日益快捷的电子公告媒体，既给我们的学习生活带来了巨大的便利，也为大学生思想政治教育带来一定的困难，这就给如何利用电子公告媒体，对大学生进行正确的思想引领提出了挑战。我们必须要做到的是，通过对电子公告媒体不断熟悉和了解，在“帖时代”中尽快掌握大学生思想引领的范式途径。

范式的概念和理论是美国著名科学哲学家托马斯·库恩提出并在其发表的著作《科学革命的结构》中系统阐述的，它指的是一个共同体成员所共享的信仰、价值、技术等的集合，是常规科学所赖以运作的理论基础和实践规范，是从事某一科学的研究者群体所共同遵从的世界观和行为方式。要开始“帖时代”思想引领的范式初探，就要求我们从“帖时代”本身的实际需求出发，以此来做好思想引领，推进思想政治教育的时代化与效率化。

(一)“帖时代”思想政治教育需要频繁的互动交流

贴吧论坛具有的开放性、隐蔽性、自主性、平等性等特点，为老师和大学生们架起了相互沟通的新桥梁，避免了教育者和受教育者之间的紧张、戒备和尴尬，使得二者能够在平等的氛围中进行交流。教育者通过与学生交朋友的方法讨论问题，并及时回答学生在生活、感情、学校制度等方面的问

题，做一些“人性化”的引导，帮助学生进行自我教育，调动他们接受教育的主动性，发挥他们的能动性。应特别注意贴吧论坛上某些楼主发布的一些言论较为情绪化，有时未能真正客观、公正地反映真实情况，所以需要对其判断三思，尤其需要对帖子或言论所涉及的事件的性质、真相以及文章本身的情绪进行客观、公正的分析。若确有此事，则应尽可能及时予以官方权威答复；若帖子或言论出于宣泄的目的，措辞较为激烈或表达情绪化，以至于和事实有较大出入，则应根据帖子或言论进行正确的疏导、贴心的安抚，以此净化贴吧论坛。在这种平等、民主双向交流的平台上，通过对话式、交互式的互动，更有利于创新思想政治教育理念和进行思想引领。

（二）“帖时代”思想政治教育需要生活语言与专属版块

贴吧论坛等电子公告媒体日益成为大学生日常学习生活必不可少的一部分，思想政治教育工作者应该利用该阵地进行思想引领。以百度贴吧为例。目前，百度高校贴吧中，包含有“高校贴吧”、“图片”、“精品”、“视频”四个栏目，其中“高校贴吧”这一栏目成为师生发帖、回帖、顶帖、灌水、拍砖的“主战场”。对此，可以相应地建立“红色版块”，把对大学生进行思想政治教育的渠道从“两课”延展到网络，使网上教育与网下教育结合起来，更有利于加强和巩固大学生的思想政治教育效果。应该指出的是，在电子公告媒体上的话题越贴近生活实际，越能满足大学生各方面的需要，也就越能吸引青年网友参与其中。例如，贴吧论坛版名应引人入胜、朗朗上口，不会引起大学生排斥，减少被恶搞的可能，在宏观上“马克思主义基本理论与中国特色社会主义理论体系”这个较长的贴吧名称之外，应设计出贴近学生生活实际的“两课”学习资料、入党知识、时事分析等内容丰富版区，推荐思想觉悟高、知识涉猎面广、观点独到且深刻的人竞选版主，尽量发挥大学生思想政治教育新渠道的作用，成为思想引领的新平台。

二、“帖时代”思想政治教育的发散范式

相对于Web2.0时代用户主要通过浏览器获取信息的特点，在强调自服务和内容自生成的Web3.0时代中，用户不再仅仅是互联网的读者，同时更是互联网的作者。在电子公告媒体中，每位用户既是发帖者，又是回帖、顶

帖者，在贴吧中甚至每个用户都可能是吧主或管理员。在全民皆“帖”的网络世界中，在互联网技术日益发展的背景下，对于大学生思想引领除了上述的四大范式途径外，还可着眼于高校自身。

高校贴吧论坛品牌形象，是指以大学生为主体的使用者，基于对高校贴吧论坛的了解与使用，经过自己的选择与加工，在大脑中形成的关于高校贴吧论坛的印象总和。若高校贴吧论坛品牌形象积极、正面，则能够发挥高校教书育人目标过程中应有的作用，完善高校的教学科研建设。高校贴吧论坛品牌在建设与管理过程中，尽量避免千篇一律，努力突出自身特色和优势，灵活运用多种方式塑造积极的品牌形象。

版区方面，科学设置、重点建设、突出主旨与特色。目前，高校贴吧论坛的发展已经涵盖到学生生活的方方面面，比如，我的大学、文化科学、社会信息、电脑技术、知性感性、休闲娱乐等版区都满足了学生的各种需求。其中，贴吧更是包罗万象。较之网络论坛建设初期以情感类和娱乐类为主的版区设置，贴吧论坛内容更加丰富多彩，设置更加考虑学生诉求，但也存在版区分类过于细致、话题较分散的不足。要改变这种情况，高校论坛在建设中应在版区划分上力求简洁科学，把话题引向集中深入。在版区建设中，重点建设红色教育版、文化科学版、情感心理版和休闲娱乐版等，在突出高校贴吧论坛主旨与特色的同时提高其吸引力：用红色教育版对大学生进行思想政治教育，突出高校坚持社会主义办学方向、为社会主义建设培养人才的主旨；用文化科学版加强高校师生的学术交流，满足他们对文化科学较高层次的需要；用情感心理版提供给大学生表露心理困惑与情感宣泄的空间，促进他们心理健康的发展；用休闲娱乐版丰富大学生的网络生活。

第四节　电子公告媒体思想政治教育的发展预测

一、电子公告媒体的新动向

在 Web2.0 时代中，主要强调的是互联网内容的组织与提供，而在现如今的 Web3.0 时代中互联网具有更好的交互性，用户不再是单纯的阅读者，而是兼具互联网的作者。伴随着 Web3.0 时代的到来，电子公告媒体也将朝着以下几个方向发展：

（一）即时性方向发展

现在，动态网站的新技术 ajax 的问世，就宣告着贴吧等电子公告媒体即时更新信息的新模式离我们不远了。在 ajax 之前，页面的部分数据需要更新时必须刷新整个页面。而使用 ajax 技术的网站，不需要刷新页面就可以更新数据，这就使 Web 站点看起来是即时响应的。将来，当我们把 ajax 技术运用到贴吧论坛中时，论坛成员不用刷新页面时就可以看到别人刚刚发的帖子，方便、快捷、即时等优点就将凸显于此。并且，随着 5G 时代的到来，无线通信与国际互联网等多媒体通信结合的新一代移动通信系统，未来的 5G 必将与社区网站进行结合，信息的唾手可得，也将进一步使得电子公告媒体朝着即时性方向发展。

（二）图形化方向发展

随着信息技术的发展和电子公告板等新媒体的完善，以及网民们对生活与虚拟之间联系的日渐加深，图形虚拟社区的实现也势在必行。图形虚拟社区非常逼真，甚至能够形象化地模拟整个现实社区的生活，并且其延展性、扩充性和可塑性极强，极为生动形象。在论坛中，网友甚至可以通过街景功能浏览现实生活中的街道实景，或者通过 3D 模拟软件试穿看中的衣服。贴吧论坛版块与版块之间不再以单纯的文字描述区分，而是以辨识度较高的拟物化图标作为标志。通过一根网线而汇集的天南地北的网友，不再是通过 ID 来辨认，而渐渐开始采用形态各异的头像或是虚拟装扮来区分，甚至可以通过头像的色彩、虚拟装扮的搭配来猜测对方的性格，这些都是传统虚拟社区所不具备的特点。

（三）专属方向分化发展

随着人们的需求日益增加，贴吧等电子公告板的多样化将进一步得到发展，电子公告板分类的细化将一步一步地得到改善。人们的社会工作和生活需求，以及对电子公告板的频繁利用，驱使电子公告板对专属性的要求变得更为强烈。针对现今的考研热点，就会出现相应的“考研吧”；针对现今的“淘宝热”，就会出现相应的“折扣共享论坛”，诸如此类的电子公告板专属性要求将会更多，也会更独立地存在。

当然，除了技术上可能的新发展外，电子公告媒体作为供网友互相展示以及交流的平台，是基于互联网开放、自由、互动、信息共享的特点，因此，内容丰富、个性化、互动性强、富有拓展性与趣味性的综合平台，这也是发展的方向。

二、电子公告媒体思想政治教育的问题预测

新媒体时代，电子公告媒体成为大学生互相展示及交流的平台，因此电子公告媒体也就成了教育部门和高校了解大学生心声的有效载体，高校BBS甚至被称为大学生思想动态的“晴雨表”。而电子公告媒体之所以会成为大学生网络聚居和思想聚集、思想传播之地，是与其自身具有虚拟性、匿名性、开放性、交互性、自主性、平等性、内容广泛性和覆盖面广等特点息息相关的，这一方面使得电子公告媒体有利于大学生情绪的宣泄和心理问题的排解，有利于及时了解大学生思想动态和解决学生困难，但另一方面也给高校思想政治教育工作和对大学生的思想引领工作带来一定的问题和挑战。

我们对多种新媒体做出问题的预测是出于思想政治教育前瞻性的考量。

预测就是人们根据一定的理论，通过其研究对象事先的调查研究和分析，对未来某种不确定的东西或未知的情况做出的符合事物发展规律的设想或判断，以指导人们的方向和实际行动。常言道：“凡事预则立，不预则废。”现代社会急剧发展，科学技术日新月异，人们希望有正确的理论做先导，减少工作和学习中的失误。因此，正确的预测，能做到未雨绸缪，防患于未然。

第五章

依托即时通信媒体拓宽高校思想政治教育领域

即时通信是一种以软件为执行的主体，通过运用网络上提供的载体和通信的手段，用多媒体的信息交流方式，如文字、图片、音频、视频等方式，来达到交流为目的的沟通，通过多种载体上的多终端通信技术，来形成同载体、跨载体的低投入、高产出的这样的全方位的通信工具。

第一节　即时通信工具的产生与发展

一、即时通信工具的产生

即时通信是一种以软件为执行的主体，通过运用网络上提供的载体和通信的手段，用多媒体的信息交流方式，如文字、图片、音频、视频等方式，来达到以交流为目的的沟通，通过多种载体上的多终端通信技术，来形成同载体、跨载体的低投入、高产出的这样的全方位的通信工具。伴随着中国互联网的蓬勃发展，即时通信工具的种类越来越多，所具有的功能也日益丰富，已经成为中国社会化网络的重要接连点，也成为人际交流中最重要的交流工具之一，中国最早的互联网即时通信开发商便是成立于1998年11月的腾讯公司。

20世纪70年代早期，有一种即时通信形式是柏拉图系统。在之后的20世纪80年代，UNIX/Linux的交谈即时信息已经被广泛地应用于工程师与学术界。到了20世纪90年代，即时通信更加跨越了网际网路交流。1996年11月，ICQ作为首个广泛被非UNIX/Linux使用者用于网际网络的即时通信软件，在国外大受欢迎，但在我国国内的使用人气并不是很旺。当时，ICQ是全球聊天软件市场占有率最高的一个，其注册用户已经过数亿，遍布全球各个角落。由于它的生存时间长，影响力大，所以每当新一款即时通信软件问世时都要与它比较一番。

1996年7月，4个以色列年轻人成立了一家公司名叫Mirabilis，几个月后，世界上第一个通信软件ICQ就诞生了。在没有人投资的情况下，这家公司向全球互联网用户提供免费下载安装使用。但令人想不到的是，当初仅仅是为了使连接在同一个服务器上的用户能相互交流而偶然开发的实验品，竟以一种不可思议的速度改变了互联网世界。ICQ问世半年后，注册人数就超过了100万，两年后发展到用户1200万，Mirabilis公司也于当年被美国在线公司以2.87亿美元收购，并更名为ICQ公司。

即时通信（IM），是指具有实时在线交流、在线传递信息等功能的一种业务。从其诞生之后，特别是观察其近几年来的蒸蒸日上，即时通信软件的功能也日趋完善，随着人们的需求不断地增强自身的功能。渐渐地，即时通信软件的功能涵盖了博客博文、邮箱邮件、音乐共享、电视观赏、游戏娱乐和搜索百科的全方位的功能。即时通信软件，不再是简简单单的休闲交流工具，而已经成为能够进行交流、问答、娱乐、搜索、电子商务、办公协作和企业客户服务等面面俱到的全方位的信息平台。网络即时通信也在随着网络的飞速发展，移动化扩张。目前，微软、AOL、Yahoo几大即时通信提供商都提供手机即时通信软件平台，这就代表着用户通过下载并安装软件，就可以使手机成为另一接收终端了。

1998年以前，我国的即时通信工具使用主要集中在ICQ上，特别是汉化版。到了1999年，一些网友使用PICQ（俗称网络大哥大，是中国台湾开发的），也是这一年，中国大陆的OICQ开始迅速崛起。2000年，OICQ成为国内即时通信的主流。到了2001年，OICQ改名为QQ，进一步巩固了在国内的老大地位。当时也有其他即时通信软件向QQ发起了冲击，但QQ凭借其实力击败了对手，此时ICQ基本上逐渐淡出了中国即时通信的市场。2002年，QQ实行全面收费服务，这使得很多网友开始使用雅虎通、朗玛UC以及MSN Messenger。2003年，一些门户网站借用免费的短消息和大容量的电子邮箱功能推出了自己的即时通信软件，吸引了不少客户使用。随着市场的运行发展，各种即时通信工具的前途瞬息万变，但仍值得一提的是，QQ已逐渐站稳了脚跟。

二、即时通信工具的发展

麦克伦汉说："地球是一个村落。"弗里德曼说："地球是平坦的。"他们的睿智在于，敏锐、超前并形象地概括出了几乎存在于当代每一个地球人心中的一种越来越强烈的所谓"全球化"的感觉。即时通信工具应运而生，其真正发展成为一种新媒体工具是在20世纪90年代末。在此之前，即时通信工具的发展经历了一个相当长的过程，其发展过程大致可以分为三个阶段：

(一) 低级阶段：作为电话会议的代替品

1971年，默里·特沃夫为紧急情况防备办公室开发了“紧急情况信息管理系统及参考索引”系统，以满足政府在紧急情况下进行飞速信息交流和控制的需求。即时通信是EMSARI的一种功能，它能使处于各地的用户通过电话线登录到一台中央电脑上，从而方便快捷地进行信息交流。与此同时，互联网用户可以通过网络连接的电传打字机查看聊天记录。EMSARI的即时通信功能在当时是为了替代电话会议而开，使处于远距离的人们之间进行交流时方便了很多，所以这也被称为PartyLine。

(二) 发展阶段：功能逐渐齐全，被互联网用户日益接受

从1999年到2008年，国内即时通信市场在经历了短暂的拓荒之后，快速增长并逐渐趋于稳定和成熟。IM软件功能的完善、应用的拓展、激烈的竞争推动着我国即时通信市场朝四个方面发展。腾讯QQ的成功表明，通用型或个人即时通信软件成败的关键在于活跃用户基数。无论是从用户需求，还是从市场发展的角度看，即时通信工具互联互通的要求日益突出，市场的进一步发展需实现互联互通。各项即时通信工具的功能逐渐齐全，被广大的互联网用户日益接受。

(三) 成熟阶段：多种即时通信工具竞争上演

互联网中介聊天系统可以出现群聊功能，同时出现了即时通信工具——ICQ。这个被美国在线公司收购后，又推出了一系列强大功能的版本，但保留了原来ICQ的原有界面，形成了它与美国在线公司自己推出的IM并存的竞争场面。到目前为止，世界公认的三大即时通信工具是雅虎通、微软的MSN以及美国在线的American Messenger，新兴的Google talk依靠Google的强大平台发展也很强势。

在众多互联网应用中，最引人注目的莫过于即时通信市场的规模不断扩大。即时通信工具最接近我们生活的有很多，BBS、QQ、手机、飞信、人人网、博客、电子邮件、微博、微信等都是我们日常经常使用的，特别是智能手机的出现，给我们的日常生活增添了很多便捷。腾讯QQ垄断中国市场

后，2003 年 MSNMessenger、网易泡泡、朗玛 UC、IMU 等即时通信软件也全面进入国内市场，使得国内市场竞争日益激烈。腾讯公司是国内最早从事即时通信和移动通信的专业软件开发商，其主要软件产品 QQ 已成为国内主要即时通信网络工具。随着互联网的发展，即时通信已经开始运用到社会生活的每个角落。

第二节　QQ——迅捷交流沟通

一、QQ 的模式

我们讲的 QQ 模式一般指的是空间所具有的多种框框，空间里有日志、相册、留言板、说说、个人档、音乐等。

(一) 日志

记日志是培养个人生活积极性的最好方式，把每天的经历连同从中得到的经验记下来，这样便会如有所得，愈发的智慧，这样我们就会自治并且少犯错误。日志，会帮助我们弄清自己的目标，以便将经历集中到该做的事情上。记日志使我们有机会自己跟自己如实交流，当我们动笔的时候，我们自己就是在深刻地反思，这个很有必要。写日志，还会使我们的目标更加明确、思路更加清晰。空间日志给我们提供了一个场所，它能帮我们记录事件的经过，记录我们成功的关键步骤，以及牢记一些对我们人生有重要启示的活动，来更好地激励我们。个人日志是一个可以让我们放飞思绪、追逐梦想的空间。它有别于日记，日记只是简单地记录事情，而日志则是对事情的分析和评估。记日志可以让我们去思考所做之事的原因，收获知识与累积经验，记日志是给我们提供一个学习过去的舞台，以便将来取得更大的成功。医学研究人员发现，每天花费很少的时间去记录日志，能改善健康，调整精神状态，只要你的生活值得去思考，日志便值得去写。

(二) 相册

空间相册是存放电子照片的最佳场所，实物相册现在越来越少，因为它抵不过岁月的侵蚀。QQ空间里的电子相册也许就是最好去处。照片存着，经久不衰，传到空间里不仅仅可以帮自己回忆过去、展望未来，读者的好友亦可以浏览关注，增进了解和交流，对老朋友来说也是一种重温旧情的方式。

(三) 留言板

留言板也是与朋友交流的一个平台，可以在朋友的空间里面留下自己的足迹，一则联络感情，二则交流想法。

(四) 说说

说说是表达自己心情的工具，自己表达之后，其他人也可以评价与交流，从而达到和好友交流意见、交换思想的目的。同时空间主人也可以设置只允许好友评价或不允许任何人评价，对自己隐私或网络安全都有很好的保障。

(五) 个人档

个人档是表述个人基本信息的场所，可以表述自己各方面的客观情况，可以表述自己的真实资料，可供别人浏览和了解，加深朋友之间的交流。

(六) 音乐

自己喜欢的音乐传到自己的空间里，让自己沉浸在自己的世界里，当别人打开空间时也可以去欣赏，而使阅读者和空间主人达到“奇乐共欣赏”的效果。不过开通这项功能需要开通钻石用户，每月需交一定的费用。

二、QQ与心灵沟通

我们在日常工作和生活中，经常会碰到诸如思想政治工作、党的组织生活以及其他方面的事情，由于时间和精力有限，面对面的交流时间安排上会有困难，即时通信工具在这方面就起到了心灵沟通的作用。

心灵沟通有统一认识、化解矛盾、消除误会、增进团结等作用，是调节人际关系的润滑剂和调动积极因素的催化剂，是我们开展思想政治教育工作的重要内容和行之有效的方法之一。回顾长期以来我们所从事的思想政治教育工作实践，不难发现，心灵沟通作为思想政治教育工作的“传家宝”，还存在很多不足，现实交流中会存在很多顾忌和忧虑，比如着装、眼神等，我们都要考虑和配合到，而如果利用即时通信工具，这种顾虑就可以消除。在心灵沟通方面，即时通信工具具有以下优点：

(一) 交流者和被交流者能平等交流

职位高低、权力大小、角色主动与被动都可以完全忽略掉，特别是能给学生提供一个天马行空的空间，让他们与我们交流。当然平等待人是做好思想政治教育工作的感情基础，这就要求我们平时对学生要平易近人。平等地开展思想交流是当前形势的客观要求：一是可以及时了解、掌握学生的真实想法和存在的一些苗头性问题，从而对学生进行有针对性的教育，即时做好学生的思想政治教育工作。同时作为老师要主动找学生交流思想，表明老师是放下了架子，对学生不是居高临下，而是平等待人。二是老师要广泛接触学生，只要老师满腔热情、真心实意地听取意见，学生就会消除顾虑，如实地反映情况，谈出自己的真知灼见，为老师提供参考。三是老师要与学生打成一片，自觉接受学生的监督和教育，言传身教，从自身做起，严格地规范自己，以老师的榜样影响、带动更多的学生。

(二) 交流者和被交流者能即时交流

QQ 交流即时、有效、快捷，能把握住学生的心态及时地做工作，有时候可以避免面对面的尴尬，但这无形之中也增加了老师的压力。老师更需要严格要求自己，要坚持以身作则，率先垂范，要求学生做到的，老师自己也要做到，这样在心灵沟通中老师的话语才会有号召力和感染力。如果老师言行不一，思想政治教育工作不但无益，而且会引起学生的反感。作为老师，我们应该看到自己肩负的责任，认识查找自己的差距和不足，带头做自我批评，自觉地接受党内外群众的监督，这样不仅能提高我们作为学生工作服务者的威信力，也能够提高整个团体的凝聚力和战斗力，团结和带领广大同学为了整个年级、学院甚至整个学校的学生发展、学生服务做出贡献。

由此可见，通过即时通信工具进行心灵沟通，不仅可以即时针对性地理顺情绪、沟通感情、化解矛盾，而且还可以提高教育者的能力，给教育者一种前进的动力。

第三节　即时通信媒体思想政治教育的对话范式

一、QQ 时代思想政治教育的范式初探

伴随着网络时代的兴起和普及，网络即时通信工具已成为大众交流的主要媒介。

任何一种社会形态和社会制度的核心价值体系，都必然要求对其形形色色的社会思潮起统摄、规范和导向作用，有效发挥思想引领的功能。QQ 时代开启了即时通信工具思想引领的新风向，它取代了电话垄断的时代。当 QQ 时代悄然来临时，我们需要做好准备来接受顺应，并利用其做好思想引领学生工作。

QQ 时代已经开启了思想引领的大时代。

(一) 思想政治教育的即时导向性

在即时通信成为一种社会风气和经济发展点的同时，它也渐渐地变成了集个人资料和功能于一身的软件。在网络信息传播方式不断更新换代中，即时通信正是符合新时期的要求和特色的一种新型通信方式，从信息汇聚再到信息的检索，再发展到后来的信息回溯和信息的独立，进而促进大学生思想引领的即时导向性。这就要求思想政治教育工作者优化可持续发展的思想引领模式，随时留心、随时关心、随时用心，坚持与学生进行网络沟通，甚至构建 QQ 群，专门针对某一特定性格的学生进行观察和疏导，及时发现学生的思想动态和心路历程变化。例如，部分大学生不愿意直接向老师表露内心的真实想法，但却会选择虚拟聊天工具敞开心扉，这种情况老师应用思想去感化和引导这些同学，在学生遇到人生挫折、心理障碍或者情绪刺激时可

以预先警报与沟通。QQ 说说也能够即时反映学生的情绪波动。新媒体时代学生喜爱使用这类网络工具记录下个人心情，并借助聊天平台发出寻找共鸣，一旦有相似经历的网友对其说说做出及时评论，都会使得学生感觉自己成功觅得知音，并且自己虽然是小人物，但生活依然受到众人观注，因此在回复评论时语言通常较为流畅自然，渴望将自己的所思所感与人分享。老师在观察 QQ 说说评论后也可以“对症下药”，了解说说中提及事项的后续进展或补充说明，进行师生之间的交流与互动；也可以通过群中其他群友的反馈迅速做出调整，力求在问题出现端倪之处防患于未然。

(二) 思想政治教育的信息共享性

新媒体在思想引领上的进步性不可否认，由于信息承载量的丰富和资源共享的便捷性，在丰富校园文化生活、推进素质教育的同时，也进一步扩大了工作局面，活跃了团学基层组织，增强了团组织的影响力，很好地契合了新形势下发挥共青团思想引领功能的工作要求。在传统教育模式中常常会遇到辅导员“门难进，口难开”的尴尬场面，现如今，大学生 QQ 号拥有率几乎百分之百，把班级中的每一个学生都加入到 QQ 群里，这样就对学生进行了全覆盖，可以随时与其交流，并选择群聊（所有人可见）或私聊（仅双方可见）的聊天方式，淡化等级观念和意见压力，及时将时事与政策等学习资料，或是学校关于精神文明建设等通知发文传递给各个同学，保证信息传递的广泛性，这也能使得共享的信息资料可信度高、完整性强。正因为群共享的文件功能，使学生平等接受一手信息，也能让更多同学拥有话语权，激发学生积极性。

(三) 思想政治教育的交流互动性

QQ 时代思想引领，能使我们更加融入人文关怀，凸显“以生为本”的理念。在大学里，做学问不难，做学生的精神导师就难了：老师不仅仅是信息发布员，不仅仅是特殊情况下的消防员，更重要的是当好学生的引路人。这就要求我们要有一双犀利的眼睛，有一双善于发现和解决问题的眼睛，了解学生的症结所在，常规工作背后多花点心思；要有一颗温暖的心，要将以情感人和以德育人结合起来，做学生的表率；要有一个善于积累、善于创造的灵魂，用来感化学生和在思想上引领学生。

QQ时代思想引领，可以作为思想政治教育方式一种有益的尝试和补充，我们可以充分利用QQ说说的优势，在老师带领下，做到“化理论为德行”“化理论为方法”。QQ说说可以以“时政要闻”“成长之路”“文明风采”“生活须知”等小栏目来展现。只要登录QQ，最新的时政要闻、模范学生的风采等都可以呈现在学生面前。生动直观的语言，还能时时刻刻让学生保持着清醒的头脑，树立良好的学习风气，在某种程度上也能为培养明天的人才提供有力的保障。

QQ时代思想引领，更能营造积极健康向上的氛围，倡导积极向上的价值体系。QQ引领的新思想更能紧扣大学生的思维方式，在QQ说说中尤为表现突出。QQ说说不仅为新时期的思想引领工作搭建了一个全新的平台，也扩大了思想政治教育工作的覆盖面，增强了思想引领的影响力和聚合力，师生之间的交流和信任也会明显增强，学生思想引领工作的针对性、时效性的效果都会更加明显。作为学生的精神指引者，老师也应该提高自己的业务素质去感染学生，用真正的人格魅力和学识魅力去取得学生的信任，真正引导学生树立良好积极的心态。

二、QQ时代思想政治教育的“对话范式”

“对话范式”已经成为一种全新的哲学范式，它凸显与渗透于人类社会生活的各个方面，它不仅是诸多学科走出自身困境的新途径，而且日益成为各种文明、文化传统相互借鉴，各种文明冲突彼此消解的新方法。“对话范式”在中西思想史上源远流长。它起源于苏格拉底式的“诘问法”与辩证法，自当代西方哲学语言学转向以降，“对话范式”则逐渐阔步前行，独超众类。“对话范式”不仅具有学科意义上的普遍性，也具有不囿于地域限制的普遍性。在中国传统哲学的诸多思想中都能看到“对话范式”的身影。例如，《周礼》中“礼尚往来”的思想以及《周易》中“阴阳互补”的思想，前者表达的是一种人与人之间的“对话原则”，后者体现的是一种宇宙间的“协和原则”。再如，我国传统文化中儒家的仁爱思想和忠恕之道的宽容互让等都可以作为“对话范式”的生动体现。

如果说传统的哲学教育是一种发现自我的教育、传统的科学教育是一种他者专权的教育，那么思想政治教育就可以看作一种融贯“自我”和“他者”走向主体间性的“对话教育”。作为“对话教育”的大学生思想政治不仅仅有助于我们从教育主体上而且有助于我们从教育方法上为思想政治教育学科建立一个良好的行之有效的崭新模式与行为模式。随着网络时代的兴起，伴着即时通信工具的使用，“对话范式”已经成为一种全新的哲学范式，它凸显与渗透于人类社会生活的各个方面，在大学生思想政治教育方面起的作用愈加重要。

第四节　即时通信媒体思想政治教育的经验研究

一、经验概述

燕山大学马克思主义学院近年来多次成功举办“红色旋律”系列活动。作为极具特色的校园文化建设项目，“红色旋律”活动在弘扬主旋律、宣传中国特色社会主义理论体系、推进社会主义核心价值观教育方面取得了明显成效。与传统授课模式不同，“红色旋律”除了延续面对面讲座、师生联谊晚会、线上线下读书会以及观影的活动内容，还率先开通腾讯 QQ 群这一线下互动渠道，为师生间学习社会主义核心价值体系内涵、同学间交流中国特色社会主义理想信念提供平台，成为老师开设思想政治教育讲座前的“智囊团”，也是学校了解学生思想动态的“风向标”，更成为引领高校青年思想的“排头站”。

“红色旋律”QQ 群建立之初，本是燕山大学马克思主义学院中国化马克思主义教研部党支部对新媒体教学的尝试和探索，其初衷在于延伸支部全体党员教师授课途径，运用新兴媒体提升思想政治教育教学质量，开辟“红色旋律”校园文化活动宣传平台。正因为即时通信工具开放、多元、包容的特征，所以校方也在学校官方主页上公布了互动交流群的号码以及申请加入方式，零成本、低门槛的 QQ 群现已群满为患，不仅吸引了燕山大学两千余名党员教师及青年学生参与讨论，并且也成为与省内外其他高校师生学术探讨的开放平台，网聊热议至深夜成为常态。

与“红色旋律”群一样如火如荼发展的是大连交通大学辅导员工作群。众所周知，辅导员这一角色在高校的思想政治教育工作中起着至关重要的作用。他们是所有大学生大学四年里的向导。提升高校辅导员的思想工作水平，是思想政治教育工作最基本的部分，也是做好思想政治教育工作的关键。

大连交通辅导员工作群成立至今，大连交通大学辅导员群的群成员迅速增加，共有58位相关职能部门的人员加入该群，组织部、宣传部、校办、校团委、计财处等部门年轻人也积极申请加入。迄今为止，该工作群已经取得了巨大成效，在辽宁省委宣传部、省委高校工委、省教育厅在全省高校中举办的大学生思想政治教育创新奖评选活动中，大连交通大学“思想政治教育QQ群”荣获大学生思想政治教育创新奖。大连交通大学辅导员工作群的设立，进一步推动了全省大学生思想政治教育创新发展，总结推广了成功经验，更好地发挥思想政治教育在大学生成才中的积极作用。QQ群把现实与虚拟、传统与流行科学有效地结合，QQ群在高校辅导员工作中的运用将是高校思想政治教育发展的必然趋势。

二、经验分析

(一) 兴趣聚合，便于主题讨论的深入

QQ群作为一种简单、方便、快捷的群体交流方式越来越受当代大学生欢迎。兴趣聚合是用户根据自己的兴趣聚合在一起形成的，相同兴趣的用户聚合在一起，有了统一的主题与讨论目标，更利于主题讨论交流的深入化。燕山大学“红色旋律”群定位明确，旗帜鲜明地在群简介中说明了群组主要功能和目标群体，将群定位为“高举中国特色社会主义伟大旗帜，传播宣讲马克思主义”。

(二) 线上讨论，便于教学活动的补充

传统教学模式主要使用面对面的授课方式，师生间互动交流少、接触时间短，加上教师课程安排紧凑、学生课业压力较大，一般情况下，下课或下班后学生很难与老师取得联系，无法就存疑问题进行深入探讨和详细解

答。同时，传统教学模式也较少利用多媒体技术，教师多采用板书、讲义等方式进行知识教授，课堂信息量大、备课要求高，很多重要知识点稍纵即逝，繁多的课堂笔记也不利于学生课后复习，陈旧的随堂教学方式也使得教师板书压力重重。此外，思想政治教育课因其理论较为抽象枯燥，教师与学生间存在较大的代际差异和人生经历，加之现在的学生追求个性、标榜自我，叛逆行为在高校层出不穷，这都对教师授课提出了严苛的标准——不仅要按质按量完成授课任务，还需要开拓创新挖掘学生兴趣点，提升课堂互动参与度。

第五节　即时通信媒体思想政治教育的发展预测

一、即时通信媒体的新动向

国内目前流行的即时通信软件主要有 QQ、雅虎通、网易泡泡、ICQ、UC、IMU 等，从 2004 年各大即时通信软件服务商所推出的新版即时通信软件的情况来看，这些软件的功能已经非常接近和趋同。鉴于此，用户对于即时通信工具的选择往往由以下几个因素决定：

(一) 朋友圈中的固定选择

青年学生作为网络原住民，伴随着网络的发展而成长，随着阅历增加和人际网的扩大，很多人都已形成了一个相对固定的网络交友圈，这也会影响对即时通信工具的选择。例如，占据了中国即时通信工具半壁江山的 QQ 已成为青年学生们交流的主要工具之一，相比之下，MSN 或者 iChat 的用户数量难及项背，这就导致了即使某一用户对 QQ 心存偏见不愿意使用，但大多数朋友都使用 QQ 进行沟通，所以为了能在网上方便地同他们进行交流，不得不随波逐流。

(二) 外观与特色功能愈加凸显

漂亮出众的软件 UI 是网友对软件的第一印象，美观与否会直接决定其是否使用。即时通信工具的附加功能和丰富插件也是用户选择时考虑的重要因素，比如，利用雅虎通的群发功能可以很好地满足一些小型公司或者工作室的通信要求，QQ 空间农场和牧场、斗地主等也吸引了很多用户。

(三) 软件使用功能趋向免费

如果软件的功能相近或类似，即满足用户需求的效用趋于一致，则同等情况下，用户偏向于选择免费软件。相比付费软件，免费软件更能满足用户经济利益需求，同时也能凭借免费这一要素吸引更大的用户群体。但是，设计者往往因为兴趣而对免费软件进行后期完善，有可能缺乏经费对软件进行后续升级开发，或是插入大量广告以维持软件运营，这也是免费软件相对于收费软件的不足之处之一。

(四) 安全性与稳定性诉求更高

随着互联网网络安全战争的升级，QQ 和 360 公司之间的“3Q”大战也引发了网民对隐私的重视。曾出现的 QQ 密码多次被盗的现象，引发了部分用户的强烈不满。越来越开放的网络平台，私人信息无处遁形。因此，如果软件能保障用户信息不外泄，无疑会给潜在用户吃下一粒“定心丸”。

伴随着即时通信媒体的发展，QQ 仍在市场里占主导地位，其功能亦逐渐完善，从原来只具备基本聊天功能的对话窗口，发展到现在集群聊、空间农场、牧场、斗地主等功能为一体的交互平台。笔者根据 QQ 发展趋势和市场前景大胆预估，未来几年的即时通信媒体应该还是以 QQ 为主。从其发展历程中我们可以看出：即时通信工具应该从根本上满足用户的基本需要，应该朝着更方便、更快捷的方向发展，如手机飞信、手机微信就会随着时代的发展逐渐走向网络的舞台。另外，具有趣味性和新鲜感等特点的即时通信新媒体也会吸引更多的用户，如微博也已经作为时代的宠儿来到网络的大舞台，i Message 也随着苹果 iOS 平台异军突起而越来越受到关注。归根结底，用户体验度将决定软件生死，而不断完善、升级软件也是即时通信工具永葆青春的秘密武器之一。

二、即时通信媒体思想政治教育的问题预测

学生工作中的问题预测主要是针对学生的思想问题和管理中的意外事

件等进行预防，为制订计划和教育管理的针对性提供依据。问题预测的步骤大致是：首先，确定预测目标。其中包括预测的对象、预测的目的，应尽可能具体、清晰，通过预测主体与预测客体之间的认识关系建立起来。一个完整的预测目标，必须满足三个基本要求：定性、定量、定时，其确定应根据预测的目的和任务设置，可大可小，可以是单项的，也可以是综合的。其次，收集相关资料。着眼于未来必须立足现实，关键在于发现现实中的新兴因素。所谓预测未来，最可靠的办法就是了解现在。所以，根据预测目标的要求，通过各种形式的调查，大量收集相关的一手资料了解发展现状，并作出合理预估。再次，熟悉形势发展和现实环境。掌握学生中存在的新因素、新问题固然重要，但现实中的情况问题并不是单一的，而是多样的、复杂的，代表着未来发展的多种方向或多种可能性。因此，所有的预测必须和调查对象所处的现实环境和客观事物的发展趋势联系起来分析，从中找到彼此联系和相互影响的因素。最后，选择适当的预测方法，及时将预测结果进行反馈和检验。对于未来预测的准确性究竟如何，这不仅取决于预测对象本身的性质和复杂程度、受制于课题的发展模式和运动规律，而且还取决于主体的需要和实际能力，尤其是预测者所使用的方法是否正确都将影响预测结果的信度和效度。遗憾的是，由于人的思想和行为总是呈现出复杂和多变的情况，加上内因和外因的影响，使我们对问题的预测不可能是百分之百的准确。而思想预测更是如此，作为学生工作的难点，不仅要预测学生的思想和行为，还要预测产生和影响学生思想和行为的各种因素，因此，我们不能因事物发展急剧变化而放弃预测，也不能忽略客观现实的复杂性而盲目预测，只能根据具体情况，在动态变化中不断修正、不断接近，使预测的准确度提高。

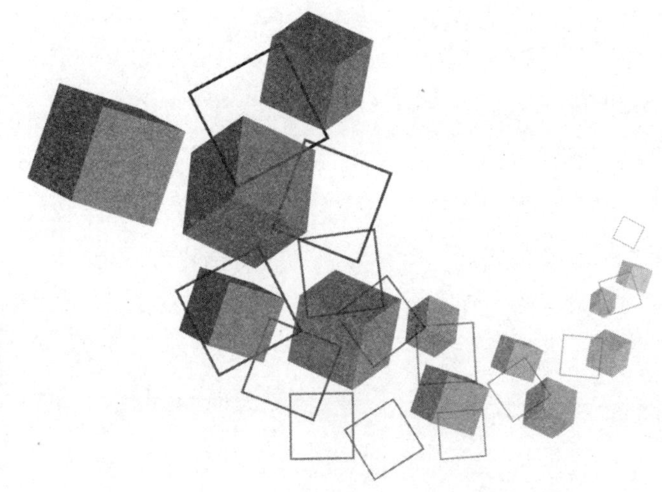

第六章

新媒体环境下高校思想政治教育的话语变革

新媒体给高校思想政治教育提供了全新的环境，它的发展使思想政治教育主体的信息优势丧失、某些传统方式方法失灵，话语权也发生了变化。因此，加强对高校思想政治教育话语研究，系统探讨高校思想政治教育话语权的变化及其缘起，变革和重塑高校思想政治教育话语权，是新媒体时代提高高校思想政治教育有效性的一项迫切任务。

第一节　新媒体环境下高校思想政治教育话语的特征与功能

一、新媒体时代思想政治教育话语的内涵

何谓话语？目前，学术界还没有给出一个统一的定义。诺曼·费尔克拉夫在《话语与社会变迁》一书中说："话语是一个棘手的概念，这在很大程度上是因为存在着如此之多的相互冲突和重叠的定义，它们来自各种理论和学科的立场。在语言学中，'话语'有时用来指口头对话的延伸部分，以便与书写'文本'相对照。"据曼弗雷德·弗兰克在《论福柯的话语概念》中考证："Discourse"（话语）源自拉丁语的Discursus，是表达、谈论与述说的意思。从目前来看，尽管对话语没有统一的定义，但对于话语的解读大体有三种观点：第一种是言语说。此说来源于索绪尔的语言和言语的区分，他把作为语言符号和规则的具体运用的日常话语称为言语，而话语则是连接的言语或者社会文化语境中的一种语言使用形式。第二种是内容（形式）说。此说认为话语更重要的是其内容及其表现形式，称话语包括语言使用、思想传递和社会情景的交际三方面的内容，或者说话语就是具体的某个会话或某篇文章。第三种是互动说。此说认为话语是社会文化语境下的互动过程的产物或者是一种交际事件或言语交际活动。尽管对话语的界定有多种说法，但其共同之处在于认可话语在某种程度上是一种工具性的独立体系。

何谓思想政治教育话语？目前，国内针对思想政治教育话语的定义有几种不同的观点，概括起来主要有三种：

第一种观点认为，思想政治教育话语是思想政治教育活动主体在思想政治教育实践中，通过一定方式表达出来的指向一定思想政治教育目的的话语。思想政治教育话语是思想政治教育得以实施的中介，是思想政治教育活动得

以完成的必要手段，是影响思想政治教育有效性的重要因素。同时还指出了思想政治教育话语的三个特征，即思想承载性、主体主导性和内容契合性。

第二种观点认为，思想政治教育话语是思想政治教育活动主体在思想政治教育实践中，以口头或书面方式表达并指向一定思想政治教育目的的话语，并提出思想政治教育话语有控制式、劝导式和对话式三种形式，并逐渐从控制式和劝导式转向对话式，突出思想政治教育话语的人文关怀和以人为本的宗旨。

第三种观点认为，思想政治教育话语是指在一定社会主导意识形态支配下，遵循一定的话语规范、规则和规律，并在特定的话语语境里，思想政治教育活动过程中的教育者和受教育者用来交往、宣传、灌输、说服，以及描述、解释、评价、建构思想政治教育内容和主体间思想观念、价值取向和行为表征的言语符号系统。

基于新媒体时代思想政治教育的形式、内容等诸方面均已发生了重大变化，笔者在概括上述观点的基础上，提出自己对话语的理解，认为话语的定义应当是：新媒体时代思想政治教育话语是指思想政治教育活动主体运用新媒体技术，通过多形式、多模态的信息传播而展开的沟通活动，包括说话人、受话人、文本、沟通、语境等要素，以达到指向一定思想政治教育目的的言语符号系统。

我的这个定义，其内涵体现了以下三点：

第一，新媒体时代思想政治教育话语已超越了作为社会符号的语言。传统意义上的话语，可以理解为是一种社会符号的语言，而在新媒体时代，话语已超越了作为社会符号的语言，成为使用两种或者多种符号资源（语言、图像、空间等）完成意义建构的社会实践。语篇的含义也从传统的静态文字语篇扩展到了动态多模态语篇。因此，思想政治教育活动主体只有适应这种变化，才能更好地完成思想政治教育目的建构的社会实践。

第二，新媒体时代思想政治教育话语传播呈现多形式、多模态。新媒体时代，在信息传递过程中，信息发送者和接收者之间的交流是双向的，大大改善了传统媒体传播信息过程中受众的被动地位，如互联网已经成为接收者与传播者之间一个相当重要的相互沟通工具，“点对多”、“多对多”等信息交换方式也相继出现。话语在现代新媒体技术的作用下，呈现出多形式、多模态，基于此，思想政治教育话语唯有通过这些新的形式以及不同的模态才能得以体现。

第三，新媒体时代思想政治教育话语沟通更具人性化和契合性。新媒体时代的话语具备了很大的开放性，大众从单纯的受众变成媒体的主体，具有了更大的主动性，如在网络个人博客中，个人掌握着话语权。虽然新媒体对技术有很强的依赖，但在这个时代，信息的获取越来越快捷、方便、自由。因此，在新媒体时代，突出思想政治教育话语的人文关怀和以人为本的宗旨，是实现思想承载性、主体主导性和内容契合性的保证。

二、新媒体时代高校思想政治教育话语的特征

与传统高校思想政治教育话语特征相比较，新媒体时代高校思想政治教育话语特征是有所不同的，主要有四个特征：

㈠ 思想开放性

传统高校思想政治教育所传播的思想主要是通过话语来实现的，没有话语也就没有思想。话语具有多种表现形式或者话语方式，任何一种话语方式都承载和传递着一定的思想内容；离开了这种“表达方式”，就不会有任何思想体现，无论是表达者还是接受者，都是首先通过话语方式来表达和理解语言信息的。而新媒体时代却使这种“表达方式”发生革命性变化，新媒体在传播时间、内容和方式上都表现出了极大的开放性。新媒体信息的传播可以突破时空界限，跨越千山万水，抵达世界的各个角落，成为真正意义上的“全天候媒体”。新媒体尤其是网络新媒体的广泛传播带来了海量信息，实现了“资讯无屏障”，使网络用户可以获取的信息“永不枯竭”。因此，新媒体时代高校思想政治教育所传播的思想，必须体现极大的开放性，它应当善于借助这种“开放性”的“表达方式”来承载和传递一定的思想内容；可以说，离开“开放性”话语，思想政治教育活动主体的教育思想既无法表达，也无所依附。

㈡ 主体交互性

传统高校思想政治教育话语，通常是以思想政治教育工作者作为教育主体的，所采用的控制式和劝导式话语方式与思想政治教育工作者在思想政

治教育实施过程中的主体地位是相适应的，表现为“实施主导性”。新媒体时代，新媒体的传播方式是双向的，传播者和受众在信息交流过程中都有对等的控制权或主动权，每个人既是传播者，又都是受众，传播信息和接受信息几乎可以同时完成。由于在网络空间里每个主体都以相互区别的代号平等存在、平等对待、平等交流，要求高校思想政治教育话语的对话方式表征着教育者与受教育者之间是一种民主交往关系，双方拥有平等的话语权，教育者与受教育者可以采取自愿、自由的方式展开对话，并且这种对话不是封闭式而是开放式的，不是控制式或劝导式而是交互性的。施教者只有充分认识到思想政治教育话语主导性的变化，不断调整自己、完善自己和发展自己，才能更好地发挥自己在新媒体时代高校思想政治教育中的教育和引导作用。

(三) 形式多样性

传统高校思想政治教育话语形式比较单调，主要通过课堂、讲座、报告会等形式来实现。新媒体时代，由于新媒体技术的广泛运用，话语表现形式丰富多彩，就互联网而言，就有网络即时聊天、网络博客、播客、微博等多种形式。它们巧妙地绕开现有结构的控制，使得人们对信息的获取越来越快捷、方便、自由。新媒体所具有的多样性话语形式，不仅超越了报纸版面、电视时段、地缘等方面的限制，更突破了高校课堂、讲座、报告会等话语形式的局限，大大改善了传统媒体传播信息过程中受众的被动地位，在时间和空间两个维度都极大地提高了话语传播的可能性和有效性。因此，新媒体时代高校思想政治教育话语必须切实掌握这种“点对多”、“多对多”等话语形式，只有这样，话语意义才能通过这些新的形式以及不同的模态得以体现。

(四) 内容个体性

传统高校思想政治教育话语的内容历来强调两点：一是思想政治教育话语必须与思想政治教育对象的日常生活及利益、需求相契合，具有相应的联系；二是思想政治教育话语的表达要与思想政治教育对象对信息认识、理解的程度相契合。即思想政治教育话语所指向的思想政治教育目的、所表达的思想政治教育内容都要与教育对象具体的接受能力和接受特征相适应。但是在实际操作时，由于受到各种因素的影响，效果不明显，尤其是对有个性化需求的更难以有效。新媒体技术的运用，也为高校思想政治教育话语带来了两个革命性的变化：一是对等，即 Peer to Peer。在新媒体世界，没有老幼尊卑，人们随时享受到的是对等的关系、对等的权利，由此带给我们的是思想教育主客体关系本质的变化。二是点对点，即 Point to Point。过去“一令众应”的指令性话语发送在新媒体世界变成了“个性化”的问题解决，由此带给思想政治教育的是对传统的、相对粗放的工作模式的变革，是注重每个学生的个性需求，强调学生的主观能动性，更新固有的工作理念和方法的变革。新媒体时代高校思想政治教育应当注重话语内容的变革，融图形、文字、声音、动画等为一体，为大学生提供“点对点”的话语传播服务，尤其是针对不同需要的大学生提供个体性的服务，使得思想政治教育话语内容更具契合性和实效性。

三、新媒体时代高校思想政治教育话语的功能

新媒体时代高校思想政治教育话语的功能，概括起来主要有六大功能：

(一) 载体功能

所谓高校思想政治教育话语载体，是指能够承载和传递思想政治教育话语内容的物体或工具。新媒体时代，新媒体技术为高校思想政治教育和学习交流搭建了一个数字化、网络化和智能化的话语载体。所谓网络化，是指利用通信手段把分布在不同地理位置的计算机连接成一个计算机的集合体，主要是指广域网（Wide Area Network）和局域网（Local Area Network）的充分互联。互联网高度整合局域网上的各种教育和科研上的资源以及整个社会的知识资源，是一个超越时空限制并且完全开放的教育和学习平台。所谓数字化，是指利用现代科技信息技术将图像、文本、声音与动画等物理信息以某种数字格式进行录入与存储并传播。那些充分共享的数字资源发展成为全社会进行教育和学习的共同拥有的知识财富。所谓智能化，是指包含超媒体、人工智能、多媒体与知识库等在内的信息技术，与计算机网络进行统一，从而能够更有效地使用数字资源，进而创造出一种具备智能化的思想政治教育系统和环境。高校思想政治教育作为一种教育活动，需要有一种纽带把思想政治教育主客体有机结合起来。这种纽带就是高校思想政治教育话语载体，

或者说是承载和传递高校思想政治教育话语内容的物体或工具，高校思想政治教育者可以通过运用和发挥这些话语载体功能，把高校思想政治教育的内涵传递给学生，使高校思想政治教育内容和信息作用于学生。没有这些话语载体功能作用，高校思想政治教育工作者和学生的关系就会断裂，无法实现二者的沟通和互动，教育内容自然无法传输给学生，思想政治教育的效果也就无法显现出来。

（二）导向功能

导向功能是高校思想政治教育话语最主要的功能。思想政治教育的话语实现，必须通过各种传播媒介，而传播媒介的发展，尤其是新媒体的出现，使得高校思想政治教育话语的导向功能更为显现。随着传播信息的扩展和传播速度的加快，当今社会信息传播方式大大丰富起来，现在人们通过手机短信，除了可以发送文本信息外，还可以发送音频、视频信息。同样，通过网络，可以以文字、信息、视频等多种形式通话、聊天；可以通过博客、BBS发表自己的见解，阐述自己的观点；可以通过文本、多媒体播件传递各种信息，等等。总之，各式各样的信息都可以通过新媒体进行多种方式的传送，其形式变得越来越复杂多样。由此传统的思想政治教育的单向灌输话语不再可行，取而代之的是思想政治教育导向话语，通过思想政治教育的导向话语营造主流话语氛围。所以，思想政治教育话语的导向功能是时代所要求的基础功能，而其功能的体现必须借助新媒体才能实现。为体现高校思想政治教育话语在价值、目标和行为导向方面的功能导向作用，思想政治教育工作者可以利用新媒体即时性的特点，将学生感兴趣的思想政治教育素材发布到网络空间，促进高校思想政治教育学习的即时性；还可以利用新媒体的开放性、随意性特点，将自己在道德观、人生观、价值观方面的观点，通过简单凝练而富有哲理的文字形式发布到微博空间，对学生进行教育，从而提高思想政治教育的针对性。在网络环境中，由于每个人的认识能力和处理信息能力不同，大众媒体时代所遗留下的“权威性”仍将在网络新媒介中习惯性地发挥作用。当网络上出现大量不同议论、争辩激烈时，人们往往会自觉或不自觉地关注权威评论家的话语，希望“意见领袖”为自己答疑解惑。为此，应发挥好“意见领袖”话语的导向功能作用，加强对舆论的正面引导。“议程设置”是大众传媒所具有的一种为公众设置“议事日程”的功能，指的是传媒在新闻报道和信息传达活动中，可以通过赋予各种“议题”不同程度的显著性的方式，影响人们对事件重要性的判断。在新媒体环境下，虽然信息发布者的话语为公众设置议程的影响力因舆论主体公众化、舆论内容多元化而大打折扣，但网络媒体议程设置的话语仍然存在，如果巧妙运用，同样能够发挥好其话语的导向功能作用。

㈢ 互动功能

思想政治教育是一个双向互动的过程。新媒体时代，网络改变了人际沟通的模式，使人际沟通与互动的广度和深度达到了一个新的层面。网络将私人空间与公共空间结合起来，给人们的沟通提供了前所未有的便利。这是一种心理与科技相结合的渐进革命。在网络人际沟通中，个人以局部参与互动，实际上是个人自我认同的互动，但参与者共同组成的社会，支撑着互动的进行，个人甚至有时也援引在真实世界中的身份来推动这一互动过程。网络所有的多媒体特性都隐含了互动的功能。过去的人际传播是“点对点”的“对话式”双向传播，大众传播“点对面”的“独自式”单向传播。新媒体为人类传播活动提供了第三种传播形式——电子“交互式”的网络传播。这种话语的传播形式既综合了人际传播与大众传播的特点与优势，又不是两者简单的整合和延伸，而是一种全新的沟通互动功能的创造和体现。

从某种意义上说，新媒体时代高校思想政治教育话语既是广义上的信息传播和通信过程，也是一种特殊的远程信息传播或通信、一种情感传播的过程，其话语的互动功能主要表现在：有助于高校思想政治教育工作者能够按照一定的教育目的要求，选择合适的思想政治信息，通过有效的媒体通道，把知识、观念和技能等远程地传送给教育对象，在教育者和受教育者之间实时地进行双向话语交流活动。同时，也有助于发话者在话语互动的过程中，能够立足话语接受者的实际，结合接受者自身特点，充分尊重个体差异，从接受视角出发，合理满足话语接受者的话语需求，优化表达语境，准确表达教育信息，及时提取反馈信息，从而使接受者在话语的互动中也能够积极主动地接受教育，并通过内化、外化形成良好的思想道德品质和品德行为。因此，可以说新媒体时代高校思想政治教育话语所具有的互动功能，是一种网络思想政治文化传播，是一种在时间和空间上拓展人的语言和情感的融政治性和思想性为一体的网络双向互动行为。正是从这个意义上来说，新媒体时代高校思想政治教育话语传播的主体不仅是教育者，还是受教育者，教育者往往同时又是受教育者，而受教育者往往又是教育者，是他们双方共同的行为和作用，促成了话语传播的进行。教育者和受教育者的关系是两个主体相互依存、相互制约的互动过程。

(四) 渗透功能

所谓渗透功能，指的是新媒体时代高校思想政治教育工作者在进行思想政治教育的过程中，通过采用新媒体技术，将思想政治教育的话语渗透到受教育者实际生活的各个方面，从而使受教育者在渗透功能的影响下，潜移默化地接受这种思想政治教育话语并将其内化为自己的符合社会需要的思想观念、政治观点、道德规范的一种教育形式。新媒体时代高校思想政治教育话语的渗透功能主要体现在三个方面：

1. 利用校园网渗透高校思想政治教育话语

利用高校校园网这一途径可以使学生获得对各种新闻、观点和主题进行自主表达意见和评论的便利条件，即使这种自由评述是在虚拟的背景下进行的，而且有别于实际生活当中的自由对话，然而它与具有无形特征的文化、思想和意识形态有吻合之处，会对大学生的话语造成不同程度的正面或负面的影响。所以在大学生面对众多话语选择的同时，高校传媒的文化与意识形态领域的渗透方式应当更加潜移默化、令人难以觉察。高校传媒利用这种潜移默化的渗透方式改变大学生的观念、思想和舆论，功能发挥的方式更具隐蔽性，在渗透中可以实现教育功能。

2. 借助新媒体的隐匿性渗透高校思想政治教育话语

新媒体技术的匿名性、隐蔽性等特点，使网友的性别、年龄、身份、地位等社会角色得到屏蔽，网络在线的每一个人，只用符号就可以实现畅所欲言。新媒体技术的这一特征，在一定程度上缩小了人际交往的心理距离，去除了先入为主的交往恐惧，可以使人在精神完全放松的情况下交流认识和思想，这有助于教育者了解大学生的思想动态，获得真实而有价值的信息，解答大学生在成长过程中出现的困惑，并针对他们的各种问题及时准确地加以引导，提高思想政治教育话语渗透的有效性。同时，也可以通过互动互助的论坛、交友、电子邮箱等形式，引导大学生对学校的发展、管理等自己感兴趣的话题发表观点，在话语的碰撞中充分发挥出新媒体“渗透式”隐形教育的功能，这样无形中的思想政治教育往往比面对面的交谈等思想政治教育方法更有效。

3. 把握新媒体的广泛性渗透高校思想政治教育话语

作为高校思想政治教育新载体的新媒体具有覆盖无限空间的功能。以往的大学生思想政治教育经常以“一对一”的形式开展，通过促膝谈心，可以很好地解决个人的思想问题，但这种教育手段因为要受制于场地和时间等因素，覆盖面比较有限。新媒体的发展使高校思想政治教育话语传播可以突破时空的局限，使得高校思想政治教育话语传播得以进一步的发挥，更具有广泛性和影响力。随着思想政治教育话语渗透功能的拓展，渗透到组织规范制定和管理过程之中，可以让思想教育在大学生学习、生活的多个角度不知不觉地展开，对教育对象的思想、行为将会产生潜移默化影响和塑造作用。同时，由于这种渗透功能有意识地将思想教育话语渗透到人们各种活动之中，可以使过去与思想教育无关的部门、单位、人员和活动领域，成为思想教育的载体，进而形成多种社会因素和多方面人员参与的教育合力的功能，从根本上改变高校思想政治教育话语传播的有限性局面。

(五) 规范功能

思想政治教育话语的规范功能是思想政治教育学科话语实现的目的功能。所谓高校思想政治教育话语的规范功能，是指通过思想政治教育具体话语的传播，运用思想政治教育话语权力，对受教育者的政治意识、道德意识等进行规范，从而使受教育者的政治道德意识提升到社会所要求的水平上，使高校思想政治教育的目的得以实现。

高校思想政治教育话语的传播，离不开话语“权力”，而“权力”的运作必须进入特定的话语并且受特定的话语控制才能发挥其力量，没有话语，“权力”就缺少运行的重要载体。同样，任何话语的形成及其实践“权力”运作的结果，也是“权力”运作的方式，“权力”能够让一部分话语成为主流话语，而让另一部分话语隐匿消解。毋庸讳言，高校思想政治教育话语应具有这种“权力”，而这种“权力”是思想政治教育话语必需和必要的，并且它的规范功能就是依靠这种“权力”而实现的。新媒体时代，由于信息传播速度快、范围广，高校思想政治教育内容与社会发展有时具有不同步性，导致思想政治教育话语滞后于社会发展，导致教育者和受教育者之间难以使用思想政治教育话语进行有效沟通，从而使得其话语权力受到一定影响，规范功能不能得到充分体现。鉴于此，为使高校思想政治教育话语的规范功能得以充分发挥，应牢牢掌握三个方面“权力”：

1. 掌握话语“以快制快”的主动权

近年来，国际国内，大事频繁出现，对这些情况，高校思想政治教育工作者应当利用新媒体的快速反应能力，抓住问题实质，及时传播思想政治教育话语。例如，通过网上开辟“时势论坛”，第一时间向广大师生“即时播放”信息，引导大家的思想评论，以形成良好讨论氛围，提高师生的政治敏锐性和政治鉴别力。尤其当不良风气在师生中刚露头时，就充分估计到可能带来的后果，及时弘扬新风尚，倡导新风范；当消极的东西只是表现为一般言行时，就意识到在思想上政治上、可能带来的危害，从而掌握话语主动权，把工作做在前头，把问题解决在萌芽状态。

2. 掌握网络话语的“把关”主动权

网络话语的“把关”主要体现在三个方面：一为“时机把关”。当热点话语发生时，应迅速做出反应，给予合理解释，可以有效扼制问题话语的产生；引导显舆论的困难程度远大于潜舆论，当潜显转换时，对初露端倪的热点话语给予有效引导，可以把握话语引导的主动权，运用思想政治教育话语权，制止有害话语的传播。二为“内容把关”。始终把宣传党的创新理论、社会主义核心价值观作为思想政治教育话语引导的根本任务和重要内容突出出来，精心设置话语内容，调控大学生话语导向。三为“网络把关人把关”。高校网络把关人既包括宏观上的网络主管机关和网络管理机构，也包括实践中的网络管理者和论坛版主等。网络主管机关和网络管理机构主要从法理的角度指定“把关”规则，实施宏观把关；网站则对信息的选择“把关”，用各种网络技术或编辑手段来体现自己的意图，使受众获得的信息总是在把关人设置的框架中，论坛版主则通过删改、关注主题等特殊权力对论坛内容“把关”。

3. 牢牢掌握第一时间的话语的主动权

新媒体是把“双刃剑”，往往话语传播的快慢都可能给不良话语留下传播空间。因此，高校思想政治教育工作者必须在网上第一时间与网络亲密接触，有针对性地传播思想政治教育话语，使现行的高校思想政治教育模式更加贴近社会的实际，更加贴近生活的实际，更加贴近高校的实际，更好地体现“以人为本”的理念。

(六) 评价功能

所谓高校思想政治教育话语的评价功能，是指对思想政治教育话语描述、传播、灌输思想政治教育内容的结果进行评价，这种评价既是对他者的评价，又包括对自身的评价，对自身的评价即自我评价，对思想政治教育话语效果的评价实际上就是话语的自我评价。

新媒体时代，高校思想政治教育话语的评价功能主要体现在三个方面：

1. 正效果评价

所谓正效果评价，主要是指在高校思想政治教育活动过程中，思想政治教育话语描述、传播、灌输思想政治教育内容的积极效果，也就是有效结果。其表征：一是描述有效，是指高校思想政治教育工作者利用新媒体快捷传播的技术，使思想政治教育话语能够准确、恰当、及时地描述思想政治教育内容。二是传播有效，是指高校思想政治教育话语在描述有效的基础上通过自上而下的传播方式、又包括自下而上的传播方式（即传播的双向度）适时将思想政治教育内容传播到大学生中间去。三是灌输有效，是指高校思想政治教育工作者充分运用新媒体交往引入的特点，使灌输更加充满人文关怀和时代特征，即通过教育者和受教育者之间的话语交往引入，在交往的过程中达到灌输思想政治教育内容的目的，使有形的内容通过无形的方式实现灌输目标。

2. 零效果评价

所谓零效果评价，就是没有效果，它介于正效果评价和负效果评价之间。主要是指在高校思想政治教育活动过程中，思想政治教育话语描述、传播、灌输思想政治教育内容失效。具体而言，就是思想政治教育话语无法描述、传播、灌输思想政治教育话语内容，以及教育者和受教育者之间的对话难以取得任何效果。思想政治教育话语失效就意味着思想政治教育话语的存在失去意义，即思想政治教育话语失去存在的依据。导致思想政治教育话语失效的根本原因在于思想政治教育话语的滞后，这个滞后包括两个层面：一是思想政治教育话语滞后于思想政治教育话语内容，导致思想政治教育话语无法对思想政治教育内容进行描述和传播。二是思想政治教育话语滞后于时代发展，导致教育者和受教育者之间难以使用思想政治教育话语进行有效沟通。

3. 负效果评价

思想政治教育话语的效果评价还存在另一种状况，即负效果评价。高校思想政治教育话语的负效果评价主要是指在思想政治教育活动过程中，思想政治教育话语描述、传播、灌输思想政治教育内容所产生的消极效果或者是负面影响。思想政治教育话语的负效果是与正效果相背离的，是对正效果的一种消解和阻滞。它表明思想政治教育话语已经异化，即异化成为自身的对立面，从而导致随着自身的演变而不断消解自身的恶果。一般来说，思想政治教育话语的负效果，在正常的思想政治教育活动过程中不会形成，但是在特定的历史时期就有可能发生。

总之，要重视和发挥思想政治教育话语的评价功能，不管是正效果、零效果，还是负效果，都要进行理性分析和评价，在此基础上，扬长避短、趋利避害。重点增强思想政治教育话语的正效果评价，而要使其实现，就必须建构思想政治教育话语的实效体系；同时，要从负效果评价中吸取教训，从而更好地推进新媒体时代高校思想政治教育话语发展。

第二节　新媒体环境下高校思想政治教育话语权的转移现象与成因分析

一、新媒体时代高校思想政治教育话语发展面临的新机遇

在新媒体时代，高校思想政治教育话语发展面临许多新的机遇，主要体现在以下几个方面：

(一) 新媒体拓展了高校思想政治教育话语的新空间

传统高校思想政治教育话语，主要基于地缘、职缘的交往范围，是以点对点交往的形式来实现的，由于受话语传播局限性的影响，无论是话语传播的空间，还是话语传播的效果，都很难达到预期目的。随着新媒体的普及和高速发展，高校思想政治教育话语的拓展已成为迫切需要。

首先，网络世界、虚拟现实、虚拟空间、虚拟社会、虚拟世界等一系列的交往模式日益受到大学生的青睐。这就为思想政治教育话语向网络世界、虚拟世界拓展提供了新的机遇。思想政治教育对象的需要是思想政治教育话语发展的最根本因素。具体来说，一方面，新媒体为大学生提供了相对自由的独立空间。网络语境的无中心性、情境性等为受教育者提供了一个相对自由的独立空间，使他们能够自主地浏览网页，选择信息，而不再被单一的信息渠道或价值观所束缚，也不再被任何话语权威所控制，他们可以通过对不同价值取向的比较，发现其中的善恶、优劣，培养独立的人格；另一方面，新媒体为高校思想政治教育工作者拓展了教育范围。新媒体语境下的高校思想政治教育过程突破了以往点对点交往的局限性，超越了基于地缘、职缘的交往范围，通过网络进行全方位、多层次的信息传播，为受教育者提供了更为方便且范围更大的教育机会。

其次，新媒体为高校思想政治教育话语注入新的动力。传统的高校思想政治教育对新媒体关注不够，甚至在一定范围内导致新媒体环境下思想政治教育话语真空的现象。新媒体具有即时、简明、快捷、时代性强等特征，许多网络的话语形式、话语内容和话语方式为高校思想政治教育话语发展注入了新的血液。

最后，高校思想政治教育话语的宏观领域已经无法满足虚拟世界的需要，这就迫使思想政治教育话语向微观领域拓展，这个机遇虽然不是极为主动的，但确实是个难得的机遇。高校思想政治教育话语向微观领域拓展，在一定程度上，才能形成真正的思想政治教育话语体系。宏观领域的思想政治教育话语体系算不上是真正完美的话语体系。因此，高校思想政治教育话语向微观领域拓展才刚刚开始，大有可为，机不可失。

(二) 新媒体创新了高校思想政治教育话语交流互动的新范式

近年来，学界对高校思想政治教育话语展开了深入研究，一些研究者认为高校思想政治教育话语作为一种实践性的话语，是主体间（包括思想政治教育者、思想政治教育受教育者和思想政治教育利益攸关者）沟通、说服、意义表达、意愿培养等实践活动的参与者和建构者。高校思想政治教育话语主要是针对大学生这个特殊的青年群体而言的，是高校思想政治教育者（专业教师、政工师、辅导员等教师群体）对大学生的沟通、说服、意义表达、意愿培养等实践活动的参与者和建构者，以促进大学生的身心健康发展，促进大学生实现人与人、人与社会、人与自然、人的内心的和谐发展，进而实现大学生的全面发展。在当代中国，广大教师和大学生作为社会的特殊群体，他们以敏锐的社会眼光和深邃的洞察力紧跟时代步伐，关注社会动态、社会思潮、国际局势、全球性的各种浪潮等。他们广泛涉猎政治、经济、文化、社会、网络等各个领域的话语资源，尤其是全球性的社会思潮、浪潮的话语资源，使得主体在交往、沟通中不断丰富高校思想政治教育话语的内涵，为高校思想政治教育话语发展提供良好的实践平台。但是，由于传统高校思想政治教育话语的交流范式，是“面对面”的直接交流，不仅形式比较单一，更重要的是受教育者处于比较被动的位置，难以达到交流互动的效果。新媒体创新了思想政治教育双方的交流范式，它把传统的思想政治教育中主客体间的“面对面”直接交流，演变为新媒体语境所提供的虚拟的间接式的交流模式，隐去了每个人先天赋予的各种自然条件和后天形成的社会地位差别，传统社会对固定群体的身份认同不复存在，提供给每个人以平等的机会。这种交流范式，有利于加强教育者和受教育者之间的沟通，有利于教育者进一步了解受教育者的真实想法，有利于有的放矢地进行思想政治教育。简言之，正是由于高校思想政治教育主体间话语的丰富性和创造性，在他们的交流与互动中给高校思想政治教育话语发展提供了良好的发展机遇。

(三) 新媒体推动了高校思想政治教育话语适应构建社会主义和谐社会的新要求

从总体上来说，高校大学生的心灵和谐，是实现全社会和谐的重要组成部分，也是高校思想政治教育适应构建社会主义和谐社会的新要求。但在实际工作中，高校思想政治教育如何与构建社会主义和谐社会相适应，是思想政治教育工作者在新媒体时代碰到的一个新课题。一方面，它要求思想政治教育要与构建和谐社会相适应，不断促进人与人、人与社会、人与自然的和谐及人的内心的和谐。在诸多和谐中，心灵和谐是人与人关系和谐的基础、是人与自然和谐的前提。另一方面，新媒体时代，来自网络的各种信息会对人的心灵和谐产生影响，这种影响有正面的也有负面的，而负面影响往往会有害于人与人、人与社会、人与自然的和谐。要协调好两者之间的关系，高校思想政治教育话语则是促进大学生心灵和谐的重要沟通者。高校思想政治教育话语可通过新媒体的途径和方式，走进大学生的内心世界，对大学生的内心进行充分的评估，并采取相应的对策，对他们的心理机制进行干预、对心灵世界的混乱秩序进行梳理，进行潜移默化的影响、化解其内心的矛盾。通过对大学生的良性机制、心灵机制、情感机制的干预和友善对话，使得他们的内心达到一种和谐的状态。因此，高校思想政治教育话语在构建社会主义和谐社会中具有更加突出的作用，这也就给高校思想政治教育话语发展提供了新的机遇，为思想政治教育话语向微观拓展提供了舞台。

（四）新媒体提供了高校思想政治教育话语与全球化话语接轨的新机遇

与全球化话语展开对话是高校思想政治教育话语国际化发展的必然取向。从理论上来说，高校思想政治教育话语作为一种特殊的话语理论与全球化话语理论一样同属于一般性的话语理论范畴，具有一般性话语理论的共同的特征、属性和价值取向。换言之，高校思想政治教育话语与全球化话语在理论层面上具有某些共同性、相通性。高校思想政治教育话语与全球化话语可以在一定的环境和场合下相互沟通、相互吸收，而不是完全相排斥。而全球化话语是一个涉及全球性的话语理论，内涵极为丰富，其边界远远超出了高校思想政治教育话语理论乃至整个思想政治教育话语理论的视域，这就为高校思想政治教育话语发展提供了新的广阔的空间、机遇和契机。从实践上来说，由于受到全球化话语的冲击，传统高校思想政治教育话语的滞后性，导致在高校思想政治教育活动过程中出现了话语失语、话语失效等现象。在文化全球化、信息全球化、网络全球化快速发展的时代，高校思想政治教育话语发展离不开新媒体，只有借助新媒体技术，去获取更多、更加丰富的世界各民族文化话语资源，才能够不断拓展自身的话语理论，搭建好高校思想政治教育话语与全球化话语接轨的平台，从而在国际舞台上获得更加广阔的话语空间。

㈤ 新媒体促进了高校思想政治教育话语理论更新的新自觉

当前，高校思想政治教育工作者或者习惯于传统思想政治教育方式方法，或者对新媒体时代的思想政治教育还难以适应，高校思想政治教育话语权已经或者正在失去，思想政治教育话语的空间也不断遭到挤压。此外，一些已经涉足新媒体时代思想政治教育话语的工作者，由于对思想政治教育话语基本定位在宏观领域，对微观领域涉足不多，往往对思想政治教育话语在微观领域中的解释退隐，或者解释力较匮乏，从而使得思想政治教育话语逐渐失去吸引力和战斗力。高校思想政治教育话语迫切需要进行理论反思，在反思中逐渐实现理论更新的新自觉。“全球视野”、“世界思维”是新媒体时代话语的新特点。高校思想政治教育话语应当把握新媒体时代话语的新特点，努力促进思想政治教育话语的理论更新，以此激发思想政治教育主客体之间的创造性，使得思想政治教育话语深入一个新的微观世界，从而为高校思想政治教育话语提供更加广阔的发展空间。

二、新媒体时代高校思想政治教育话语权的转移现象

新媒体时代高校思想政治教育话语在面临发展新机遇的同时，也面临着新挑战，这种挑战主要表现在话语权转移，概括起来，存在如下转移现象：

㈠ 新媒体“海量共享”特性，解构了高校思想政治教育的话语权威和信息优势

在高校传统的思想政治教育中，教育者就是信息的传播者，有稳定可靠的信息来源，掌握着学生不曾了解抑或无法得知的教育资源。因此，教育者在教育过程中比较容易树立威信，其话语权的主体地位受到制度的确认和学生的尊重。而新媒体的广泛应用以及所呈现出的“海量共享”特性，极大地拓展了受众获取信息资源的机会和渠道，教育者不再是主要的信息源，学生可以直接从网络获取大量的信息，甚至是教育者所不曾掌握的信息，学生

有了更多地参与教育活动的自由权、信息选择的自决权、价值认同的自主权、信息反馈的主动权等。传统思想政治教育的“一元话语体系”被解构后，取而代之的是师生间的平等互动、自由选择，思想政治教育工作者的教育行为只是给学生提供选择和引导。由于教育者和受教育者面临同样的信息环境，因而教育者的信息优势地位相对减弱，这无疑对教育者原先独有的话语权造成了很大的冲击。这是不以人的意志为转移的客观事实。如果思想政治教育工作者不能适应这种新情况并采取相应对策，势必降低高校思想政治教育的权威性和话语权的影响力。

(二) 新媒体“信息传播无屏障”特性，削弱了高校思想政治教育的话语调控力和引导力

在高校传统的思想政治教育中，大学生主要通过电视、广播、报纸及各项校园活动来了解信息。高校思想政治教育工作者的话语权是建立在一定控制力的基础上，他们可以运用管理手段对来自这些渠道的信息进行过滤，尽量抹去不良信息。与此同时，思想政治教育工作者还能直接参与信息的制作，对大学生接触的信息具有较好的可控性。而在新媒体环境下，由于“信息传播无屏障”特性，任何观点、思想都可以在网络上自由地接收和传播，这使得高校思想政治教育工作者对信息源的限制和对信息的过滤变得力不从心，随着作为“把关人”的话语调控力的削弱，思想政治教育工作者的话语权也将无从谈起。

高校思想政治教育工作者的引导力是其发挥主导作用的关键因素，若引导力下降，思想政治教育工作者话语权也会受到很大的影响。本来，网络的多元化使多种思想和文化并存，更需要思想政治教育工作者发挥引导力。然而，大学生对信息选择空间越来越大，极有可能拒绝自己不喜欢的思想政治教育的网络信息。新媒体中充斥的各种非马克思主义的东西与思想政治教育工作者向大学生“灌输”的马克思主义思想形成激烈交锋，在一定程度上给大学生的思想造成了混乱。大学生的好奇心和求知欲及不成熟的分辨能力，往往会增加其选择和接受错误思想观念的概率。高校思想政治教育工作者的引导力如果削弱，则其话语权也会遇到不可避免的冲击。

(三) 新媒体“全天候即时互动”特性，降低了高校思想政治教育话语模式的吸引力

高校传统思想政治教育大多是单向的以“灌输”为主的教育模式，学生成为信息的“存储器”。教育者习惯于“自上而下”的路径，手段单一、方法简单、形式一律，而忽视对不同层次的学生及其身心发展规律的认识，教育者与受教育者的关系被演绎成知识传授与接受的关系，因而缺乏对人性提升的作用。相对于传统思想政治教育固定时段的课堂教学或者有限数量、有限形式的社会实践等第二课堂活动而言，新媒体为大学生提供了全天候的信息获取渠道和发布平台。任何学生在任意时间、任意地点以新媒体终端接入互联网，都可以自由获取资讯、应用服务、与别人分享观点。新媒体这种“全天候即时互动”的特性凸显了传统思想政治教育手段的乏力。从数量上看，有限时间的思想政治教育教学难以企及新媒体随时随地、潜移默化的影响；从形式上看，新媒体天然的即时互动特征更大地刺激了学生的参与热情，进而加强了互动的频率，扩展了互动内容的深度和广度。这无疑调动了大学生的主体意识，改变了大学生的认知方式。他们不再满足于单方面的接受灌输，更青睐于以新媒体作为沟通的手段平等地与教育者交流，从而使教育者不再有依靠角色权威控制思想教育话语的优势。面对新媒体环境下的新变化，一些思想政治教育工作者并未及时转变居高临下的角色和传统的教育方式。如此，思想政治教育工作者在思想政治教育过程中面临尴尬的境地，其话语权显得苍白无力、其话语模式失去吸引力已成为一种必然。

(四) 新媒体“个性鲜活”特性，影响了高校思想政治教育话语的实效性

传统的高校思想政治教育话语体系作为社会主流文化的具体体现，在内容与形式上有着语境的严肃性、话语的规范性、语词的固定性、叙事的宏大性等特点，教育语言缺乏个性、审美特征和生活化的特点。教育者习惯这种语言表达方式，而大学生对于缺乏新鲜话语的思想政治教育兴趣不大，内心往往萌发出对教育者的排斥和反感。新媒体的显著特征之一是个性化。新媒体形式赋予了用户尽可能展示自己的工具，博客、微博、微信等的应用，使所有普通人拥有了轻松、随意表达个性的渠道和平台。鲜活的个性特征、丰富的精神需求、各异的态度观点在新媒体环境下自由绽放。传统的高校思

想政治教育的“说教”方式在新媒体环境下遭遇传播“瓶颈”。一方面，一些教育者的创新意识和对于新鲜事物的接受能力往往不如大学生，因而对于流行于大学生群体中富有“个性鲜活”特性的网络语言难以适应，或者不以为然，更不能主动利用网络语言在网上和大学生交流。另一方面，网络话语的迅速更新使教育者的信息很难进入大学生所熟悉的文化语境，甚至可能与他们所认同的网络语言和文化心理产生激烈冲突。这样，教育者的工作便陷入了信息不对称、交流不畅通的困境。如果思想政治教育工作者不能有效地了解并利用网络语言，必然造成其话语权某种程度的旁落，影响高校思想政治教育话语的实效性。

(五) 新媒体“碎片化”特性，呼唤高校思想政治教育话语传播的组织方式更新

“碎片化”是近年来社会学领域的一个关注焦点，也成为新媒体下信息生产、传播的典型特征。表现为：一方面，人们应用新媒体的时间越来越零碎，高频率、短时间成为使用者在新媒体环境下互动的常态；另一方面，人们对信息的关注与需求越来越发散，传统的、倾向于无差异的普遍的广大受众，被分割为志趣相投的或者利害相关的“小众部落”。在“小众部落”的圈子中，人们更容易找到有着共同话语的伙伴，关注相似的热点话语。新媒体“碎片化”特征下，传统的高校思想政治教育话语传播的组织方式亟待更新。思想政治教育工作者必须主动进入大学生的新媒体世界，成为“圈内好友”、“粉丝”，才有可能第一时间了解大学生的即时状态、观点态度、利益关切，进而为在新媒体环境下传播思想政治教育话语奠定基础。

三、新媒体时代高校思想政治教育话语权的转移成因

当前，新媒体时代高校思想政治教育话语权缺失是客观存在的现象，究其原因主要是：

(一) 从话语传播形式上来说，滞后于思想政治教育的发展和要求

现阶段，高校思想政治教育话语并没有完全突破原有的形式，尤其是理论课话语体系的主体依然是政治话语、文件话语、权力话语等，甚至从教材上呈现的文本到教师课堂讲授的语言都是用以上对下的姿态来传达党和国家对受教者的要求和规定的。随着新媒体时代的到来，作为教育者和受教

育者的话语传播形式传统交往关系已经发生了深刻变化。一方面，话语的传播和获得表现出极大的开放性，各种信息、组织和人员可以自由地进出，人们的思想可以得以自由驰骋，没有任何人可以永远是话语的拥有者、话语规则的制定者，新媒体中的人际交往呈现多元性，话语传播形式呈现无中心性和多变性。每一个人都可以是话语的传播者，也都是话语的接受者。另一方面，新媒体的发展使得受教育者的独立意识、民主意识、自我意识进一步增强，他们对于自我和与他人关系的重新认识和评价，在更大程度上具备了改变自我的从属地位的现状，力图获得更多的话语权。他们期望在交往中更多地被以平等的眼光和平等的话语进行交流。在这种情况下，传统思想政治教育模式中的受众将被重新定义。但在实践中，由于传统的影响，一部分人仍然将高校思想政治教育话语传播视为一种“传—受”关系，把教育者单纯视为一个话语传播者，而把学生单纯视为一个被动的话语接受者。这样实际上把思想政治教育看作一种简单的“传—受”过程，是一种由外向内施加影响的过程，从而忽视了学生的平等主体和自我建构，完全剥夺了学生作为平等参与主体的权利和机会。由于话语传播形式远远滞后于思想政治教育的发展和要求，这样就容易导致话语失效，使高校思想政治教育难以取得预期效果，产生话语断裂的现象。

（二）从话语传播内容上来说，疏离于大学生的生活世界

以互联网为代表的新媒体已经影响并且深刻地改变着我们的现实生活，创造了一个新的空间——“虚拟空间”或“虚拟世界”。在观念变化、人际变化和现实社会感知变化上，虚拟空间已经介入人们常态生活之中，而随着新兴媒体技术的不断进步，虚拟空间与现实空间的互动性不断增强，相互作用、相互影响。

信息传递与现实行动间的时间差急剧缩短。今天，新媒体的触角几乎伸到了世界的每一个角落，信息在网上的流通已经不再受到时间和空间的限制。新媒体技术带给了大学生较之传统社会更为丰富的生活资讯，带来了巨大的便捷，不管是任何地方的信息，都可以使用网络以最快的速度获得进行分析整理，从而作出对自己有利的选择；新媒体技术帮助大学生更为快捷地掌握了生活技能和对各种难点问题的分解，新媒体已深深地扎根在大学生的

生活世界。然而，反观高校思想政治教育话语内容传播的现状，长期以来疏离了生活世界，主要表现为：一是思想政治教育话语内容只注重方向性，缺乏时代性、层次性和生动性，存在过度理想化倾向。二是思想政治教育话语有意规避现实生活中有争议的热点和难点问题，存在过度封闭化倾向，导致了受教育者在社会生活现实价值冲突面前无所适从，引发对思想政治教育话语的质疑。尽管多年来我们一再强调要理论联系实际，加强社会实践活动，但由于我们的高校教学理论与实践脱节严重，所以很难使大学生对思想政治教育话语内容传播深入人心。由于高校思想政治教育话语传播内容与生活世界的高度隔离，不与受教育者的生活世界发生联系，学校对大学生生活世界中的公共话题不掌握话语权或者缺乏有效介入，致使受教育者陷入了面对课程文本无言可说，面对有话可言的现实生活却又无处可发的“失语”困境。

㈢ 从话语传播视域上来说，主客体之间话语共识域缺乏

新媒体时代，由于高校思想政治教育工作者一时难以适应话语传播的新视域，往往出现教育者和受教育者集体失语的状态。教育者和受教育者双方共识域的缺乏，即共同话语的缺失，使话语传播层面出现多种现象，其中受教育者对这类话语兴趣不大、冷漠，以致抵触，教育者就会感到无奈，甚至对自身职业价值产生怀疑。从教育者的角度看，教育者话语权虚化，在思想政治教育过程中，教育者的话语权形同虚设。他们不能表达真实的自己，只能做政府与社会的代言人，往往用极其刻板、封闭的教学方式传播思想政治教育话语，用严厉、高压的手段控制着受教育者的言行，完全成为受教育者心目中的“他者”，而非可以交心的朋友，从而消解了受教育者的表达欲望与探索批判精神。教育者的话语依附着行政的强势话语体系，成了行政话语运用和实现的工具。教育者的言说必须围绕制度性话语，他们的声音被纳入了行政的“话语场”，代言人的角色决定了他们必须努力去追随行政话语，将自己的话语自觉地隐藏或限制在制度许可的界限内。教育者只能在仔细地揣摩行政话语的意图后发出与自己的生活世界隔离的话语，从而陷入失语的境地，使自己成为自己的“他者”，使自己由一个思想政治教育话语传播的“在场者”变成“缺席者”。教育者的话语权在这样的场域中被虚化乃至消解。从受教育者的角度看，受教育者话语权弱化。在思想政治教育过程中，受教

育者正当的话语权得不到保障，被无情地边缘化。在课堂上表达权被随意中止，话语空间受到特定的话语情境、特定的话语内容、特定的话语方式的限制。因此，受教育者欲说不能的尴尬已经成为普遍的现象，受教育者最终处于失语和缺席状态。教育者和受教育者都陷入了“无我”言说的境地。

(四) 从话语传播手段上来说，理性话语结构失衡

从本质意义上来说，在高校思想政治教育过程中，教育者和受教育者之间是民主交往关系，但由于工具理性的扩张与宰制，造成了在思想政治教育领域理性话语结构失衡。所谓工具理性，是指人们排除价值判断或立足价值中立，以能够计算和预测后果为条件来实现目的的能力，或是为达到一个明确的目的考虑和使用一切最有效的手段所体现的特质。工具理性所造成的理性话语结构失衡，主要表现在两个方面：一是思想政治教育交往实践在很大程度上撇开了思想政治教育主体之间的交往关系，使思想政治教育话语传播单一化，将思想政治教育本真存在的“主—主”关系介入“主—客”关系，导致了教育者和受教育者之间的关系异化为权威服从关系。二是由于理性话语内在结构的失衡，使得作为独立人格的受教育者对于思想政治教育文本和自身道德行为进行理解、表达、解释和反思的权限受到漠视，加剧了思想政治教育者话语权的垄断和受教育者话语权的缺失。

在新媒体时代，思想政治教育话语传播的格局已经发生了重大变化，一些高校思想政治教育工作者仍然习惯沿用传统教育环境中对思想政治教育话语的工具理性控制模式，而没有注意到随着新媒体的深入发展，学生的交往话语与从前相比发生了很大的变化。与传统话语相比，网络语言与传统的交往话语有着较大的不同，这种自由、开放的网络语言其实本质上是当代大学生探索自我、追求真理的内在需求的一种外显反映，大学生已经习惯于在新媒体语境中对话、思考、寻求自我精神的提升，但是，有的思想政治教育工作者并没有及时地了解学生的这一特点，甚至有的教育者故步自封，无视学生的这一需求，刻意回避了新媒体带来的这一新的变化。在这种情况下，高校思想政治教育话语场域如果放任工具理性的无限扩张显然是不合时宜的，其结果势必在教育双方之间形成理解差异，不仅思想政治教育的价值取向无法彰显，而且丧失思想政治教育话语权也成为一种必然。

(五) 从话语传播趋势上来说，思想政治教育主导话语权受到解构威胁

随着我国改革开放和社会转型的推进，经济全球化、政治民主化和社会信息化的浪潮让我们迅速进入一个文化、价值取向多元化的语境。过去那种在社会相对封闭条件下形成的一元化意识形态控制的主文化“话语优势”受到多元文化的冲击和解构，以至在一定程度上出现了社会主文化“价值失范”的现实问题，这早已引起人们的关注和重视。对作为受教育者的大学生而言，他们有着自我意识强、个性张扬和求变求新的心理特征，但同时又存在着实践经验欠缺和思想意识不成熟的社会属性，这就难免会使一些大学生对外来、异质文化的“话语”、“风格”和“趣味”盲目追随和效仿，转而对社会主义文化主导话语怀疑、抵触和否定，从而造成对高校思想政治教育主导话语权的解构。这种主导话语权的解构威胁，主要指向三个方面：

1. 主导话语的权威受到挑战

近年来，社会中尤其是网上流行的对传统的、经典的、权威的话语或本文的任意拆解和“恶搞”现象，从某种意义上可以说是一些大学生对主导话语权威的一种反叛和挑战。从行为层面看，这种反叛性又多表现为以一种符号化象征显现出德国学者沃尔夫·林德内尔所称的“风格化反抗”。发型、服饰、流行语、网络语言、音乐、舞蹈、用品以至“另类”行为等象征符号，不仅成为大学生获得身份认同的标志，而且透露出一种个性、独立、反叛、挑战权威等文化意蕴。进入这种文化氛围的受教育者，也就容易在这一文化“集体无意识反抗”的作用下产生对主导话语权威的拒斥或反抗心态，使教育中的沟通出现心理上的隔阂。

2. 主导话语的价值受到消解

从高校来说，思想政治教育主导话语的价值或意义，就在于体现社会主文化的意志和期望，帮助大学生形成一种“做人”或“为人”的规范。这在教育中是通过对大学生正确的世界观、人生观、价值观、法律观和道德观等“观”的建构及其规范行为的培养而实现的。在这个意义上，这一主导话语所传输的内容本质上是一种社会主文化要求的“规范（正确、约定）的规则”或“游戏规则”。需要指出的是，当代大学生对主导话语价值的消解，大众传媒实际上起着推波助澜的作用，在这一过程中有意无意地迎合了青年

文化的反叛性，并围绕这些文化特性制造时尚，促使青年文化走向世俗化甚至庸俗化；容忍甚至宣扬这一文化的反叛性中隐藏着的相对主义价值取向，致使在青年文化中逐渐形成一种无原则的宽容、滑头、世故、玩世不恭和游戏人生等“处世哲学”，并渗入大众文化中演变为“潜规则”，加速了高校思想政治教育主导话语价值的消解。

3. 主导话语的教化方式受到抗拒

基于文化传播视角，高校思想政治教育话语也属于一种文化传承（文化的代际传播）的教化方式。文化传承要借助媒介，媒介传播又形成媒介文化。古代的前喻文化是建立在言语符号和印刷符号媒介之上的，它使成人对资讯有着垄断权，长辈教化晚辈就理所当然了；近、现代的并喻、后喻文化是建立在以电子符号为代表的大众传播媒介基础上的，它使信息在全社会、全球共享，青年有可能在一定程度上“绕过”成人权威，自主接受文化传承。电子媒介在传播中也自然形成了一个“隐性教育”环境。正是在由电子媒介和网络建构的信息化社会环境中，青年学生能够凭着观念和技术等优势迅速介入成人社会并逐步成为文化变革和创新的主体，从而在文化创造中获得成人社会的认同与新的权威，使文化传承出现长辈向晚辈学习的方式。因此，尽管我们应充分意识到大学生在这种复杂的信息化、网络化的社会环境中自主社会化必然会遇到种种问题，但更应看到的是青年文化形成的双向式、参与式和主动式的新社会化方式必须得到尊重，并努力去改变主导话语权落后的教化方式，在教育中建立一种新的为受教育者所接受的、体现其学习的主体地位和自主学习方式的话语模式。否则，就必然会遇到青年文化的抗拒。而今天高校思想政治教育话语权陷入困境的一个重要原因，就是在这一话语传播中实际上还存在着上述那种传统落后的教化方式。

（六）从话语传播者自身上来说：应用新媒体技术能力欠缺

在新媒体环境下，高校大学生思想认识、价值观念、思维方式呈个性化、多元化、复杂化的态势，思想政治教育话语面对着新媒体资源自由性的信息环境和舆论环境。高校思想政治教育工作者若无政治敏感，没有必要的新媒体操作能力和控制能力，就无法占领新媒体思想政治教育的阵地；若不能利用网络发布思想政治教育信息和控制网络上的垃圾信息，就无法引导大学生正确辨别和利用信息。而这些都由于高校思想政治教育工作者自身缺乏应用新媒体技术开展思想政治教育的自觉和能力，再加上教育者往往受到年龄、精力与固有思维模式的影响，在信息占有上甚至不及教育对象，以至于限制了自身话语的威信，已经无法真正独占思想政治教育的话语权。其实，思想政治教育的方式方法，是与科学技术的发展相适应的，面临新媒体环境，思想政治教育工作者只能主动适应，而不能回避。否则，新媒体时代的新要求和思想政治教育工作者与之不适应的矛盾，就会使思想政治教育的效率大打折扣，进而弱化了思想政治教育工作者的话语权。

第三节　新媒体环境下高校思想政治教育的话语重塑

一、新媒体时代高校思想政治教育话语重塑的基本原则

新媒体时代高校思想政治教育的话语重塑，应遵循以下基本原则：

(一) 政治性原则

所谓政治性原则，就是指高校思想政治教育话语重塑要把握政治性，把握社会主义意识形态性。由于思想政治教育的政治性、意识形态性决定了高校思想政治教育话语必须要把握一定的政治性、意识形态性，而这些都需要通过高校思想政治教育话语来表达、描述和建构。在当代中国，高校思想政治教育话语必须要坚持中国特色社会主义理论体系为指导原则。新媒体时代高校思想政治教育如何坚持话语的政治性呢？首先，要坚定马克思主义的话语立场。任何一种思想政治理论都包含有特定的立场，即理论本身反映“谁”的价值和主张，体现“谁”的利益和追求，为“谁”服务。新媒体背景下，各种社会思潮和理论主张五花八门。无论是高校思想政治教育工作者还是大学生，如果立场不坚定，就容易眼花缭乱，陷入理论迷茫。因此高校师生要提高鉴别力、判断力，应对来自网络媒介的干扰，坚定马克思主义的话语立场；其次，在主导思想和话语内容选择方面，要坚持不懈地用马克思

列宁主义、毛泽东思想、邓小平理论、社会主义核心价值观等武装大学生，深入开展党的基本理论、基本路线、基本纲领和基本经验教育，开展中国革命、建设和改革开放的历史教育，开展基本国情和形势政策教育；此外，还要强化制度性资源话语。思想政治教育的长效机制，要更多地依靠法律、制度、政策来保障。通过制度化的规范管理，引导大学生的思想，规范他们的行为，使他们在长期遵循某种规章制度中潜移默化地接受蕴含在其中的思想观念，并逐步内化为自己的思想意识，进而规范自己的行为，提升自己的思想境界。

(二) 主体性原则

所谓主体性原则，是指高校思想政治教育话语对象对思想政治教育信息和环境具有能动地感受、选择、判断、内化和践行的能力。新媒体的发展使得大学生的独立意识、民主意识、自我意识进一步增强，对自己以及自己和周围的关系有自我的认识和评价。因此，新媒体背景下高校思想政治教育话语重塑必须要突出学生的主体地位，尊重学生的网络自主话语权。

(三) 人本性原则

所谓人本性原则，是指高校思想政治教育话语传播要坚持以学生为本，既要坚持教育人、引导人、鼓舞人、鞭策人，又要做到尊重人、理解人、关心人、帮助人。在新媒体背景下受教育者话语权的获取是对教育者话语霸权的一种消解，因此应采取平等、自由的对话式话语，使双方既阐明和叙述自己的观点，又能倾听和理解对方的意见，站在对方的立场展开置换式思考和沟通。在高校思想政治教育实践中，要突出服务性话语，从注重教育管理转向教育管理和服务并重，充分了解大学生的实际需求和困难，把思想政治教育寓于解决实际困难中，用实际行动来感动人、说服人、教育人、引导人。教育者要积极营造融洽的话语言说场景，真诚地尊重、关爱和激励学生，将积极的情感因素融入思想政治教育话语中，从而调动大学生内在的积极情感，实现双方有效的交流与沟通。

(四) 现实性原则

所谓现实性原则，是指高校思想政治教育话语传播要坚持从实际出发，贴近实际，服务现实，服务生活，以此作为思想政治教育话语传播的落脚点。贴近现实，是新媒体时代高校思想政治教育话语创新的时代性要求，因为思想政治教育话语只有贴近现实，从现实出发，才可以帮助大学生实现思想认识上的飞跃；同时，思想政治教育话语只有服务现实，在服务现实的过程中经受社会实践的检验，才能真正体现出思想政治教育话语传播的效果。服务生活，贴近生活，是思想政治教育话语生存的根基，也是坚持思想政治教育话语现实性原则的深层体现。思想政治教育工作者必须走进大学生的生活世界，增加对学生生活的体验与认识。话语内容要更加贴近现实生活，通过归纳提炼和抽象形成通俗化、生活化的思想政治教育新话语，从而将学术性话语体系向生活性、形象性的话语系统还原，使大学生能在这种话语的熏陶中获得更多的对生活的真正感悟。

(五) 创新性原则

所谓创新性原则，是指高校思想政治教育话语要坚持时代性，能够冲破传统话语的束缚，不断创造适合时代需要的新话语。新媒体的快速发展，对思想政治教育话语创新提出了创新需要。这就要求我们要不断与时俱进，通过理论创新推动实践创新，使思想政治教育话语充满生机和活力。高校思想政治教育话语创新，其内容应该包含目的创新、内容创新、方法创新，只有带有创新性的目的、内容和方法，才能更好地发挥思想政治教育话语传播的最大功效。

(六) 开放性原则

所谓开放性原则，是指高校思想政治教育话语要以开放性为基本取向，在话语传播方面要立足国内，放眼全球，形成开放的体系。新媒体是开放的，这就要求新媒体背景下高校思想政治教育话语传播要把握时代脉搏，密切关注网络文化的发展变化，善于从网络话语中汲取新话语，从而丰富高校思想政治教育话语的内容。同时，还要求高校思想政治教育工作者要具有全球性视野，立足于全人类的立场，树立全球意识，着眼现在，远观未来，积极吸纳和借鉴包括发达资本主义国家在内的一些成功的经验和做法，与我国的思想政治教育方法相融合，创新与我国国情相一致的思想政治教育方式方法，同时比较同一背景不同社会制度下思想政治教育的共性，探求思想政治教育规律，深入挖掘多元文化背景下思想政治教育的时代性要素。这是增强高校思想政治教育话语开放性的必然要求。

（七）价值性原则

所谓价值性原则，就是指高校思想政治教育话语创新要体现一定时期的价值导向。大学生对新鲜事物的好奇心使得他们对当前社会各种思潮比较感兴趣，然而，他们又对社会思潮的多样性、复杂性等特征难以把握，很难看清楚各种思潮的真面目，容易产生价值混乱。因此，话语创新必须考虑一定社会主流价值观的导向性。

（八）有效性原则

所谓有效性原则，在这里包含两种含义：一是话语专业化。也就是说，高校思想政治教育话语与其他话语要有一定的区别和联系。毕竟不同的学科有不同的话语体系，高校思想政治教育话语不能用其他学科话语体系来代替。二是话语时代性。大学生是一定时期的特殊群体，高校思想政治教育话语创新要体现时代性，符合大学生接受心态和接受方式。如“80后”、“90后”之间的话语形式、心理接受方式往往有差别，这就决定了高校思想政治教育话语要取得实效就必须把握大学生的话语接受方式等。

（九）统一性原则

所谓统一性原则，是指高校思想政治教育的话语体系，必须坚持体系内部话语的统一性和一致性，应尽量做到协调、统一，减少重复、交叉。在高校思想政治教育话语传播过程中，只有做到内部一致的话语体系，才能表达统一的内在思想。如果在话语的运用上破坏了统一性原则，什么时髦用什么，表面上看可能很新鲜，也颇能迷惑一些人，但实质上往往会造成话语传播上的混乱和矛盾，很难发挥话语对人的正确引导作用。另外，在属性话语的运用中所发现的新话语，即新话语主词、话语观点或新题材提炼的有应用价值的话语，尽管与原有的思想政治教育理论观点不完全相符，甚至从现象上看是矛盾对立的，但是，伴随着思想认识的不断统一，这些话语可运用事物发展的对立统一原则加以论证，从而得出符合马克思主义哲学命题下的思想政治教育新话语。科学辩证地把握好统一性原则，高校思想政治教育就能在话语传播中较为自如地进行边缘属性与非常规属性话语运用方法的构建。

二、新媒体时代高校思想政治教育话语重塑的路径选择

新媒体时代高校思想政治教育的话语重塑是一项系统工程，需要从多方面进行重塑，可从以下几个方面选择路径：

(一) 尊重大学生的话语权，加强高校思想政治教育工作者的平等对话意识

针对目前高校思想政治教育话语权的现状，需要切实加强高校思想政治教育工作者的平等对话意识。

1. 建立新型的平等主体交往关系

随着新媒体时代的到来和网络文化的形成，在很大程度上消解了高校传统教育环境下教育者的教育权威，使传统的教师权威模式受到极大挑战，教育者的话语不再具有唯一性，作为受教育者的学生逐渐通过新媒体掌握了话语的主导权。网络语言的形成，也在客观上要求教育者和受教育者双方消除身份、地位的差异，形成一种平等对话的关系，由传授型的对话关系转变为互动型的对话关系。这一关系的确立意味着大学生能够获取对思想政治教育文本和自身道德行为的解释权限，教育者与受教育者双方才能消除身份、地位的差异，敞开心扉进行真诚交流。唯有如此，思想政治教育话语才能真正成为联结教育者与受教育者交往双方的桥梁，教育者才能从一个控制者、支配者转变为一个真诚的对话者。

2. 突出学生的主体地位，尊重学生的网络话语权

要做到这一点，必须充分理解并认同大学生的网络话语权，允许他们把不同的思想通过新媒体表达出来；要积极疏通、引导，支持和弘扬正确的思想观点，反对和批评不正确的观点，引导大学生理性运用话语权，避免话语权的滥用。

3. 转变话语方式，从控制式和劝导式转向对话式

应采取平等、自由的对话式话语，使双方既阐明和叙述自己的观点，又能倾听和理解对方的意见，站在对方的立场展开置换式思考和沟通，这种对话不是封闭式而是开放式的，双方都能敞开各自心扉进行真诚交流，相互之

间更易达成真正的理解与共识。在双方的对话中值得注意的是，教育者既要对交往的内容真实性、规范正确性和情感真诚性进行反思，也要对自身权威进行反思，在反思基础上认真听取受教育者对思想政治教育文本、自身道德行为和生命意义的理解与解释，依靠合乎若干有效声称的论据，通过对话与讨论，为受教育者提供可以信服的理由，引导、促进他们的自我觉悟与反思，使之意识到自身与社会要求的不适应，并且愉悦地接受、积极地突破这种不适应。

（二）关注生活维度，实现高校思想政治教育话语向大学生现实生活的回归

1. 要在思想政治教育理念上回归生活世界

高校思想政治教育必须面向学生，面向学生生活实际。高校思想政治教育话语是以生活世界作为背景的，不可能游离于学生生活世界之外，不可能在生活世界之外构筑一套理想的思想政治教育话语。回归生活世界的思想政治教育理念，要求高校思想政治教育话语必须深深根植于生活世界。以往的思想政治教育偏重于满足社会的即时需要，这种思想观念在思想政治教育实践中，容易造成一种追求近期效果的短期行为。为此，高校思想政治教育话语必须深深地根植于大学生的生活世界，要勇于和善于介入大学生的生活世界，放弃高高在上的一贯做法，要更加贴近大学生的生活，在这种近距离的接触中了解和把握大学生丰富多彩的生活世界，并从他们生活世界的实际出发，研究和选择适合的思想政治教育的内容，使得思想政治教育话语更加贴近大学生的实际。

2. 要在价值取向上关注思想政治教育话语的生活维度

其一，对思想政治教育的理解，不能仅仅从政治需要的角度出发，还要从张扬人在生活世界中的主体性出发，将思想政治教育从过去的宏大叙事中解放开来，真正回到个体生活世界。首先是关注大学生的精神生活的重建，尊重人的生命意义和生命价值；其次才会考虑政治的需要。其二，思想政治教育应将大学生的日常生活作为价值起点，重视日常生活中的价值建构。思想政治教育应真正尊重个体的生命体验，承认人性的复杂和多元，同时善于从鲜活生动的、富有生命意义的日常生活世界中提炼出真正能够烛照人性，提升人的境界的元素。其三，强调思想政治教育回归日常生活世界，并不意

味着思想政治教育对日常生活世界的沉沦和妥协，而应该是一种建基在对日常生活世界有深刻了解、理性反思基础上的有条件的超越。这也正是高校思想政治教育的价值目标，即既要对生活世界保持谦恭的态度，尊重生活世界的生命体验，又要穿越生活世界的迷雾，对生活世界保持一种审慎的反思态度，一种有所超越的理性态度。

3. 要在话语内容上更加贴近生活世界

一要善于转化语言，把党的重要文件、重要会议、历史文献等类型的语言转化为适合大学生特点的话语，这样既把握住了正确的政治教育方向，又能使大学生乐于接受。二要善于从大学生的校园生活中提炼新话语，使思想政治理论课不断地生活化、现实化。这也是高校思想政治教育向“生活世界”回归的重要内容。三要从大学生的网络话语中汲取新话语。教育者可以大胆借鉴网络中的一些健康、有益的、流行的话语形式和内容，丰富其话语体系。四要关涉受教育者当下的虚拟化生存。新媒体的出现极大地拓展了生活世界的内涵，成为受教育者个体日常生活的重要构成，并对其产生着不容忽视的积极和消极的双重影响。思想政治教育话语要为虚拟化生存的规范化提供思想道德文化的支撑，以符合网络特点的网络文本的形式，恰当而生动地展现博大精深的中国传统文化和代表时代特征的马克思主义文化，使受教育者在虚拟环境下通过网络文本的选择与解读接受规范传递和价值引导。

(三) 借鉴网络话语，积极拓展高校思想政治教育话语资源

积极拓展话语资源，整合有利因素，形成高校思想政治教育工作新的话语优势，是新媒体时代对高校思想政治教育提出的新要求。为此：

1. 要充分利用新媒体技术，积极拓展高校思想政治教育话语的辐射空间

高校思想政治教育工作者要将博大精深的中国传统文化和代表时代特征的马克思主义文化，以符合新媒体特点的网络文本的形式予以恰当而生动的展现；将人类丰富的精神成果，诸如政治、法律、道德、艺术、科学、宗教和哲学的思想和观点，科学理论和艺术作品以及中国五千年的优秀传统文化，尽可能多地转化成网上可点击的内容。只有丰富了网上的信息，才能拓展高校思想政治教育话语的辐射空间，使大学生在网络环境中通过文本的选择与解读以及交流而在潜移默化中接受规范传递和价值引导。

2. 要善于从网络话语中汲取新话语

网络作为一种新兴的传媒方式，给大学生无限的诱惑和想象的空间。网络的出现大大拓展了思想政治教育的领域和战线，从现实走向虚拟、从宏观走向微观等。网络话语的生成，既是网民的话语沟通和表达形式，又是网民虚拟现实的生活方式。高校思想政治教育工作者要摒弃对网络话语的轻视、漠视心理，了解大学生网络话语的特点和规律，善于运用网络话语。要大胆借鉴网络中的一些健康、有益、良性的话语，借鉴一些符合大学生群体的话语形式和话语内容，丰富高校思想政治教育话语的内容，这样才能与大学生网民更好地对话与沟通。

3. 要密切关注网络文化的发展变化

高校思想政治教育工作者要善于把握时代脉动和网络文化发展趋势，了解当今大学生的审美取向，分析他们的观赏心理，采用大学生常用的话语修辞手法，采撷和创造出更多表现时代和事物特征的新鲜话语，实现思想政治教育工作话语的再创造。

(四) 注重人文关怀和心理疏导，通过主动服务增强高校思想政治教育话语的感召力

1. 要坚持人文关怀和心理疏导，增强话语的人文关怀

高校思想政治教育工作实际上是做“人”的工作，必须注重对大学生的人文关怀。一是高校思想政治教育话语传播必须紧密联系大学生的实际生活，教育者应及时了解大学生的所思所想、喜怒哀乐和兴趣爱好，准确把握大学生的思想脉搏，并把这些融进话语当中。二是高校思想政治教育话语应充分尊重和理解大学生的情感和需求，及时关注和化解大学生在现实生活世界遇到的困惑和困难，让他们充分体验到教育者的温情与关爱，营造温馨舒适的话语氛围，从而使大学生真正认同教育者的话语理念，进而内化于心，形成独立的道德人格。三是高校思想政治教育工作者应在网上开设心理知识宣传栏、心理咨询室、心理门诊室等对大学生进行心理疏导。在网上倾听学生的倾诉与情绪宣泄，尊重其感受与体验，引导其主动分析面临的困境，共同探求心理困惑的诱发根源，挖掘大学生内在心理需求等。通过双向交流激发大学生的心理潜能，缓解大学生的焦虑、压力等负面情绪，促进大学生健

康发展。伴随这一过程，教育者便能赢得大学生更多的信任，从而增强自身的感染力和话语权的影响力。

2. 要营造融洽的话语言说场景，在话语内蕴上融注更加积极的情感

情感在高校思想政治教育交往中扮演相当重要的角色，在某种程度上，思想政治教育话语传递的只是言语的表层信息，因而在思想政治教育交往中作用相当有限，甚至会由于情感的不当而导致思想政治教育话语的失效或反效。比如，教育者在褒奖受教育者时如果带有明显的讥讽语气或神态，话语本身再具有正当性也不会被受教育者所接受，教育者与受教育者之间的相互理解与解释就会出现障碍，思想政治教育交往就难以顺利展开，双方也就很难达成相互理解与共识。因而，高校思想政治教育工作者要积极营造融洽的话语言说场景，真诚地尊重、关爱和激励受教育者，将积极的情感因素融注思想政治教育话语中，从而调动大学生内在的积极情感，实现双方有效的交流与沟通，为思想政治教育交往的顺利进行提供不可或缺的推动力。

3. 要发挥大学生的主体性，加强思想政治教育工作者的服务意识

新媒体时代高校思想政治教育对话的有效进行离不开“服务育人”理念的确立。这一理念的确立有利于思想政治教育话语实现知识和爱的统一，由“传达信息一宣传教育”向“传达信息一推销自我”转变，教育者才能放下架子，真正从学生的立场出发，进行思考和表达，大学生才能从思想政治教育话语中感受到教育者真诚的关爱与帮助。这种饱含爱的思想政治教育话语能够增进受教育者对生命意义与生活价值的理解，提升思想政治教育话语传播有效性，思想政治教育工作者在学生中才会有威信。

(五) 倡导立体化引导，提高高校思想政治教育话语的管理水平

1. 充分发挥多种媒体之间的协同作战，以形成话语引导的合力

校园报刊、广播、电视等传统媒体在信息的权威性、受众的广泛性等方面具有独特的优势。面对新媒体环境，我们应将传统媒体与网络媒体相结合，实行立体化的引导，可以推动校园话语共识的形成，而且具有公信力和权威性。由于传统媒体对网络话语进行选择、过滤，容易得到受众的认可，促进话语共识的形成。这种多种媒体之间的协同作战、立体化引导策略，可以带来高校思想政治教育话语引导的合力效应。

2. 建立网上权威的思想政治教育话语体系

可以从以下几方面入手：第一，通过多种途径对大学生加强理想信念教育，保证话语传播的正确方向。第二，采用“疏堵结合，引导为主”的方针，来引导话语传播。“疏”，即把握动态，实施网上疏导，澄清错误言论，及时公布正面信息。“导”，即主动出击，因势利导。要主动出击，批驳反面声音，弘扬社会主义主旋律与核心价值体系。第三，要探索多种途径努力发挥高校思想政治教育正面话语功能，在加强监控、有效预防的同时，依法查处利用网络传播有害信息的当事人，不断推进网络道德建设。第四，要在大学生中积极开展媒介素养教育。教会学生正确认识、使用网络的能力，增强他们的网络责任意识和自律能力。第五，在高校建立一批既懂思想政治教育又懂网络技术和网络文化的队伍，用富有教育性、感染力，学生喜闻乐见的方式引导话语传播，增强思想政治教育话语的正面影响力，从而促进大学生网络言行向健康的方向发展。第六，要高度重视网上评论工作，形成一支专兼结合、反应灵敏的网络评论员队伍。网络评论员要主动介入校园 BBS 和校外网站的交互式栏目，采取“宜早不宜迟、宜疏不宜堵、宜解不宜激”的策略和“区分性质、讲究策略、把握时机、冷静处理”的要求，主动导帖、积极跟帖、适时结帖，以普通网民、平等方式参与网络讨论，挤压有害信息的传播空间。要建立网络管理和网络评论人员学习、培训、考核机制，加强提升其政治理论水平修养，使其形成马克思主义的价值观和道德观；加强培训其对网络信息技术的驾驭能力，使其能够及时解决网络传播中出现的问题，从而使思想政治教育话语传播生动形象，增强对大学生的吸引力和感染力；加强培养其应变能力，使其能够迅速准确地把握问题，有针对性地开展工作。

3. 积极建设服务大学生发展要求的绿色网络载体

门户网站、专业网站、主题网站等，是大学生最常用的网络载体，在他们的学习、生活和娱乐中发挥着积极的作用。要遵守网络法规和社会道德，正确使用网络载体，共同维护网络载体。要加强技术创新，推出科技含量高、使用便捷性强和适合青年学生特点的绿色网络载体。

4. 营造适合大学生身心特点的绿色网络场所

要对于网络话语的存在形态，如发跟帖、论坛、博客、视频等进行管理，倡导网络文明公约，安装合格的过滤软件，防止不良信息对青年学生的伤害，建设有利于青年学生的上网场所。要制订规范和标准，推出促进青年学生成长发展的绿色网络场所。开展多种形式的网络竞赛活动，发现并积极举荐各类青年网络人才，培养更多的绿色网络人才。

(六) 重塑思想政治教育工作者素质，提高话语创新能力

新媒体背景下，高校思想政治教育工作者要重塑自身素质，努力提高话语创新能力，必须做好以下几个方面：

1. 要能驾驭新媒体技术，熟悉网络文化和网络语言，掌握新媒体的使用技术和操作技巧

对高校思想政治教育工作者来说，只有掌握受教大学生群体的网络话语，适应受教群体的交流方式，才能敏锐地捕捉他们的生活习惯、心理动态，从而把握受教群体思维和行为上的发展变化；只有充分了解并掌握网络话语这一新的沟通方式，才有可能与受教群体建立信息上的沟通和交流，从而实现有效的语言表达形式对传递教育信息的帮助，取得思想政治教育话语传播的成功。

2. 要培养高校思想政治教育工作者参与大学生网络化生活的意识

高校思想政治教育工作者要主动融入网络生活，体验学生在网络空间的交往、学习、娱乐方式以及他们思想、心理及行为的发展变化，真正做到与学生在同一个环境下交流。

3. 要有创新意识，加强高校思想政治教育话语创新研究

高校思想政治教育工作者要在对传统思想政治教育话语进行深入研究、分析的基础上，积极探索话语创新规律，扩大语汇范围，丰富思想政治教育话语的含义，以构筑一种全新的、理想的话语。只有这样，才能发挥在思想政治教育中的主导作用，重建自己的有效话语。

(七) 健全新媒体信息监管机制，增强高校思想政治教育话语传播的实效性

新媒体对大学生的负面影响的一个重要方面是网上不良信息的影响。大学生思想单纯，思想意识尚未成熟，很容易受到外来信息的影响。新媒体本身只是一种传播媒介，要做到趋利避害，高校就必须加强对新媒体的建设和管理，以增强思想政治教育话语传播的实效性。

1. 要加强网络管理和网络舆情分析工作

高校要成立专门的网络信息管理部门做好网络管理、网络舆情分析的工作，能够对网上的内容进行收集，制订相对应的管理措施。组建一支反应快速的“网上督查队”，可以由老师和学生骨干共同组成，对校园网进行全天候的监控和整理。比如，对 BBS 上的讨论热点问题进行及时的捕捉和反馈，对于不符合事实和不良影响的论点及时澄清并作出正确引导；并且以适当的方式发布积极的学生关心的网络信息，这样可以吸引学生对校园网的关注度，也可以抵消消极信息对学生的影响。对于网络上发布的信息要建立审查把关、管理监控的制度，对电子公告的服务信息、个人主页信息都要实行审查式的发布，包括校园网络的链接要一一检查通过，规范师生上网的安全规定和网络言行，真正营造一个积极健康的校园网络环境。

2. 研究和运用科学技术手段为网络筑造“防火墙”

现在网络上和市场上提供很多网络防御和过滤软件的下载，能够防止包括特洛伊木马攻击、网页篡改、监视非法入侵的种种网络问题，还能够提供专为青少年设计的过滤保护浏览器、设定上网时间的监控软件等。高校思想政治教育工作者应该积极主动地利用一定的网络软件技术手段来保证校园网络的纯净。

3. 运用法律的手段维护网络的安全，打击网络犯罪

我国为加强对互联网管理，也先后出台了一系列法律、法规或公约，如《文明上网自律公约》《中国互联网网络版权自律公约》《关于网络游戏发展和管理的若干意见》《互联网 IP 地址备案管理办法》《非经营性互联网信息服务备案管理办法》《互联网站禁止传播淫秽、色情等不良信息自律规范》《全国人民代表大会常务委员会关于维护互联网安全的决定》等。高校要加强全校范围内的网络法律、法规的宣传和教育，还应根据本校的实际情况制定相应的校园网络规章制度，规范校园网络的运行和管理，使得高校大学生具备良好的网上法律意识、责任意识和安全意识，规范大学生的网络行为，倡导健康、积极的高校网络态度。

(八) 坚持话语创新发展，努力构建高校思想政治教育新话语体系

当前，推进高校思想政治教育话语的创新发展，应着力做好以下三个

方面工作：

1. 加强理论研究

在现阶段，新媒体的发展及其影响在我国尚处于一个不断变化的过程中。对于新媒体建设与应用走在社会前列的高校而言，新媒体的发展及其对于大学生的思想和行为的影响更是处在一个动态变化的阶段，这需要我们立足实践，针对实践发展的具体状况进行理论研究的不断创新和发展。话语鸿沟现象是不断创新和发展的新媒体时代给高校思想政治教育工作带来的新问题之一，随着新媒体对社会的影响不断深入，新媒体必然会给大学生思想政治教育带来更多更新的课题。高校思想政治教育工作者要加强理论研究，坚持用马克思主义的立场、观点和方法分析社会政治、经济、文化、道德问题，以思想政治教育内容体系为支撑依据，对思想政治教育的言论和大量的教育素材进行归纳提炼，形成理性化、通俗化和生活化的思想政治教育说事话语和新话语，构建马克思主义中国化理论语境下思想政治教育话语新体系，形成思想政治教育话语学研究，应用于思想政治教育课教学和日常思想政治教育管理实践中，以激活思想政治教育工作者的教育话语系统，提高思想政治教育话语说事水平，从而提高高校思想政治教育的实效。只有这样，我们才能够在新媒体时代的新环境中，伴随和引导大学生健康成长。

2. 加强思想政治教育话语整合

在高校思想政治教育的发展过程中，其学科内部形成了实践与研究两类整合乏力的话语。实践话语的主体是思想政治教育的一线工作者。由于现有的思想政治教育理论欠缺应用性的特质，使得思想政治教育工作者普遍漠视现有研究理论的存在，甚至对现有理论存在不信任的态度，但是他们又要把自己的工作状况予以总结归纳、互为交流，因此只能求助于思想政治教育日常工作纯经验式的话语，这种话语非常具体、琐碎，无法形成具有影响力的话语体系。研究话语的主体是思想政治教育理论工作者。由于思想政治教育教育学科发展时日较短，学科存在着理论奠基的任务，需要一系列的学科结构、学科范畴等思辨性的理论研究为思想政治教育建立学科基础，再加之思想政治教育学科的大部分理论工作者研究过于注重学理化的演绎和抽象，忽视了思想政治教育实践性的特点，使得在思想政治教育理论学界的思辨性话语占主导。在现实生活中，这两种话语往往相互交织，但是话语主体却相互轻视。理论工作者认为实践工作者缺乏理论素养，从事的是低水平活动；实践工作者认为理论工作者缺乏实践能力，从事的是务虚活动，这使得这两种话语沟通交流缺少，整合乏力。因此，加强思想政治教育话语整合，已成为构建高校思想政治教育新话语体系的当务之急。

3. 加强话语系统的协调性

高校思想政治教育新话语系统要体现话语的协调性，这不仅是实现高校思想政治教育话语创新发展的需要，也是构建高校思想政治教育新话语系统的目标。这是因为：一方面，这种协调性要求教育者与受教育者话语系统在认知基础、价值取向和目的设计等方面的协调融合。当前，我国高校思想政治教育效果较差与话语系统权力主体话语信息重叠率较低有密切联系。所以，新话语必须不断消除话语系统中双方信息传递和交汇的阻力，寻找教育者和受教育者话语系统融合的途径。另一方面，这种协调性要求教育话语与教育环境的协调融合。高校思想政治教育有本体话语系统，但同时它必须受制于另一种非本体话语系统，也就是对应于本体话语系统而言的整个学术界的话语系统。任何一种话语都逃脱不了它所处时代普遍弥散的话语，即受制于特定的语境。社会的多元化必然孕育着价值、信仰与利益之间的冲突，种种冲突只有靠“协商”去解决——有关各方共同协商，以达成某一套解决争论的规则，社会秩序也借此得以维持；种种冲突可以靠协商去解决——教育主导者、社会各界和网络等亚文化思想影响者、受教育者等各方协调，形成受教育者的新思想。而这一过程中，高校思想政治教育新话语系统要实现主流话语与非主流话语的协调，传统话语与现代话语、后现代话语的协调，文本话语与网络话语的协调，全球化话语与地方性、民族性话语的协调。

总之，加强话语系统的协调性，要求高校思想政治教育新话语系统的内容要从偏重政治意识形态，向政治意识形态与政治、经济、文化、社会和个人生活并重转变，从偏重国家话题，向公共需求与个人需求并重转变，以建立起思想政治教育与生活世界的全面广泛的联系，拓宽思想政治教育的对话语境，从而形成一套以科学的“真”为基础、以人文的“善”为内涵、以艺术的“美”为形式、以技术的“实”为手段的新话语系统。

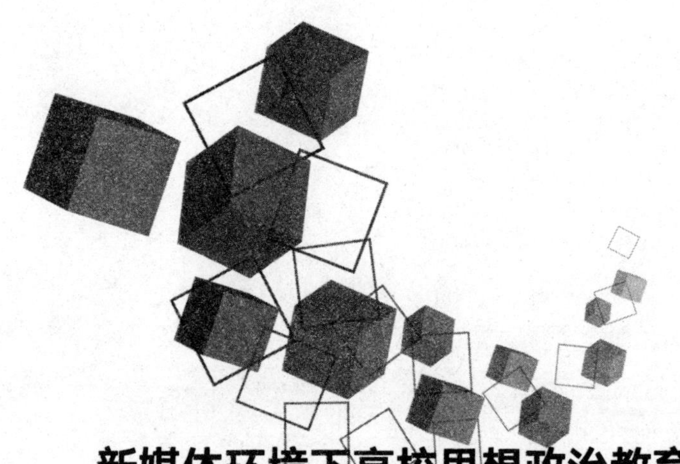

第七章

新媒体环境下高校思想政治教育的内容结构优化

思想政治教育在人类追求自由而全面发展的过程中，发挥着不可或缺的功能，是人类认识世界和改造世界的重要方式。客观物质世界有着特定结构，结构决定功能，功能又反作用于结构。思想政治教育包含丰富的内容，构成了完整的内容体系结构，直接关系其目的的实现和任务的完成。新媒体时代，高校思想政治教育面临诸多需要解决的理论与实践问题，对这一时代高校思想政治教育内容结构进行研究和优化，将更有助于功能的发挥和价值的实现，更能满足人的全面发展和社会进步对高校思想政治教育的期盼。

第一节 新媒体环境下高校思想政治教育内容结构优化的依据

思想政治教育内容即一定社会为了实现其根本任务和目标，在思想政治教育活动中教育者通过一定的方式和手段对受教育者传递的思想政治观念、社会道德规范等。对于思想政治教育的内容结构，学界比较普遍的观点认为，思想教育、政治教育、道德教育、心理教育诸内容构成了思想政治教育内容体系，形成了一定的体系结构。这一结构关系中，各内容具有不同的地位和作用，思想教育（世界观、方法论教育）是先导；政治教育（政治理想、信念、方向、立场、原则等教育）是核心；道德教育（行为规范，道德认知、能力和品行等教育）是重点；心理教育（心理素质和健全人格等教育）是基础。也有学者在此基础上加上法纪教育，认为思想教育是根本性的内容，政治教育是导向性内容，道德教育是基础性内容，心理教育是前提性内容，法纪教育是保障性的内容，五位一体，形成稳定合理的结构，从而最大限度地发挥思想政治教育的整体功能。内容结构状况不同，实施效果就不一样。

一、理论依据

新媒体时代对高校思想政治教育提出了新的挑战，要求思想政治教育内容结构与时俱进，不断优化。其主要理论根据为马克思主义系统结构理论。马克思主义系统观把宇宙间的任何事物都看作是相互联系、相互影响、相互作用的一个系统。“当我们深思熟虑地考察自然界、人类历史或我们自己的精神活动的时候，首先呈现在我们眼前的，是一幅由种种联系和相互作用无穷无尽地交织起来的画面，其中没有任何东西是不动的和不变的，而是一切都在运动、变化、生成和消逝。”马克思、恩格斯还提出了物质结构层次理论，认为物质结构是存在很多不同层次的，而且是无限大或者无限小的。马克思主义关于系统结构的理论，对新媒体时代高校思想政治教育内容结构优化有如下启示：第一，要用联系的观点和发展的观点来考察高校思想政治教育内容体系中的各个组成部分，要研究需要通过什么方式结合，发挥出整体功能，并且要考虑到社会存在的发展，适时调整内容结构，推动科学发展。第二，物质结构的层次性，要求对新媒体时代高校思想政治教育的内容进行科学分层，构建合理的思想政治教育内容结构体系。

此外，诸如马克思主义关于社会存在与社会意识之间的关系原理以及关于人的本质和人的全面发展的学说，都是我们进行高校思想政治教育内容结构优化的理论依据。

二、实践要求

新媒体时代，高校思想政治教育在实践领域，无论是国际还是国内，都面临着新情况和新问题。就国际层面来说，随着各国政治、经济和文化的频繁交往，各种思想文化相互碰撞，思想政治教育内容随着经济全球化、政治多极化的发展而变得错综复杂；就国内层面来说，思想政治教育越来越渗透到人们的经济社会活动中，不断涌现思想政治教育所面临的挑战前所未有；就技术层面来说，新媒体技术的蓬勃发展，带来的不仅仅是传播技术的变化而引发的内容的不确定性，更多的是观念的变革。我们要有理论勇气回答这些现实问题，不断突破传统框架，勇于创新，使思想政治教育的内容不断丰富。其实，多年来，我国高校思想政治教育历经发展和调整，大多数是形式上的，而内容方面没有发生根本的改变，在实践过程中，内容结构方面存在的问题是导致高校思想政治教育实效性不高的根本原因。

（一）政治主导型思想政治教育将德行塑造等同于政治生活，背离了生活实际

政治主导型思想政治教育，是思想政治教育诸内容的相互关系中，重点突出的政治教育内容，并根据政治教育内容的实施需要来组合其他教育内容，其他教育内容从属于和服务于政治教育内容。这是历史的产物，是当时社会政治、经济、文化共同作用的结果。计划经济体制的集中统一性，从体制上保证思想政治教育只能为政治运动服务，在这样的历史条件下，思想政治教育的功能只能突出地表现为单一的政治功能，以政治运动为中心，使思想政治教育成为政治运动首当其冲的手段。诚然，政治教育在促进公民政治

社会化过程中起着重要的作用，因为无论一个人是否喜欢都不能完全置身政治之外。但是，政治性是人的社会性的组成部分，强调政治性而忽略人的自然性和精神性显然是不合理的。思想政治教育的基础和重点是道德教育，形成良好的稳定的道德品行，缺乏道德教育基础的思想政治教育不过是空中楼阁。高校思想政治教育应当承载政治功能，但它却不是政治本身，倘若将思想政治教育的终极关怀政治化，形成政治教育内容占主导地位的内容结构体系，甚至将人的德行塑造等同于政治生活，则无疑是脱离社会实际的。背离社会实际的思想政治教育是没有生命力的，其危险性将如爱因斯坦所言：或许只能成为“一种有用的武器”，而不是“一个和谐发展的人”。

(二) 知识化倾向的高校思想政治教育强调知识为本，偏离了人的全面发展的终极关怀

作为高校思想政治教育主渠道的思想政治理论课程学习，是一把“双刃剑”：一方面体现了高校进行思想政治教育的重要性；但另一方面，在内容方面明显存在的一个问题就是一直表现出“知识化”的外在倾向，即主要是作为一门课程来学习。思想政治教育往往与其他专业教育等同起来，知识的语言成为支配性的语言，道德的语言越来越弱化，这样的思想政治教育实际上在求真、求知的过程中不求善、求美。知识之外的情感、想象、意志与信仰等遭到了排斥，这实际也是学校的智力训练与道德训练之间的可悲分割，获得知识和性格成长之间的可悲分离，在这种以知识化为本的教育中，很难真正关注人的全面自由发展，因而很难给人以终极关怀。思想政治教育实际上是一种养成教育，掌握了政治理论知识并不等于具备了良好的道德修养和精神涵养，其结果往往是培养出“言语的巨人，行动的矮子”。

(三) 预设的理想化的思想政治教育着眼于高扬革命理想的宏观目标，脱离现实生活的根基

传统的思想政治教育内容和原则通常具有高度的理想主义，把人设计成理想化的革命者，着眼于高扬人生理想的宏观目标。经济全球化和社会转型时期的中国，社会生活各方面都发生了深刻的变化，新媒体时代大学生的价值观念和生活方式也发生了翻天覆地的变化。高校思想政治内容往往是课

堂里或书本上规定的道德原则、思想信念，脱离了现实性生活的根基，未能从思想上解决好与现实的巨大反差，与社会上所盛行的现实现象大相径庭，无法对社会生活中的种种新事物作出应有的回应，从而使理论缺乏说服力，严重影响高校思想政治教育的实效。需要强调的是，由于我国大学生的特殊性（长期的应试教育的竞争熏陶），理想化的思想政治教育只能培养某种意义上的“圣人”，并不能有效地指导人们的行为。而思想政治教育的作用和功能应当以现实的、具体的人为基础，通过改变和提升人们的精神境界、培养人们发展意识和精神，寻求可持续发展，来实现人的全面而自由的发展。

（四）过分强调统一性和规范性的思想政治教育内容，忽略了思想政治教育对象的层次性和差异性

中国要实现民族的伟大复兴，在日趋激烈的国际竞争中立足，必须占领未来思想领域的战略制高点。新媒体时代，教育者、受教育者以及整个教育环境等都发生了很大变化，其中有些还是根本性的变化。随着新媒体技术的广泛应用，在经济文化全球化进程中，高校师生所面对的是一个更加复杂多变、新奇的世界，社会交往范围的扩大和形式的多样化，各种思想文化观念的冲击，不同角色和行为方式的转换，必然引起思想方式、价值观念的深刻变化。思想政治教育内容不顾教育者和受教育者的基础和需求，注定导致实效性不高。事实上，我国高校思想政治教育特别是思想政治理论课存在内容过于统一和规范的问题，无论是怎样层次的大学（本科教育或高职教育），无论是什么专业的学生（理工科、文科或艺术类），或者不管是怎样的地区（发达或欠发达），思想政治教育内容总是过于统一和规范，对于不同价值文化间的交流与对话予以漠视甚至逃避。因此，当前高校思想政治教育应当允许学校根据各自的特点、专业情况、地区特性、学生特质与需求出发，分析教育情境来确立课程的具体形态和结构，以大学生为主体，以生活经验为中心，适当整合教育内容，更能切合各个学校的教育实践，体现学校、教师和学生的自主性和校际之间的差异性。

总之，新媒体时代高校思想政治教育内容结构优化，需要以跨界思维为逻辑起点，以更加兼容的态度，跨越国家地域和政治、经济、文化界限，以更为坚定的爱国情怀面对多元文化与多样价值观的影响，以积极竞争的勇

气和国际化的视野面向国际竞争，以博大的胸怀和对自然及人类社会的热爱彰显人文关怀。

第二节　新媒体环境下内容结构优化的原则和要求

新媒体时代，信息的海量性和复杂性、资源的共享性与开放性、交往模式的变化等特征错综复杂地交织在一起，传统的高校思想政治教育内容不能完全舍弃，但应该结合时代特点进行充实和重组。

一、新媒体时代高校思想政治教育内容结构优化的原则

原则是说话、行事所依据的准则。新媒体时代高校思想政治教育内容结构优化，应当遵循以下原则：

(一) 整体与局部统一的原则

思想政治教育本身是一个由多个要素组成的复杂的动态系统，这些要素相互联系、相互作用的形式就是思想政治教育的整体结构。目前，学界关于基本结构的提法有“三要素论”(教育者、受教育者和教育环境)、“四要素论”(主体、客体、介体和环体)，“五要素论”(主体、客体、内容、方式、目标) 等，无论是几要素，有一个共同的特点就是各要素相互影响、相互作用而形成一个统一的整体系统，而在这一整体系统中，又分列为各子系统，即价值结构、目标结构、主体结构、客体结构、内容结构、过程结构、评估结构和方法结构等。在整体和局部之间的关系问题上，毫无疑问，整体是核心，但是有时候，局部优化和整体优化之间并不必然具有一致性，带有一定的不同步性和不均衡性。因此，我们要坚持系统论中的整体性原理，在整体优化的基础上，坚持二者相统一的原则。在新媒体时代高校思想政治教育的内容结构优化问题上，我们不应该仅仅将思想教育、政治教育、道德教育、法制教育和心理教育等各子系统的内容结构进行优化整合，还要补充和完善每一个子系统内容体系，更应该将这些内容放在整个教育系统中，综合考虑

教育价值的实现。

(二) 层次性和针对性相统一的原则

在高校思想政治教育实践工作中，教育内容呈现出来的诸如泛政治化、泛知识化和泛统一规范化等弊端，严重影响教育的实效。其实，在高校思想政治教育改革的过程中，层次性和针对性在高校思想政治教育对象、教育目标、教育内容和教育方式上都有一定的体现，这里强调内容方面，思想政治教育内容体系是历史的产物，具有动态的特性。与思想政治教育目标的层次性相对应，思想政治工作教育内容也应体现层次性。一方面，针对不同的群体，思想政治教育内容应坚持先进性和广泛性的结合；另一方面，针对同一个体的不同阶段，思想政治教育内容应坚持历时性和共时性的结合，适当根据时代特征调整教学内容。

(三) 提高要素质量和理顺要素关系相统一的原则

优化新媒体时代高校思想政治教育内容结构，不能舍本逐末，对于思想政治教育内容来说，各内容要素都有丰富的内涵，各教育内容在体系结构中都应该具有相应的地位和排列顺序，倘若各要素排列组合不同，则功能便会迥异。假如各内容要素地位不明确，主次模糊，则结构便不合理；即便是地位明确，主次清晰，但忽视个别或某些教育内容，则会造成内容体系的不完整和结构的片面性，结构依然不合理。比如，只重视和维护政治教育的主导作用，则容易限制视野，使得思想政治教育的内容单一，而不具有实效性，这在前面已经作过论述，这里不再赘述。

(四) 延续性和时代性相结合的原则

时代的发展、社会文明的不断进步和科学技术的影响，对人的素质发展提出了更高的要求，高校思想政治教育的内容结构要与时俱进，不断更新和发展。如党的十八大提出的社会主义核心价值观(富强、民主、文明、和谐，倡导自由、平等、公正、法治，倡导爱国、敬业、诚信、友善)，则对核心价值体系进行了高度凝练，充分体现了马克思主义价值观的基本精神和特质，体现了历史继承和时代发展的统一，既有理论的延续性，又有现实的针对性。另外，我们应该看到思想政治教育内容结构的优化会受到诸多因素的影响和制约，如受教育者身心发展阶段、师资队伍、社会国际国内环境等，思想政治教育的内容结构优化最终要经过实践的检验，但受教育者绝不是试验品，一旦调整出现问题，便会影响一代人或者几代人的成长和发展，因此要采取审慎的态度，不能哗众取宠，更不能人云亦云。

(五) 时效性和可读性相结合的原则

新媒体时代，高校思想政治教育必须及时收集、整理和解答大学生关注的热点、焦点问题和疑难问题，将其作为教育内容的素材，发掘其中的思想政治教育内涵，以解决大学生的思想认识问题。新媒体时代高校思想政治教育的话语结构已经发生了很大的变化，这在本书的第五章已作重点阐述，此处不再进行赘述。泛政治化的语言，使得大学生思想政治教育内容不为大学生网民所点击，则思想政治教育本身就失去了应有的意义和存在的必要性。要增强大学生思想政治教育内容的可读性，就要紧密把握地域的特点、校园的特点和大学生的特点，了解新媒体时代高校思想政治教育的内容话语的变化，内容范围要广，内容表达方式要多样而具体，语言风格要活泼生动，说话要接地气。

(六) 规划传播与有效控制相结合的原则

传播学认为，正确合理的传播内容有助于优化传播的效果，思想政治教育作为一种特殊的教育传播活动，有其特定的内容与表达方式，并且由于社会经济政治发展和历史条件及其他因素的影响，需要对其内容进行必要的调控和限制。其实，思想政治教育作为特定内容的教育传播活动，本身就具有一定的社会控制力，即为了维护社会秩序的和谐稳定、推动社会文明进步而采取的约束或引导社会成员的手段和措施。首先，这是维护社会稳定的必然要求。思想政治教育作为上层建筑、社会意识形态领域的一个重要组成部分，其内容既要由社会的经济基础决定，又要受制于上层建筑，必须具有鲜明的政治性和阶级性。人是社会关系的综合，社会交往只有遵循一定的行为准则来协调各方面的关系，整个社会才能有序运转。因此，我国高校思想政治教育需要用正确的符合社会发展所需的思想观念、政治观念和道德规范来武装大学生的头脑，指导他们的言行。其次，这也是建设中国特色社会主义市场经济体制的内在要求。“经济建设这一手我们搞得相当有成绩，形势喜人，这是我们国家的成功。但风气如果坏下去，经济搞成功又有什么意义？会在另一方面变质，反过来影响整个经济变质，发展下去形成贪污、盗窃和贿赂横行的世界。”最后，这也是应对新媒体时代带来的各种文化影响的需求。各类书刊、电影、广播电视节目、新闻报道、互联网信息、(微)博客、手机短信等随处可见的文化产品或服务，所提供的不仅仅是消息和娱乐，同时也是传播社会价值或政治观点的工具，最终它们会对全社会的精神结构产生深刻的影响。各种跨时空的新媒体技术不仅给大学生们提供了接收信息、选择信息和传播信息的自主权和能力，同时还造成党、政府、学校和社会舆论的引导和调控方面的处境困难，尤其是突破了传统的思想政治教育权威部门的话语权控制格局，更加迫切需要加强对高校思想政治教育内容的更新与优化。

二、新媒体时代高校思想政治教育内容结构优化的要求

新媒体时代高校思想政治教育内容结构的优化或创新不是抛弃基础，否定过往，标新立异，而是在继承传统的基础上，结合时代特征，为教育内容注入新的血液。要全面考量新媒体对高校思想政治教育的影响，在整体要求的基础上，根据原则，进行内容结构的优化。“优”是一个定性的动态过程，表示着方向；“化”则是一个定量的表示，要以思想政治教育的目标和任务的实现为根本标准。因此，新媒体时代高校思想政治教育的内容结构优化，要做到正确把握思想政治教育内容的要素结构与层次结构的关系，既体现内容要素结构的完整性，又体现内容层次结构的序列性，在具体设定上力求做到“贴近社会现实、贴近专业要求、贴近学生实际”。

(一) 内容结构的层次方面

1. 在横向结构方面，坚持主导性和全面性相结合，克服单一化和简单化

新媒体时代，高校思想政治教育内容是多类型、多向度、多层次的统一的有机整体。横向结构层次，主要是指思想政治教育内容同一层次的各要素之间的相互作用及延展关系。思想政治教育内容的全面性，体现在人与社会全面发展的整体联系上。在这个整体联系中，有一个起着主导作用的要素，

决定和支配着思想政治教育的其他内容，也决定性质和方向，这个主导作用的要素就是政治教育，之所以高校思想政治教育必须坚持以政治教育为主导，是因为它能实现一定社会阶级或集团的政治目的。同时，一定阶级和社会总是对其社会成员提出政治、思想、道德、法纪、心理等方面的全面性要求，体现人的素质的多维性、丰富性、整体性，从而形成由政治教育、思想教育、道德教育、法纪教育、心理教育组成的思想政治教育内容类型结构。因此，在思想政治教育内容体系的建构中，要从思想政治教育内容的横向联系出发，在主流意识形态的引领下，从人与社会、人与他人、人与自然以及人与自己的关系层面上确定对受教育者在政治、思想、道德、法纪、心理等方面的要求，以整合类型相近的教育内容，解决现存的内容重复交叉和单一等问题，增强高校思想政治教育内容的整体性和系统性。

2. 在纵向结构方面，坚持层次性和针对性相结合，克服缺乏层次性和针对性的弊端

层次是表征系统内部结构不同等级的范畴，是指系统要素有机结合的等级秩序，表征为次序。高校思想政治教育内容根据教育对象的角色层次、心理层次和接受水平与能力，将思想政治教育划分为三个层次：基础层次的教育内容（道德教育、心理教育等）、较高层次的教育内容（思想教育）和高层次的教育内容（政治教育），这三个层次相互联系、有机统一，呈现出由低到高的递进关系，使教育内容由低到高、由浅入深、螺旋上升、循序渐进，形成从低层次到高层次的递进式的教育内容系列。

（二）在内容选择上，要体现理论性与实践性相结合，克服教育内容抽象、晦涩和僵化的缺陷

目前的高校思想政治教育内容的理论性与实践性结合得还很不够，在内容结构安排以及语言描述方面，也都较生硬、晦涩，与实际需要有所脱节。受传统政治、经济、文化、环境的影响，高校思想政治教育内容因经典而权威，因权威而导致层次结构僵化，削弱了内容的影响力。在这种情况下，经典的理论一旦被束缚在陈框旧条中，就不能被赋予崭新的活力，不能被大众熟悉的语言所表述，则将无法被认同和内化，更谈不上外化为行动力。因此，只有从实际出发，坚持与时代同步，与青年学生同步，并且紧紧

抓住客观运动着的物质世界的规律性与特征，抓住变化的时代脉搏，抓住高校思想政治教育内容与时俱进的要求，才能使思想政治教育入脑入心，以针对性、新颖性的多级层次要求来达到学生积极接受、主动内化的效果。因此，在内容选择上要做好以下几点：

1. 优化高校思想政治教育的内容结构要做到“三贴近”

一要贴近社会现实。当前我国大学生思想政治教育存在的突出问题就是发展的滞后性，即思想政治教育内容结构体系滞后于经济发展，滞后于国内、国外形势的发展和变化。针对这一突出问题，在大学生思想政治教育内容结构体系上，要深入研究与现实相适应的思想政治教育内容。只有这样，才能激发大学生对社会现实的关注，用正确的世界观、人生观、价值观、政治观、道德观和法制观看待我国社会主义现代化进程中出现的一系列社会问题，并且能够运用自己的聪明才智去解决问题。

二要贴近专业要求。以往传统思想政治教育存在泛知识化现象，将思想政治教育和专业理论、专业技能等智力教育等同起来，使得高校思想政治教育处于弱势地位。在新媒体时代，新媒体所传播的海量信息，其中也有许多信息是与大学生所学专业息息相关的，也就是说，是有益于大学生专业学习的。因此，新媒体时代高校思想政治教育应当密切思想政治教育与专业教育之间的相互交融关系，促进高校思想政治教育的内容与专业理论、专业技能的紧密联系，使之有助于大学生的专业选择、学习和素质的提升；同时，在社会生活中，道德是客观存在的，道德是人聪明、完善之本，也是社会和谐、发展之基，进行专业教育也应以培养有道德的人为前提，只有认识到这一点，才能真正实现为社会培养出全面发展的有德行的职业人。

三要贴近学生实际。首先，是与学生的学习相结合。实践证明，人们所处的社会时代、现实环境、现实的直接的实践活动以及密切相关的实际利益，才是人们最关心的，也最能吸引人们注意力的。新媒体时代的高校学生，获取信息的渠道是全方位的，任何脱离实际的教育内容只会让受教育者产生冷漠、反感甚至是逆反心理，所以，高校思想政治教育内容除了马克思主义理论以及党的纲领、路线、方针、政策、法规等以外，还应有一切对身心人格健康有益的知识、道德文化、习俗习气、科学精神、人文精神、生活方式和行为规范、民主和法制意识、社会热点和焦点等，让大学生从被动接受变为主动选择和接受。提高思想政治教育的生命力，要求我们要适应时代，积极拓宽教育视野不断深入地研究新情况、解决新问题，最大限度地吸收最新的理论研究成果并加以学习、研究和运用。比如，增加创新教育的思想、人与自然协调共存的世界观、生态道德、全球意识、媒体素养等教育内容，用新的内容去教育和武装大学生，使他们得到更多实际的、有效的引导和帮助。

2. 优化高校思想政治教育的内容结构要与学生生活相结合

大学生实际上是“半社会人”，正处于成人的关键时期，必然会经历一些成长的蜕变。年轻无极限，张扬是这个时代大学生的个性特点。但他们面临的机遇和困惑增多，需要思考和处理的问题相应也增加，也会不断面临各种抉择。如何科学设计生涯规划以积极参与竞争，如何与人交往以适应现实社会和虚拟社会的复杂环境，如何化解压力以解决各种各样的矛盾，都是他们正面临的具体问题，如果处理不好会影响他们的前途。高校思想政治教育内容既要有利于锻炼学生的现实生活能力，又要培养学生的未来可持续发展的能力。要以生为本，从关注日常生活中的实际问题入手，帮助他们排忧解难；要积极引导学生学会生存，学会尊重和关心他人，学会共同生活；要培养在活动中的积极参与和合作精神；要倡导他们研究人类面临的普遍问题，增强全球意识和人文关怀；要关注人的现实和虚拟生存环境和生活质量，维护人类的尊严，完善道德品德和全面发展问题；同时还要有意识地培养学生具有国际观念和意识，树立为全球服务的观念，具有开展国际合作交流与国际竞争的知识和能力。只有在学生生活的不同领域全方位、最大限度地贴近学生，高校思想政治教育内容才能最大范围地被学生接受、认同和转化，思想政治教育实效性才能实现。

第三节　新媒体环境下高校思想政治教育内容结构优化设计

面对着新媒体时代高校思想政治教育内容结构所出现的新情况和新问题，需要在理论、原则和要求的指导下，对其进行主动调整，实现最大程度的优化。

一、政治层面：以政治教育为核心，突出高校思想政治教育的主导性内容

高校思想政治教育的内容丰富，在内容体系中，如前所论述，政治教育居于主导地位，起着决定和支配的作用。政治教育，主要是进行政治理想、信念、方向、立场、观点、情感方法等方面的教育。以政治教育为主导，就必须始终以理想信念教育为思想政治教育的核心内容。面对复杂的国际国内形势，我国高校思想政治教育工作面临的主要任务是，加强爱国主义、集体主义和社会主义教育，帮助学生树立正确的政治观，增强国家归属感和社会责任感。在对待走什么道路、依靠谁来领导、坚持什么样的指导思想等诸多政治问题上，真正“讲政治”，真正坚持党的基本理论、路线、纲领和原则。道路标定方向，道路决定前途。习近平同志在十九大报告中不仅强调坚定道路自信、理论自信、文化自信，并且指出，要坚定文化自信，推动社会主义文化繁荣兴盛。我国高校思想政治教育应引导学生以厚重的理论底气、高远的政治视野和豪壮的实践基础坚定道路自信，自觉认识中国特色社会主义道路，是实现社会主义现代化的必然选择，是创造人民美好生活的必由之路。要通过开展扎实有效的政治教育，使大学生正确认识社会发展规律，认识国家的前途命运，认识自己的社会责任，确立在中国共产党领导下走中国特色社会主义道路、实现中华民族伟大复兴的共同理想和坚定信念。同时，要积极引导大学生不断追求更高的目标，使他们当中的先进分子树立共产主义的远大理想，确立马克思主义的坚定信念。

二、思想道德层面：自觉树立社会主义核心价值观，优化高校思想政治教育的基础性内容

思想教育，主要是进行世界观和方法论教育，着重解决主观与客观相符合的问题。道德教育，主要是进行行为规范的教育，内化道德规范，提高道德判断能力，培养道德情感，养成道德行为，提高道德品质。改革开放至今，在经济全球化局势之下，社会经济成分、组织形式、就业方式、利益关系和分配方式日益多样化的同时，人们思想活动的独立性、自主性、选择

性、多变性和差异性也日益增强，社会思想空前活跃，各种思想观念相互交织，各种思潮不断涌现，对大学生的思想产生很大的影响。新媒体时代高校思想政治教育，必须从大学生思想实际状况出发，以社会主义核心价值观为引领，树立科学的世界观、人生观、价值观和道德观，以指导和推动生活、学习和工作。

核心价值观是一个民族、国家、社会及其人民普遍信奉、追求、恪守的基本价值理念和规范，是核心价值体系的精髓。我国封建社会的核心价值观可以说是“仁、义、礼、智、信”，西方资本主义社会的核心价值观可以说是“自由、平等、博爱”。具体到一些国家，则又各具特色，如美国的“多元、创新、乐观”精神，日本的“国民精神”，韩国的“爱国精神”，新加坡的“共同价值观念”等。我们党建立、建设和发展社会主义的历程，同时也是提出和丰富、推广和实践社会主义核心价值观的过程。党的七大提出的“将中国建设成为一个独立、自由、民主、统一和富强的新国家”的发展目标，就包含着新国家的核心价值观。改革开放以来，我们党在推进中国特色社会主义事业过程中，一直在努力提炼、概括、全民族全社会统一的社会主义核心价值观。党的十七大报告也重点强调：“社会主义核心价值体系是社会主义意识形态的本质体现。要巩固马克思主义指导地位，坚持不懈地用马克思主义中国化最新成果武装全党、教育人民，用中国特色社会主义共同理想凝聚力量，用以爱国主义为核心的民族精神和以改革创新为核心的时代精神鼓舞斗志，用社会主义荣辱观引领风尚，巩固全党全国各族人民团结奋斗的共同思想基础。”

党的十八大在已有的核心价值体系的基础上，对于“社会主义核心价值观”进行了凝练，将过去较长的表述精简为24个字。党的十八大报告明确指出：“倡导富强、民主、文明、和谐，倡导自由、平等、公正、法治，倡导爱国、敬业、诚信、友善，积极培育和践行社会主义核心价值观。”这三个倡导是从国家制度层面、社会集体层面、公民个人层面为社会主义核心价值体系建设指明了方向。

2018年3月11日，第十三届全国人民代表大会第一次会议审议通过中华人民共和国修正案，提出“国家倡导社会主义核心价值观，提倡爱国、爱人民、爱科学。”

（一）“倡导富强、民主、文明、和谐”，是立足于社会主义核心价值观的国家制度层面

中国特色社会主义现代化建设的总体布局就是经济建设、政治建设、文化建设、社会建设和生态文明建设，“五位一体”的中心或者凝聚力是一个共同的价值追求目标。我们党在过去曾经把这个共同价值追求表述为“民族独立，人民解放”、“国家繁荣，人民幸福”。当前，众所周知的全面建成小康社会的宏伟目标或共同愿景，其价值追求就是要达到“富强、民主、文明、和谐”，也就是说，经济上要越来越富强，政治上要越来越民主，文化上要越来越文明，社会和生态上要越来越和谐。

（二）“倡导自由、平等、公正、法治”，是立足于社会主义核心价值观的社会集体层面

这八个字体现了中国特色社会主义的基本社会属性，是马克思主义的基本要求，也是中国共产党人的一贯价值追求。马克思主义追求的终极目标就是人的自由而全面的发展。我们党自成立起，就把带领人民实现自由、民主、平等写到自己的旗帜上，并为之不懈奋斗。新中国成立后，我们党又把这些目标写到社会主义旗帜上，使之成为激励人们发愤图强建设社会主义的强大精神动力。改革开放以来，随着我国社会主义市场经济体制的建立和社会主义民主政治的深入发展，广大人民群众的民主法治意识越来越强，自由平等观念日益深入人心，维护公平正义的要求也越来越高。正是适应广大人民群众这种新期待、新要求，我们党更加自觉地把自由、平等、公平、法治等理念深入扎实地体现在党的各项理论和实践之中。党的十七大报告强调要“树立社会主义民主法治、自由平等、公平正义理念”，党的十八大报告则把“倡导自由、平等、公平、法治”作为“积极培育和践行社会主义核心价值观”、推进社会主义核心价值体系建设的一项重要内容。由此可以看出，自由、平等、公平、法治是当代中国共产党人坚持科学发展、坚持以人为本、坚持执政为民、坚持依法治国伟大实践的集中价值体现，也是我们坚持和发展中国特色社会主义的核心价值追求。

（三）倡导“爱国、敬业、诚信、友善”，是立足于社会主义核心价值观的公民个人层面

这八个字集中体现了社会主义国家公民的基本价值追求和道德准则要求。加强对全体公民的价值观、道德观教育是一项长期而紧迫的任务，成为摆在全党和全国人民面前的一个重要课题。2001年，中共中央印发的《公民道德建设实施纲要》提出，要坚持以为人民服务为核心，以集体主义为原则，以爱祖国、爱人民、爱劳动、爱科学、爱社会主义为基本要求，在全社会倡导“爱国守法、明礼诚信、团结友善、勤俭自强、敬业奉献”的基本道德规范。2016年10月，党的十六届六中全会审议通过了《中共中央关于构建社会主义和谐社会若干重大问题的决定》，明确提出了建设社会主义核心价值体系的战略任务，并把社会主义核心价值体系的基本内容作了规范性阐述。所有这些都为我们党从社会公民层面概括社会主义核心价值观奠定了坚实的理论基础。党的十八大正是在继承和发展我们党关于社会主义核心价值体系思想的基础上，紧密结合全面建成小康社会和发展中国特色社会主义的新需要，从公民层面提出了“爱国、敬业、诚信、友善”的社会主义核心价值观。这集中体现了中华民族传统美德、中国共产党人革命道德和社会主义道德的精华，是中国共产党人对马克思主义公民道德和价值理念的新发展。

社会主义核心价值观的三个基本层次是有机联系、内在统一的。“富强、民主、文明、和谐”是中国特色社会主义的基本价值追求，它体现的是我国经济建设、政治建设、文化建设、社会建设和生态文明建设的内在发展要求；“自由、平等、公正、法治”是中国特色社会主义的基本社会属性，它体现的是我国作为中国特色社会主义社会的总体价值趋向和整体目标要求；“爱国、敬业、诚信、友善”体现的是社会主义国家全体公民的基本价值追求和道德准则要求。上述三个层次的核心价值观相互联系、相互贯通，集中体现了国家、集体和个人在价值目标上的统一，体现了国家目标、社会导向和个人行为准则的统一，是马克思主义价值理论中国化的最新成果。

优化新媒体时代高校思想政治教育的内容结构，应体现社会主义核心价值观的具体内容，坚持以社会主义核心价值观为引领，引导大学生转变思想观念，践行道德规范，养成良好而稳定的道德品行。

三、文化层面：弘扬中国传统文化，融入世界文化，奠定思想政治教育的人文精神根基

新媒体时代，是一个信息膨胀的时代。新媒体的迅猛发展及快餐时代的到来，使传统的人伦关系和人际道德面临着非常严峻的挑战。就文化层面来看，在文化多样化的发展大趋势下，包括中国在内的各国传统文化的生存和发展在不同程度上受到了挑战，从而对思想政治工作的文化根基带来冲击。马克思指出："人们自己创造自己的历史，但是他们并不是随心所欲地创造，并不是在他们自己选定的条件下创造，而是在直接碰到的、既定的、从过去继承下来的条件下创造。"因此，优化新媒体时代高校思想政治教育内容结构，必须大力继承和弘扬中国思想道德教育的优良传统，正确借鉴和吸收世界思想道德教育的优秀成果，赋予所继承内容以时代内涵，使之具有时代价值；赋予借鉴国外思想道德教育内容以中华民族底蕴，使之具有中华民族文化特色，使大学生树立起人文精神，特别是民族精神。

（一）继承和弘扬中华民族优良思想道德教育传统，并赋予时代意义

1. 生态道德教育

文化是维系一个民族的精神纽带，没有文化的民族就没有民族精神。我国思想政治教育内容的建构总是立足于中华民族根基，植根于民族文化沃土，有着强烈的民族性。在中国古代贤哲那里，他们自觉或不自觉地运用着层次和结构概念，把"道""阴阳""天""地""人"看成是一个统一的整体，强调"天人合一"。"天人合一"，作为中国古老的哲学命题，其核心是强调"天道"和"人道"相通，"自然"和"人为"相通。从战国时期的子思、孟子提出的人与天相通，人的秉性天赋，尽心知性就能够知天，达到"上与天地同流"，到庄子提出的"天地与我并生，万物与我为一"。他认为人与天本来就是合一的，只是因为人的不同思想观念，不同的主观意志破坏了天人的"统一"，或者说天人的"合一"。人应当与天合一，应当消除天人间的差别。之后的中国历代思想家、哲学家从不同的角度丰富和完善了"天人合一"的思想，努力追索天人相通，以达到天与人的和谐、协调、一致。这种"天人合一"的自然观，对加强生态道德教育有很大的启示。

所谓生态道德教育，是在横向比较、纵向扬弃的基础上提出的一种新

德育观和新德育范型，它教导人们，不仅人对人的社会行为，而且人对环境的自然行为均要受到伦理评价；不仅要正确处理个人与他人、个人与集体、个人与社会的利益关系，还要恰当地对待人与自然的交往行为、利益关系、短期与长期关系，摆正人在自然中的位置。因此，生态道德教育将以一种更为宽阔的道德视野，教育和引导人们学会热爱自然、热爱生活、享用自然、享用生活。同时生态道德教育还是社会公德的重要内容，是否具有良好的生态道德意识，是现代社会衡量一个人全面素质的重要尺度，也是衡量一个国家和民族文明程度的重要标志。

在新媒体时代，生态道德教育是一种新型的道德教育活动，是指教育者从人与人、人与社会、人与自然的道德观出发，引导受教育者树立一种崭新的人生观、自然观和生存发展观，在社会领域要不断调节人与人、人与集体、人与社会的关系，使人的行为符合集体和社会的需要，营造一种人与人相互尊重、相互依存的人文生态环境，促进社会的和谐发展；在自然领域要扩展社会领域长期所形成的道德原则、道德规范，有意识地控制人对自然的盲目行为，营造一种人与自然和睦相处、互惠互利的自然生态环境，促进人与自然的和谐共生，从而使受教育者在双生态环境（人文生态、自然生态）中自觉养成文明和谐、珍惜资源、保护环境的道德素质和文明习惯，成为既能协调处理人与人、人与社会的关系，又能协调处理人与自然关系的理性生态人。

2. 人伦自觉意识的培养

中华传统道德以儒家伦理道德思想为主体，同时兼收了墨、道、法以及佛教等各家中的有关思想，经过几千年的扩展、充实、更新和演变，逐渐形成了一整套比较完备的伦理道德思想体系，其内容涉及价值观念、道德精神、情感信念、行为方式等各个方面。儒学是一个包含政治、经济、军事、教育、伦理道德、自然科学等在内的庞大的文化体系，其中伦理道德是儒学最核心、最重要、最具代表性的内容。儒学大致可分为以礼为基础的伦理规范和以仁为基础的德行原则两个层面。在儒学体系中，伦理之礼与道德之仁是两个不同的维度，礼是具有外在戒律性的社会规范，仁则为蕴含内在目的性的生活意义和行为品性。从集先秦儒家之大成者董仲舒所提出的仁、义、礼、智、信“五常德”，到宋代的“八德”，即“孝、悌、忠、信、礼、义、廉、耻”，再到近现代，孙中山、蔡元培等提出“忠、孝、仁、爱、信、义、和、平”新“八德”，当时的国民政府在“八德”的基础上，加上了“礼、义、廉、耻”这“四维”，统称为“四维八德”。这些对我们今天优化新媒体时代高校思想政治教育内容建构都具有很大的启迪意义，值得我们深入发掘。人伦自觉意识的培养，便是以中华传统道德为基础。

“人伦自觉”，简要地说，是个体对人伦关系的认识和自觉。只不过这种认识和自觉，不能简单地归结于个体的认识和自觉水平，而是要求个体通过把这种认识和自觉落实于法律、道德规范影响下的身体自觉以及身体间性的互动。也就是说，“人伦自觉”是一个体现对他人的承认、回应、责任和义务的过程，同时又面向他人、尊重他人、理解他人、关爱他人，不断追求与他人、社群融为一体，从而走向更大社会认同的动态范畴。新媒体时代，是在数字技术和网络技术基础之上延伸出来的社会存在形式，它基于现实社会，但同时又是现实社会的延伸，与现实社会有着完全不同的特点。新媒体时代的到来不仅使个体的世界观、生活理念和方式发生了明显变化，而且也极大地改变了人与人之间的关系。复杂的基于现实与虚拟社会的人际关系，迫切需要引导大学生以人伦自觉来回应这种社会需要。作为调节人与人之间关系的道德伦理教育，不可避免地存在于高校思想政治教育的每一个环节及过程之中，包括处理个人与国家、社会、学校、他人及自己的关系。当前，提升大学生“人伦自觉”意识和能力，主要在于激发和调动大学生和高校思想政治教育工作者两方面的积极性，强化对大学生的人伦教育。思想政治教育内容的建构要吸收中国传统道德的合理内核，活化传统思想道德资源，塑造民族共同价值观，同时又注入时代精神，不断提升当代大学生的规则意识、“道德责任能力”以及与新媒体时代相适应的文明上网、诚信上网的意识和能力等。

3. 和谐心灵教育

“心灵”一词，有学者认为见于《隋书·经籍志》:“诗者，所以导达心灵，歌咏情志者也。”古人认为心是人的思维器官，因此把人的思想和感情都发自于内心。《诗·小雅·巧言》:“他人有心，予忖度之。”《孟子·告子上》:“心之官则思。”可见，作为人的生理器官，心其实和人的思维活动是紧密联系的。那么，什么是和谐呢？《诗经·商讼·那》:“既和且平，依我磬声。”《左传·襄》:“八年之中，九合诸侯，如乐之和，无所不谐。”《礼记·乐记》:“其声和以柔。”可见，“和谐”意指系统内各要素秩序井然、顺和流畅，没有抵触冲突和格斗纷争。心灵和谐，就是指人与自身的和谐，人自身的思维、情感与人的价值观念的和谐。在人类社会这个大的系统中，作为社会主体的具有独立特质的人在同外界交往过程中，与物质世界形成了矛盾关系，通常被认为是人与自然、社会和他人以及自身之间的关系，在这动态的关系过程中，人的心智得到了一定的磨炼，形成了具有独立人格的人。这为新媒体时代高校思想政治教育的内容结构打开了又一个思路。

心灵和谐，从个体来说，人的心灵和谐就是人的内在思想中，各种价值观念形成了彼此融合而无分裂的有机统一体；从社会系统的整体来说，指在社会制度的框架内，人能找到心灵的栖息之地，兼容他人与社会，在多元的价值取向中，有效地调整自己的价值观，明确正确的选择，并且充满信心，超越世俗羁绊，协调发展，服务社会。人生最美妙的事情莫过于精神上对现实生活美好渴望的追求，即个人意识的升华，内心世界的和谐是唯一可能进行更长久控制的途径。内心和谐是人拥有的一种特殊的能使人静心和自由的品质。内心和谐是人拥有的一种健全的能使人心理品质完善、知荣明辱的智慧，这种智慧品质教会人能自在地生活，实现人与自然、社会的浑然一体，真正实现从必然王国走向自由王国。和谐的人是全面发展的人，是一种灵性的安宁。在多元的人生道路选择面前能够毫不犹豫地走向正确之路，且充满着信心，这是心灵和谐的体现。理念决定人的态度和行为。心灵和谐的人，能以一种乐观、欣赏和创造的人生态度来经营人生，运作事业，服务社会。高校思想政治教育工作者应该有这样一份意识和责任，在构建社会主义和谐社会的进程中，心灵和谐对协调人与自然、人与社会、人与人之间关系的和谐具有重要作用。面对当前价值的多样化与信仰根基的动摇、利益的多重化与崇尚财富的心理、文化的多元化与文化的不自觉等表现，只有通过求真、求善、求美、求实，用以充实现实的人，实现人的意识变革，才是培育心灵和谐的新路径。

(二) 借鉴外国思想道德成果，赋予中华民族的文化底蕴，优化教育内容结构

思想政治教育内容的建构总是具有鲜明的开放性，面向世界的思想道德发展，是民族精神与时代精神的统一。我们所说的民族精神是一定时代的

民族精神，是符合时代潮流的民族精神，而时代精神实质上是民族精神发展到一定时代的综合表现。新媒体时代高校思想政治教育内容要大胆借鉴和吸收人类社会创造的一切文明成果，以科学的态度正确对待国外思想道德教育资源，把它作为思想政治教育内容建构的重要参照。

国外并没有提出“思想政治教育”这一概念，而是在“公民权利和义务教育”、“国民精神教育”、“道德教育”、“宗教教育”、“历史教育”的旗帜下悄无声息地进行思想政治教育。作为人类社会普遍存在的一种教育实践活动，世界上其他的国家不仅有着事实上的思想政治教育，而且有着值得我们借鉴的多种思想道德成果。古希腊的“节制、勇敢、智慧、正义”四德的品德要素结构思想，皮亚杰、科尔伯格的道德发展理论，关于知、情、意、信、行的品德过程结构等，对我国高校思想政治教育的内容结构优化都存在许多可资借鉴之处。研究世界一些国家和地区的思想政治教育还可以发现，它们大都把爱国主义教育、公民教育、国民精神教育、共同价值观教育、法制教育、宗教教育以及政治社会化、道德社会化等作为思想政治教育的重要内容。加强爱国主义教育就不约而同地成为当代世界各国的思想教育的主旋律。美国是一个移民国家，它通过爱国主义教育，形成强烈的“美利坚民族意识”。美国在中小学利用一切形式来强化“美国的意识”，国旗、国歌、总统画像这些美国国家的象征物在美国中小学几乎随处可见、可闻。美国不惜巨资修建国会大厦、白宫、华盛顿纪念堂、航天博物馆等，作为对青少年进行思想政治教育的阵地。新加坡中小学在1967年就开设了“公民课”，强调爱国、效忠和公民意识的培养。新加坡通过共同价值观的大讨论，使华人、马来人、印度人凝聚成“新加坡人”。俄罗斯在摒弃了共产主义、社会主义价值观以后，人们的信仰出现了“真空”，但他们没有争议的就是高举爱国主义旗帜。各个学校的思想政治教育，虽然没有了统一的大纲，但都没有放松爱国主义教育。在美国，其“思想工作”发挥着“思想旗帜”和“社会水泥”的作用，爱国主义、宗教凝聚、法律规范、政策调节、教育推动、社会监督、道德感召等，是其“思想工作”的主要内容和基本途径。1990年新加坡政府发表了《共同价值观白皮书》，提出了各种族都能接受的五大价值观，即“国家至上、社会为先；家庭为根，社会为本；关怀扶持，同舟共济；求同存异，协调共识；种族和谐，宗教宽容”。

思想政治教育虽然具有很强的民族性和阶级性，但随着经济和信息全球化及我国对外开放的深入发展，思想道德价值也具有越来越多的时代性和全人类性的内涵，对外国思想道德中属于人类共同心理诉求、共同审美意识、共同道德意识和情操等方面的成果，要大胆学习和有效借鉴。这样的高校思想政治教育才是具有博大胸怀和人文关怀的思想政治教育，也才能被广大学生所接受与认同。

四、技术层面：加强媒体素养教育，发挥高校思想政治教育内容结构的正能量

优化新媒体时代高校思想政治教育的内容结构，需要不断更新思想政治教育内容，实现内容结构的升级。时代的发展，社会的进步，技术水平的提高，意味着反映社会发展和人的发展需要的高校思想政治教育的内容也要不断发展和更新。

马歇尔·麦克卢汉在《理解媒介》一书中提出：媒介文化已经把传播和文化凝聚成一个动力学的过程，将每一个人都裹挟其中。新媒体以其强大的辐射力影响着人们的生存方式，对现代文化的塑造和人们价值观念的形成起到不可估量的作用。作为网民中数量最庞大的大学生，因为其知识结构的不完善、心理发展水平出现偏差以及阅读能力、社会阅历、情感特征的局限等诸多因素，导致他们缺乏辨别网络信息真伪的能力，无法准确地解读网上信息，从而容易受到负面信息的误导。生活在新媒体文化所制造的环境之中，我们必须学会生存，注重在思想政治教育进程中持续不断地倡导新媒体素养教育，使媒体素养观念和意识入脑入心，这是新媒体时代推进高校思想政治教育提质增效的一项重要战略举措。

媒体素养教育，就是指导受教育者正确理解传媒及其信息，建设性地享用媒体传播资源，培养他们具有健康的媒介解读和批判能力，使其能够在多元的媒体环境中，充分合理利用媒体资源完善自我、参与社会发展。因此，媒体素养不仅是一种知识体系，而且是一种技能、一种思维方法，是现代公民必备的基本素质。在内容结构上，积极整合资源，在当代大学生中实施媒体素养教育工程。努力提升当代大学生的媒体素养及面对媒体尤其是新媒体的各种信息时的理解能力、选择能力、评价能力、表达能力、创造能

力以及批判和鉴别能力。新媒体时代，网络、手机的互动性、随意性等特点在信息传播十分迅速、方便的同时，对广大网民和手机用户的理性思维能力、完善的知识结构提出了更高的要求。在高校思想政治教育内容结构中大力实施媒体素养教育工程，将有助于提升大学生对纷繁复杂的网络信息的准确理解、正确选择、合理评价的能力。通过对大学生进行新媒体道德规范教育，引导他们在遵纪守法、符合道德规范的要求下使用新媒体，增强其法纪观念，提高其道德素质，努力培养他们成为一定范围内有创新性的“舆论领袖”和正面信息的传播者，从而逐步形成“线上”和“线下”思想道德文明建设的合力和良性循环机制。

第八章

新媒体环境下高校思想政治教育的载体合力生成

思想政治教育载体以其特定的内涵和功能，在高校思想政治教育体系中居于重要地位。新媒体时代对高校思想政治教育的影响体现在包括载体的方方面面，加上高校思想政治教育社会化趋势的日益彰显，思想政治教育主客体及其身份呈现出多样化的趋势。为适应新情况、新变化，解决新问题，需要思想政治教育工作者以跨界思维为理性向度，创造覆盖面更广、承载信息更多的载体平台，生成新媒体高校思想政治教育载体合力，从而不断提高思想政治教育水平，增强高校思想政治教育的实效性。

第一节 新媒体环境下高校思想政治教育载体的运行现状

一、新媒体时代高校思想政治教育载体的内涵、形态及功能

学界普遍认为，“载体”最早是一个用于化学领域的科技术语，是能贮存、携带其他物体的事物。20世纪90年代，“载体”引入思想政治教育。最初，人们习惯使用“途径”、“手段”和“方法”等提法来作为思想政治教育的承载和传导过程的中介，20世纪90年代初到90年代中后期，出现了“思想政治教育载体”的概念，但在理论研究中多限于对载体种类的简单罗列。尽管目前学术界对高校思想政治教育载体的相关理论问题的研究颇为少见，也主要集中在思想政治教育载体的基本形态、特点、运用以及创新等方面，但对其研究正日益受到学术界的关注和重视。

(一) 内涵

由于思想政治教育载体是一个相对新的概念，其概念说法不一、观点也各有不同，如有的认为思想政治教育载体是一种活动或活动形式，有的认为思想政治教育载体是联结教育主体与教育客体之间的桥梁和纽带，有的认为是思想政治教育的基本要素之一，也有的认为思想政治教育载体是联结主客体的中介之一，称为“载体中介”。

对此，本书比较认同张耀灿教授关于思想政治教育载体的定义：思想政治教育载体是指在思想政治教育过程中，能承载和传递思想政治教育的内容和信息，能为思想政治教育主体所运用，促使思想政治教育主客体之间相互作用的活动形式和物质实体。对于该概念的理解，笔者以为必须把握好以下两个方面：

其一，构成思想政治教育载体必须同时具备三个基本条件。一是必须

承载思想政治教育的目的、任务、原则、内容等信息；二是能为思想政治教育工作者所运用和控制；三是必须是联系教育主体和教育客体的一种物质形式，主客体可以借此形式发生互动关系。从这层意义上来说，思想政治教育载体应该具有目的性、承载性、中介性、可控性等特征。

其二，厘清思想政治教育载体与方法之间的关系。由于在过去的研究中，人们并没有把思想政治教育载体作为独立的内容，而将其归属于思想政治教育方法，因此对思想政治教育载体概念的理解，还必须与思想政治教育方法等进行比较，厘清这二者之间的关系。方法一般是指为获得某种东西或达到某种目的而采取的手段与行为方式，表现为方式、途径、步骤、手段等形式。两者都是联系主客体的纽带，思想政治教育方法的运用必须借助载体，比如辩证法，必须以辩论活动这样的形式为载体。载体能承载思想政治教育信息和内容，而方法则不能。

(二) 形态

国内外研究中，由于分类标准不一，思想政治教育载体的基本形态也各有不同。无论是按照载体的基本物质样态划分为语言载体和行动载体，还是按思想政治教育载体历史发展来分传统载体和现代载体。或者是按照承载物的性质划分为物质载体和精神载体等，都有一个共同的缺陷，就是划分标准是依凭载体的外在形式而忽略了思想政治教育中的主体差异。笔者比较认同程静的观点：从活动主体和方式的差异性进行划分，将其划分为课程载体、活动载体、管理载体、大众传媒载体、谈话及咨询载体五大类。在对各研究进行总结归纳之后，本书认为高校思想政治教育载体的形态应该围绕思想政治教育活动过程而分类：

1. 课程载体

毋庸置疑，课堂教学是思想政治教育的渠道，是最显性的载体。这里的课程载体是指以思想政治理论课为代表的课堂教育，也包括专业课程和人文素养课程，对学生思想政治教育实行最正规的影响。课程载体具有很多明显的优势，即有明确的教育目标、内容和评价体系，载体形式相对稳定，而且有制度上的保障，等等。在当代中国，高校思想政治理论课堂是灌输马克思主义基本原理，宣传思想道德修养与法律意识、培养公民意识、树立科学的世界观、人生观、价值观的主渠道和主阵地。其它课堂除了具备传授知识的功能以外，也有意识或者无意识地贯穿和渗透出人文素养与科学精神等。

2. 物质载体

包括校园整体规划、建筑风格设计、校园景观、生态环境等的物质载体，它是大学生生活学习的空间场所，是思想政治教育主体与客体相互传递思想政治教育信息的物质内容及其手段。它因为历史传统和文化价值的积淀而承载着真朴、博大的大学精神，蕴含着巨大的潜在教育意义，这是社会和家庭所无法取代的。因此，即便在传统高校思想政治教育过程中，教育者们也会重视校园物质环境建设，注意创造积极、健康、绿色的校园物质环境，充分发挥校园物质环境对大学生思想品德与道德情操的影响力。

3. 精神（文化）载体

包括各种校园文化活动（如各级党团组织和学生组织的各类文体活动、知识竞赛活动、辩论活动等）以及谈话咨询（如心理咨询）活动，它是思想政治教育过程中相互传递信息的精神手段。把思想政治教育内容有机融入活动中，并组织学生参加各种活动，这本身就是教育的过程。能成为高校思想政治教育载体的精神文化活动，必须是融思想性、科学性、趣味性和娱乐性为一体，令学生乐于参与的活动。通过各级各类活动的参与，受教育者能在受到潜移默化的感染熏陶的同时，又学会鉴别、比较、取舍、判断等，拓展知识的深度和宽度，养成竞争意识和团队精神，形成健康快乐、自信开朗的人格品质。在这一过程中，高校思想政治教育工作者要通过有计划、有目标地加强高层次的校园文化建设，开展丰富多彩的活动，如社团活动、青年志愿者活动、社会实践活动和各种谈话咨询活动等，充分发挥精神载体的作用，使得学生在潜移默化中锻就品质人性。如果说各级各类文化精神活动载体在思想政治教育过程中是发挥了集体的教育作用，让受教育者在集体的氛围中潜移默化地受影响，那么谈话咨询活动则是个案类思想政治教育载体，因为谈话咨询是教育者与一个或者几个受教育者面对面的交谈，向其传导某种思想和观念，集中帮助解决某种思想问题或认识问题的一种教育形式。其特点为针对性、互动性强，反馈快、技巧性的谈话能将思想政治教育从宏大的叙事转化为深入细致的关怀，直击谈话对象心中的柔软，通过谈话咨询活动能进行适度的心理调适，优化受教育者的心理素质。

4. 管理（制度）载体

陈万柏教授认为，管理载体即“以管理为载体”之意，是指寓思想政治教育内容于管理活动之中并与管理手段相配合，以达到提高人们思想道德素质、规范人们行为、调动人们生产、工作、学习积极性的目的。这里的制度载体主要是指学校的管理制度（包括管理制度所投射的管理理念、所使用的管理手段等）和管理体制所折射出来的服务工作，包括教学管理、班级管理、宿舍管理、日常行为管理。其特点为具有一定的强制性和规范性，教育过程有明显的行政权威和制度威慑力的存在，教育者对载体的运用主要依托组织进行，依托组织纪律和规章制度，以书面的或者条文的形式表现出来，并具有经常性，致力于人的日常行为规范的养成。管理是一门科学，也是一门艺术，科学、民主、公平、规范的管理，本身就是一种思想政治教育。比如，考试作弊行为，其实所反映出来的是诚信问题，通过加强管理，则会得到有效的控制。

为有效运用管理载体，充分发挥其在高校思想政治教育中的作用，首先要提高自觉性，这就要求教育者要主动意识到管理是教育的载体并有效地加以运用，遵循思想政治教育的规律，从而提高管理水平。同时，因为覆盖高校教学生活等各个方面的优质的服务，会激发师生共同的力量，增强师生的归属感和对学校的认同感，这将有利于思想政治教育工作的开展。

5. 传媒载体

这里所说的传媒载体是指大众传媒向广大受众传播思想政治教育内容，使其在接受广泛信息的同时，受到思想政治教育。它包括传统大众传媒即广播、电视、书籍、杂志、电影、音像制品等，尤其包括新媒体。传媒载体形式众多，超越时空，给教育者和受教者以无限大的选择和加工余地。美国政治学家李普曼指出：我们的“身外世界”即现实环境越来越广阔，人们已经很难直接去亲身体验它、理解它，现实环境已经成为“不可触、不可见、不可思议”的环境。此处的环境，其实也就是说由新媒体所创造的虚拟的“媒介环境”，人们在这里看到的是被传媒理解和演绎过了的世界。对于大学生而言，他们对社会现实的理解更依赖于传媒，尤其是新媒体，新的历史时期，新媒体载体越来越成为高校思想政治教育理论研究所关注的热点和实践运用的重要载体形式。

(三) 功能

在新媒体时代，高校思想政治教育载体是为思想政治教育工作者实现高校思想政治教育目标，完成相应的思想政治教育任务服务的。它在高校思想政治教育活动中，具有纽带、反馈、强化、渗透、储存、证实等功能。

1. 纽带功能

高校思想政治教育作为一种教育活动，需要有一种纽带把思想政治教育主客体有机结合起来，这种纽带就是高校思想政治教育载体。无论是校园网，还是校报校刊、学生管理、校园文化，高校思想政治教育工作者都能通过这些载体把高校思想政治教育的内涵传递给学生，使高校思想政治教育内容和信息作用于学生。没有这些载体，高校思想政治教育工作者和学生的关系就会断裂，无法实现二者的沟通和互动，教育内容自然无法传输给学生，思想政治教育的作用也无法发挥出来。

2. 反馈功能

高校思想政治教育的效果如何，大学生对此如何反应，这是高校思想政治教育工作者必须清楚知道的。要了解学生的不同反应，就要重视高校思想政治教育载体的反馈功能。通过思想政治教育载体反馈功能的发挥，使思想政治教育工作者知晓各种反馈信息，了解思想政治教育的效果，不断改善思想政治教育的内容、方法和手段，使之更加适应大学生的发展。比如，通过统计浏览网站的人数，可以看出学生对网站是否喜欢、哪些网上活动受学生欢迎；通过了解参加社团的人数，可以推测某个社团的思想政治教育是否成功；通过学生听课的反应，可以知道学生对课堂教育的认可程度。

3. 强化功能

高校思想政治教育具有很强的导向性，能通过有计划、有目的地实施思想政治教育，使大学生在区分正确与错误、正义与邪恶的基础上，肯定、弘扬真善美，辨明、批评、鞭挞假丑恶，引导学生思想朝着健康的方向发展。但是，需要指出的是，思想政治教育不是一次性教育，受教育者不是一次性接受教育内容，教育效果也不是一次性显现，而是需要借助思想政治教育载体反复强化，重复进行，才能确保学生受到深刻教育。载体的多样性又使载体的作用方式具有交叉性。同一主题的内容通过某一载体传向学生时，其他载体也能对学生产生作用和影响。比如，用广播进行集体主义教育时，网络、电视、课堂都在围绕这一主题开展，学生受到立体的、全方位的教育，受到反复的潜移默化的教育，从而达到思想政治教育目的。

4. 渗透功能

高校思想政治教育载体是高校思想政治教育工作者与大学生的中介，同时又承载着思想政治教育内容和信息。许多思想政治教育载体是直接显性地对学生进行正面的宣传教育，而另一些载体的形式、作用方式和影响则是隐性的，不容易为学生感官直接感知，如校园文化载体、活动载体等。大学生们在生活、娱乐、交往中不知不觉受到熏陶，逐渐接受思想政治教育的内容和信息，并运用到专业学习和社会实践中，内化为自己的思想品德，最终转化为自觉行为反映出来。

5. 储存功能

高校思想政治教育载体作为联结思想政治教育活动中主客体之间的桥梁，能将思想政治教育信息储存起来。比如，思想政治教育物质载体能够将爱国主义的历史和现实信息以文字、图片、声音、画面等一定的形式储存起来。当教育主体运用它进行爱国主义教育时，这些载体所储存的有关爱国主义教育的思想信息就能通过报刊、书籍、电影、电视、广播、网络等媒介传导出来，作用于不同的学生。

6. 证实功能

高校思想政治教育载体不仅能够将高校思想政治教育的要求、内容和信息进行跨时空的传递，还能将活生生的事物或某项活动过程呈现在人们面前，用以证实某种思想存在的真实性，证实教育内容的真实性，增强教育对象接受教育信息的真实感。特别是电视、电影、网络等传媒载体在这方面的作用非常明显和突出。历史文物、历史古迹、文化遗址、历史书籍等物质载体，还能成为证实思想政治教育内容存在于世的物证，给予学生直观真切的教育影响。

二、对传统思想政治教育载体运行有效性的追问

高校思想政治教育载体与思想政治教育过程密不可分，当前高校思想政治教育载体建设的成就突出，如多样化的形式，人性化的建设与管理，职

业化的队伍建设等。但由于思想政治教育工作者对载体的作用和功能缺乏清晰明确的认识，因而出现运行中的缺失也是必然的，主要表现在：

（一）各种载体作用力分散状态明显，导致了高校思想政治教育载体整体性功能的分化

思想政治教育系统是一个整体而非局部、开放而非封闭、动态而非静态的特殊生态系统。这个过程并不是简单地依靠思想政治理论课或者单纯的几次校园文化活动就能产生效果的。而各载体力量间各自条块分割的问题明显，不同力量间缺乏彼此的呼应和配合，常常表现出自发、无序等离散状态，结构分布也并不合理。比如，作为思想政治教育主渠道的课堂教育，缺乏针对大学生个人的关怀和个性心理的关注，再加上教学方法的传统与教学手段的单调，学生作为完全被动的受教育者，易于产生抵触心理，因而其功能并不能完全得到发挥。因此，整合各种载体力量，形成“载体合力”，正是对这一时代图景的回应。

（二）一定程度的盲目跟风，导致了高校思想政治教育实效的弱化

20世纪90年代以来，随着高校思想政治教育载体研究的逐步深入，思想政治教育载体的地位逐渐被人们所认知。但由于思想政治教育载体理论研究的滞后，加之思想政治教育工作者运用载体的能力欠缺等因素，导致思想政治教育载体在运行过程中存在较大的盲目跟风和随意运用，影响了思想政治教育载体功能的发挥。主要表现在新媒体的运用上，很多思想政治教育工作者授课热衷于网络上流行的视频和话题，或者只是机械地阅读课件，而不作深层次的讲解，课后通过QQ等通信工具，取代传统有效的谈话和咨询载体，弱化了高校思想政治教育的效果。

（三）对新媒体及其在教育系统中的作用认识不足，导致了新载体形态的挖掘不够

一方面，新媒体以其传播快捷、检索便捷、传播的交互性和方式的多样性而受到一定的关注，正在被高校思想教育工作者广泛运用；但另一方面，人们淡化了新媒体需要一定的技术投资和相关人员的观念更新，尤其是新媒体所带来的各种负面影响也是客观存在的，对此要有足够的认识，采取必要

的规避措施，使其积极作用达到更广层面上的发挥。对新媒体在思想政治教育的认识上要在与传统媒体的比较中进行。

(四) 思想政治教育传统传媒载体在新媒体时代出现的盲点

长期以来，传统媒体存在重主流而忽视非主流、重单向传输而轻视互动对话的倾向，阻碍了其影响力。正统和权威性是作为主流的传统媒体的突出特征，将重要的传播内容和口径对受众进行信息的灌输，这在新媒体时代信息的海量性及受众选择和接受信息的需求多样性的背景下，难以控制其接受度和认可度。对不同的受众群体来说，传播信息的内容是否有价值或者有多高的价值才是他们信息取舍的基本判定。因此，传统媒体的定位，不应该是主流和非主流的区别，而应该是媒体的品位和受众目标选定的价值定位。以思想政治理论课的教材为例，不可否认的是大学生对教材的兴趣不大，甚至是持有适当的反感情绪。二八定律在这里同样可以得到体现，现代大学生更热衷于出现在传统媒体之外的80%的非主流信息上，因此，高校思想政治教育要关注新媒体时代不断扩大和精准传播的80%的信息对学生的吸引力。此外，传统媒体因为客观上存在的原因（因技术等因素反馈难以迅速实现）及话语权的绝对掌控，使得现代大学生对其接触量越发减少，纸质传媒和广播电视传媒对大学生的影响越来越小。反之，新媒体信息的传播对大学生的吸引力会越来越大，并更容易被接受。

(五) 市场经济场域中媒体的公信力和信誉度，考验着高校思想政治教育工作媒体环境

当前，在商业化浪潮中，有一些传媒由于社会责任感和人文精神的缺失，往往缺少中肯的观点评论、深度的创意和人性化的活动建设，在不同程度上出现了空洞虚无、低俗、媚俗、庸俗的现象，不仅影响了自身的美誉度，也容易让受众对包括新媒体在内的媒体失去信任。

总之，新媒体时代，高校思想政治教育的载体运行也是一个系统，在这个系统过程中，呈现出三个比较突出的情况：一是单个载体的有效性问题；二是载体的综合协调性问题；三是新的载体的挖掘度不够。因此，需要我们以系统发展眼光和跨界的思维，结合实际，打造一个合力平台，以最高效地

发挥高校思想政治教育载体的作用。

第二节　新媒体环境下高校思想政治教育载体合力的生成理论

新媒体时代高校思想政治教育载体运行情况不甚理想，影响到思想政治教育的实效，因此，要开动脑筋，转变思想，一方面体现整体性原则，实现载体的整合；另一方面，寻求新的突破口，发挥新媒体平台的作用，形成一个载体合力的平台。

一、新媒体时代高校思想政治教育载体合力生成的理论支撑

思想政治教育是一个系统的过程，因此，系统论为思想政治教育载体合力生成理论的形成奠定了基本理论基础。系统论认为，要素是指构成系统的要件和因素。系统和要素之间是整体与部分的关系，各要素相互作用，共同形成系统对外输出信息和能量。寻求解决以上问题的对策之前，需要对思想政治教育载体的生成理路进行科学定位。张耀灿的《现代思想政治教育学》的基本观点是：思想政治教育系统的构成要素是思想政治教育主体、思想政治教育客体、思想政治教育介体和思想政治教育环体。其中，介体包括内容、方法和载体。共同构成思想政治教育主客体相互联系和作用的中介要素。介体的这三个组成部分在思政中起着不同的作用，内容是传递的信息，方法是教育主客体之间相互作用的手段的总和，载体是承载思想政治教育内容，并促进传播与交流，这三个组成部分之间相互联系，有机统一。坚持系统性原则，就是要把思想政治教育载体视作一个系统，并力图将其组成要素按某种结构方式建构成整体大于部分之总和的有机体。当教育者、教育对象、教育内容和方法等要素都独立存在、无相互联系时，现实的教育活动就无法实施，只有当这些要素相互联系、相互作用时，才会产生现实的活动，成为教育的现实表现形式。同样，只是以某一种载体形态进行思想政治教育，单打一，势必会事倍功半。鉴于系统论的基本观点即整体性观点、动态观点、联系观点、结构观点和调控性观点，不难得出：单个的思想政治教育

载体的运行效力必然小于整体，只有“合力”才会使思想政治教育载体发挥最大的运行效力。“合力”就是作用在物体上所有的力产生的总的效果，“载体合力”则是借助多种载体并进行整合而实现“合力”推送。

二、新媒体为“载体合力”的生成理路提供可能

与传统媒体相比，新媒体在打造思想政治教育“载体合力”方面更具优势：

(一) 新媒体能够为高校思想政治教育提供共享的平台，使得“合力影响”得以扩张

从技术层面上来说，新媒体工具的先进性、形式的多样性和宽广的选择空间，使它成为具有不同传播目的各种传播者不约而同地工具选择。媒体工具转变为各种影响力量都可共享的信息平台，这为形成合力提供了信息资源和工具上的便利。比如，思想政治课堂教学，可以引用先进的多媒体技术，也可以链接网上诸如视频公开课的资源，还可以在线讨论和交流，发挥施教者和受教育者的主体作用，从而改变传统教学中的单一的方式，形成“学导多元互动模式”。

(二) 新媒体能够吸引更多的教育者和受教育者，使得受教育者的参与度得以增强

使用新媒体，只要拥有一个信息终端，就可以发帖子、发短信、发微信、QQ 聊天、写(微)博客，以及转发各种信息，甚至网络游戏都可用以进行思想政治教育。既可以纳入正式思想政治渠道，成为学校行为，也可以是学生或者施教者的个人行为，成本都很低。同时，在互动过程中，受教育者在进行提出反馈意见等活动时，因为只要拥有一个客户终端，隐蔽性增强，因此享有更大的安全保障可能。从这点考虑，基于全体师生的广义的思想政治教育会变得越来越强势。

(三) 新媒体能够加速信息的传播与扩散，使得思想政治教育的渗透性得以提升

新媒体兼具了人际传播与大众传播的功能，而且还具有强大的信息整

合能力，能通过“资源共享”或者“媒体联动”等方式来加快信息汇集，加速信息的传播和扩散。随着宽带网络的普及，新媒体意味着能集成视频、音频于一体的网络型信息传播方式的普及应用，以期实现强劲的视觉冲击力、强大的数据库和精准的信息搜索能力，这些都会成为新媒体的优势凸显其信息选择、信息集成、信息整合、信息优化、信息运用、信息互动传播等强大生命力。比如，汶川地震中“大爱思想”的传播、民族凝聚力的延伸都体现了新媒体的威力，从而在瞬间加速了载体运行的功能。

三、“载体合力”的生成理路及特征

鉴于以上对当前高校思想政治教育载体运行的追问和反思，笔者认为新媒体时代高校思想政治教育工作的开展，应以跨界思维为起点，坚持继承与创新、形式多样和统筹协调的原则，在实践的基础上，坚持以大学生为本、以各项活动为主导，加强信息沟通、资源整合，充分发挥各种思想政治教育载体的作用，使之形成强大的“载体合力”。同时考虑到新媒体对大学生的影响，要充分挖掘新媒体平台的作用，寻求新的载体形式，以充分发挥新媒体载体的效应。

“载体合力”的生成理路因新媒体而具有如下特征：

1. 体现了高校思想政治教育载体运行过程的系统性

长期的工作实践，将思想政治教育载体按照不同的划分标准区分出不同类型或部分，但这种区分只是形式上的区分，在实践中，虽然在实施教育过程中，各有特点，对思想政治教育的作用各有千秋，但是它们之间是无法分割的。一般来说，在这一模式中，课程载体是主渠道或者主阵地，物质载体是基石，精神（文化）载体是动力，制度载体是保障，传媒载体是平台，它们相互影响、相互作用，从而构成了高校思想政治教育载体的有机整体。

2. 体现了高校思想政治教育载体资源共享性

新媒体时代的高校思想政治教育，应该树立一种载体合力观。在具体的情景下，不同的载体形态可形成主导性载体因素、辅助性载体因素等层次性系统。即使在一个思想政治教育载体子系统中，也可以呈现出一定的层次性系统。新媒体载体与其他载体看似相互独立，并且是载体中的层次性系统，但它们之间实际上又由一根鸿线联结在一起，这就是以人为中心、以各项教育活动为主导来进行排列与分类，在共同目的驱动下，发挥其所具有的图文并茂、声情融会、快速传播、交流便捷的优势，能够更好地推进各种载体之间的多元互动、资源共享和信息交流，能够将各种载体的系统性凝聚成强大的“合力”。基于此，高校思想政治教育工作者要善于把握载体的系统性，通过整合各种载体资源，运用载体综合效应，以增强思想政治教育的效果。比如，南京近两年开办的“舌战金陵”风暴栏目，由江苏新闻广播联合南京大学、河海大学、南京师范大学、南京航空航天大学共同举办，它以资深新闻媒体评论员或大学教授与各高校大学生辩手之间的精英辩论联赛形式出现，掀起了一轮又一轮的旋风，深受大学生喜爱。由于贴合学生生活的选题、前期的宣传、过程中的精彩辩论和专家的点评，给大学生和社会以一次又一次的惊喜，产生了广泛的影响和良好的效果。很显然，这种形式离不开模式中各类载体的发挥运用，传媒特别是诸如微博等新媒体提供了一个虚拟但却事实存在的平台，实现了资源的共享。

3. 体现了思想政治教育主体的可控性

传统思想政治教育载体借助于新媒体，搭建了一个基本的平台，发挥着其积极的作用。通过各类课件制作、发帖子、电子邮件、短信、微博、微信、网上聊天、网上访谈讨论以及博客和播客等工具的使用，使思想政治教育载体能为教育主体所把握和操作，能够实现思想政治教育的目的，能够将教育主体的要求转化为教育客体的思想意识和行为习惯，从而成为思想政治教育过程中的一个自觉、有为的要素。

4. 体现了教育者和受教育者之间的平等性

新媒体时代，教育者和受教育者因新媒体而享有最多的主动权和话语权，体现了教育者与受教育者之间的平等性，共享平台充分实现了教育者与受教育者共同参与、双向互动的教育活动过程。在这一过程中，载体的传播、有效反馈等作用和功能也显而易见，其传播功能是指在思想政治教育主体与客体之间或教育过程中的双方信息的传递沟通功能；反馈功能是教育者和受教育者在互动过程中的效果评价与检测，不仅能促进教育者及时总结与反思，也能激发学生自主学习，个人在其思想意识形成过程中，并不是消极地接受外部信息，而是主动积极摄取。这种建立在双方的充分理解、信任和尊重基础上的传播与反馈，在个人的成长过程中实现了相互启发、相互影响、教学相长，共同进步的效果。而边界开放、容量无限、形式多样的新媒体，则为高校思想政治教育主客体之间提供了更多的主动权和话语权，使这种平等性更具可能。

5. 体现了思想政治教育工作的时代性

新媒体拓展了高校思想政治教育时间和空间，体现了思想政治教育的时代性。作为思想政治教育客体的当代大学生尤其关注并热衷于接受新事物。与传统思想政治教育阵地相对固定、覆盖面窄、信息资源滞后的局限相比，新媒体具有最先拥有新信息、新资源和最先关注社会热点、体现时代气息等优势，成为开展大学生思想政治教育最具时代性的新阵地。因此，思想政治教育工作者必须充分利用新媒体技术，密切洞悉生活中的变化，尤其是要对那些反映时代特征的活动形式和内容予以格外关注，并结合思想政治教育的目标加以整合，将其纳入思想政治教育活动过程中，使高校思想政治教育更具时代性。

第三节　新媒体环境下高校思想政治教育载体合力的动态生成

新媒体时代高校思想政治教育载体合力的形成，是一个动态生成的过程，既要继承，又要创新。

一、载体合力生成的基本原则

在新媒体技术飞速发展和广泛应用的背景下，如何利用好网络的优势、消解网络的不利因素，实现高校思想政治教育载体合力的形成，必须把握好以下几个原则：

（一）发展创新与继承传统相结合的原则

思想政治教育载体不可能墨守成规，必须开拓创新、推陈出新、与时俱进，使之具有强烈的时代性特征。发掘新的载体，一方面在于利用人的新活动方式，如在新媒体技术背景下，我们要发掘利用网络载体，利用新媒体平台开展思想政治教育；另一方面还应该对已有载体加以改善，又称载体嫁接。载体嫁接是通过把一种载体嫁接在另一种载体上，形成一种复合载体发挥作用。这是不同于载体间互动的。例如，将传统的课程载体和现代的网络载体进行嫁接，形成新的载体；将网络载体与心理咨询载体进行嫁接，开展网络心理咨询等活动。发展的基础是去其糟粕，取其精华。对那些在长期的探索实践中，已经形成的一些实用有效的载体，应该合理继承；对一些传统载体在新的形势下，出现了不适应或者不全面等情况，应当对它们去其糟粕，加以适当的修改和优化，使它们重新拥有价值。这样一来，我们就可以在不断发展创新思想政治教育载体的同时，良好地继承传统的思想政治教育载体手段。

（二）形式多样与系统统筹相结合的原则

思想政治教育的载体多种多样，在具体的工作中，教育者应该解放思想、不拘一格，努力开拓新的思想政治教育方式，采用不同的方法和手段开展思想政治教育，使思想政治教育百花齐放。由于载体合力对思想政治教育效果具有一定的影响，所以在实施思想政治教育的过程中，我们也要坚持系统性原则，就是要把思想政治教育载体视为一个系统，并力求将其组成要素按某种方式建构成整体大于部分之总和的有机体。因此，必须整合各种载体资源，通过改进优化或设计创新，充分发挥载体的综合效应，建立起不同载体间密不可分、相互作用、相互联系的有效机制，从而使载体系统产生更大的效应，更加积极地发挥各项载体的合力，促使思想政治教育效果最大化。

（三）大胆尝试与谨慎评价相结合的原则

思想政治教育是否成功，各种教育载体的设计和运用是否成功，关键都在于大学生是否真正受到了教育。我们在对各种思想政治教育载体进行大胆尝试的过程中，必须要对各项载体的使用状况、成效大小进行小心、细致、严谨的评价，在客观条件基础上建立起一整套科学的评价体系和评价机制，使我们能够对思想政治教育的效果随时进行比较准确的评估，为下一步的改革提供依据，避免载体建设中的形式主义，即只管跟风求新、不求实用有效地建设新的载体，或者开展了某些意义不大的活动，然而实际上却是

“穿新鞋，走老路”，完全忽视教育的实际效果。

(四) 虚拟性与现实性相结合的原则

网络为人们的实践活动提供了一个虚拟空间，与现实空间之间具有一定的差异性；同时，网络与现实社会之间存在着联系性和互动性，这种联系性和互动性统一于共同的实践主体。高校的思想政治教育网络阵地只有和现实成功对接，才有可能真正达到帮助广大青年学生健康成长的作用和效果。构建高校思想政治教育网络载体必须充分考虑虚拟性与现实性的互动关系，所以要努力开展校园文化的建设，营造良好的现实学习交流环境，保证学生不至于长期地沉溺在网络虚拟环境中，以至于导致现实学习生活中出现不良反应。教育者要注意科学有效地利用现实生活中的一些积极因素，使虚拟的网络和真正的现实之间能够和谐地交接转换，把网上的虚拟和网下的真实有机地结合起来，以形成网上网下育人合力。

(五) 科学精神与人本主义相结合的原则

马克思主义人学理论的本质和核心是人的全面发展，这也是思想政治教育载体的具体要求和体现。思想政治教育载体在运用的过程中，必须切实贯彻以人为本的原则，提高人的主体意识，加强受教育者的参与程度，发展教育者与教育对象的互相联系与互动，保证载体作用的更好发挥。因此，在载体的设计和选择方面，应尽量贴近现实、贴近生活、贴近校园，不断提高思想政治教育的针对性、实效性，增强思想政治教育的号召力、感染力、吸引力。同时，要提高学生的自主能动性，依靠并相信学生，拓展载体形式，创造并保证一种最佳的自主参与前提。

二、载体合力生成的路径选择

加强高校思想政治教育载体合力建设，需要坚持继承与创新，从以下几个方面着手：

(一) 在课程载体方面，充分发挥新媒体的话语权，完善学习资源内容的设计，打造“网络教学平台和教学资源中心”

课程载体具有很强的稳定性和权威性，教育者的主导性比较强，并有科学的体系和一整套教学评价系统。因此，要沿袭和演绎传统的课程载体的运行方式，发挥理论灌输的作用，但同时，要擅用新媒体技术，使理论灌输富有新意。

1. 鉴于新媒体的影响力，进行学习资源内容的设计

思想政治教育内容涉及的面比较广，其学习资源内容可从政治层面、思想层面、文化层面上来设计。为方便设计，可以将课程载体的设计分为主干内容设计、辅助内容设计和扩展内容设计。主干内容设计是所传授的核心内容，它是指《思想道德修养与法律基础》《中国近现代史纲》《马克思主义基本原理概论》《毛泽东思想和中国特色社会主义理论概论》等课程。针对这些政治理论课程的特点，即政治性、思想性比较强，可以在网上以文本、图形、图像、音频和视频等多种现代手段凸显出来，化抽象为具体，变枯燥为情趣，使之成为大学生乐于主动接受的思想政治教育主阵地和主课堂。辅助内容设计则包括与主干内容相关的背景知识介绍、评述、阐述，如教案、参考资料、典型案例以及与其相关的链接网站等。扩展内容设计包括指导、帮助、测试和讨论等，如新观点、优秀成果、名师讲座、道德讲堂等。通过精心设计和完善学习资源内容，实现课堂教学和互动，让思想政治教育如润物细无声般进网络、入头脑。

2. 创新教学方法和手段

课堂教学重点解决青年学生的深层思想问题，这种深层次的理论是活动无法完全实现的，必须要依靠具有一定理论深度的系统的课程教育来对大学生进行正确的引导，用科学的理论武装人，用深刻的道理说服人，来帮助大学生正确运用马克思主义理论解决现实生活学习中遇到的种种问题。大学生的思想普遍比较活跃，而且需求多样多层，传统的“满堂灌”、“填鸭式”的教学方法很难再吸引学生的注意力，无法让学生对教育的内容感兴趣，所以，思想政治教育理论课的教学方法必须要进行改革和创新，转灌输、封闭和被动型教学为引导、开放和主动型教学。教育者要针对学生的身心发展特点和实际需求，针对不同时期和不同阶段的学生所面临的不同问题，开展教学，以便更好地激发学生的学习兴趣。当然，形式多样是必要的，各种类型的教学活动如演讲朗诵会、辩论赛、分组讨论、撰写论文等形式，将会让学生动起来，使学生在充满兴趣、积极思考的氛围中掌握所学知识。另外，思

想政治教育课程载体，并不仅仅是思想政治理论课所承担的责任，专业课的教学理所当然在除了传授知识以外，也应有机融入思想政治教育内容，如在专业课程中，适时加强团队精神、奋斗精神、科学精神、人文精神及创新思维等内容的教育渗透。

(二) 在物质载体和管理载体方面，建立导航系统，打造特色网站，增强思想政治教育辐射力

这里的导航系统包括内容检索和路径指引，将学校物质要素（校园风貌、建筑风格）、制度要素（管理与服务）与学生共享。其主要的方式是打造特色网站，如在校园网上建立“图片鉴赏”和“视频新闻”，可以将静态的学院风貌和建筑风格等以直观的视觉冲击展现出来，传递大学的文化与精神。通过图片的点击，能够以其直观性和超语言性潜移默化地影响学生的价值观、人生观和道德情感，有利于学生在不知不觉间受到感染和熏陶，启迪学生的理性，激励学生的意志，督促他们自觉地修身立德。通过“学校管理和制度”栏目的建立，以公开的方式让学生体验学校管理制度中体现“依法治校”理念，有利于培养学生的法治观念，养成学生遵纪守法的习惯。这一过程本身就是高校重要的隐性思想政治教育方式。

(三) 在校园文化与社团活动的建设和开展方面，充分发挥新媒体优势，促进大学生的精神升华

校园文化是以学生为主体，以课外活动为主要内容，而开展一定的积极向上的校园文化活动。和谐而健康的校园文化对于净化学生的心灵，美化学生的行为起着很大的作用。新媒体语境下，高校文化建设需要将新媒体文化建设纳入校园文化建设中，拓展校园文化内涵，延伸校园文化功能。通过不断改进和加强大学生思想政治教育的信息化、数字化、网络化和多渠道建设，促进思想政治教育与新媒体价值影响的相互协调，形成高校校园文化建设和大学生思想政治教育之间的信息回路和资源整合，更好地营造健康向上、活泼生动的校园文化氛围。如在传统的校园文化即学术讲座、艺术交流、娱乐文化、辩论演讲、游戏竞技等活动过程中，大学生的风采会凸显出来，将这些彰显大学精神的鲜活的材料和生活在身边的优秀大学生先进材料

及时地挂到网上，成为众人点击的目标，不仅发挥了榜样的育人作用，更使得这浓厚的校园文化氛围在不知不觉中提升健康、高雅的人格。

（四）在教育者团队建设方面，利用新媒体与学生进行亲密接触，通过师生的共鸣和认同，增强思想政治教育的实际效果

施教者对受教者的影响在于自身的理论水平和个人魅力，而这些源于教师、班主任和辅导员等的道德和学识力量。传统的谈话和咨询活动延伸到这一模式上，则表现为教师和辅导员个人通过开设空间，撰写博客文章，上传学习辅导材料、讨论话题等，在网上公开自己的 QQ、微信等联系方式，建立 QQ 群，与学生进行心灵接触，保持信息快捷传递和工作通道的有序畅通。教师应以“学高为师，身正为范”为准则，通过经营个人空间和撰写博客文章等手段，彰显自身的政治理论素养和从事思想政治教育的基本能力，内强素质外树形象，不断以自己正确的政治方向、高尚的道德情操、严谨的治学态度和独特的人格魅力，影响和带动学生锻就高尚的品质，使他们自发地在内心深处激起同样的心理体验和理性反思，形成共鸣状态，这对思想政治教育整个过程来说，会产生一种神奇的效果。

（五）在师生对话交流方面，通过“心灵家园”等论坛的建立，搭建与学生心灵沟通的桥梁

教育即生活。在复杂的多元化背景下的“80 后”、“90 后”的个性张扬的大学生，遇到郁闷、烦躁、人际交往方面的困惑，并不太愿直接面对面地和老师交流，类似“心灵家园”这样的心理咨询场所即是很好的心理医生，通过在线交流，积极引导大学生树立正确的健康的生活观、人际观，帮助排解心中的纠结。学校应充分利用网站最具有活力的 BBS 版块，深入研究其中的舆论规律，坚持及时性、正面性、柔和性的教育原则，重视发挥 BBS 的引导功能。针对 BBS 中出现的各种舆论，及时分析事件的性质、真相以及帖子本身包含的情绪，并对此作出合理反应，正面引导，解决问题。如果高校党政领导经常登录网站，以普通用户身份用一种柔和的方式与学生进行在线交流，积极采纳学生提出的合理意见，认真解决实际存在的问题，那么现实可能激化的矛盾就会在网上得到有效化解，这是高校思想政治教育工作

的一个新渠道。时尚新潮的QQ群、微信群共享，则给大学生提供了一个大众交流的空间，由于能够保持信息快捷传递和工作有效布置推进，其触角已经延伸到学生心灵深处，成为大学生学习、生活不可或缺的良师益友，学生和老师的共同参与，为及时了解和解决学生学习、生活中的实际问题创造了条件，真正在虚拟的网络世界里架起一座真实的师生心理沟通的桥梁。

(六) 在师生个人素养方面，注重培养和提高资讯素养，释放“载体合力”的能量，创建交互式学习环境

这里所说的交互式学习环境是指在线论坛、网络日志和交互空间等。资讯素养的主体不仅仅囿于学生，也包括教育工作者和管理人员。因为，这里所强调的基于新媒体语境的思想政治教育载体合力，是整合思想政治教育各种载体形成合力的前提条件。“资讯素养”是一个自21世纪开始兴起的新名词，是一种知识管理的策略，使人能够更有效地选择、寻找及评估传统或网上资源的技巧。它不仅为知识获得者提供了一个建立知识的框架，更强调在知识习得过程中的品德教育。新媒体的出现，为大众表达自己的声音提供了方便，从而使我们日常可以接触的资讯突然大幅增长。面对这高速及大量的资讯，我们应该确认所需用的资讯，并筹划如何寻获。所以，作为一个资讯素养人，需要知道为何、何时及如何使用各种不同的资讯工具，并对所获取的资讯作出批判性思考。只有这样，才能轻松驾驭浩瀚的网络资源，为创建交互式学习环境做准备。

三、载体合力生成的功能延伸

新媒体时代，新媒体技术的广泛应用是主流趋势，作为高校思想政治教育工作者，一方面，要探索挖掘大学生思想政治教育与新媒体技术的结合点，积极主动开辟思想政治教育新途径。另一方面，还要主动争取和抢占新媒体阵地，使思想政治教育借助新媒体的技术优势更加广泛深入地传播，更加方便快捷地为大学生们服务，真正深入大学生的内心，切实起到净化大学生心灵，成为具有良好道德品质的人。

(一) 充分运用新媒体载体合力的功能

1. 校园网建设

新媒体环境下，抢占新阵地最为直接、方便、快捷、有效的举措是校园网建设。把高校校园网打造成弘扬主旋律和传播先进文化的重要平台，充分发挥校园网络阵地的作用，加强大学生思想政治教育的重要阵地和全面服务大学生的重要渠道，有效引导大学生成长成才成人，是高校思想政治教育工作者走近学生的一项重要工程。为能够真正成为大学生思想政治教育的通道，必须对校园网的性质、功能等进行定位，校园网首先应该成为大学生们信息共享、查阅资料、经验交流、在线学习、情感诉求的服务性平台，在此基础上，校园网承担着高校思想政治教育的功能和责任。因此，进行校园网建设，需要把握好以下几点：

关注学生需求，发挥校园网服务功能。新媒体时代，学校校园网应该成为主流渠道，利用校园网进行思想政治教育已经成为一种最为方便快捷的思想政治教育渠道。校园网不仅仅具有发通知、查学习成绩的作用，这个网站，应该是一个融知识性、趣味性、思想性和关怀性于一体的平台，是一个服务功能强、覆盖面广、信息量大的思想教育平台。在这里，大学生们不仅可以获取他们生活、学习所必需的信息，还可以充实他们的精神文化生活。

建设校园网站的子网（思想政治教育红网），开辟思想政治教育的特色专栏。专业的思想政治教育网站可以依托专题的网站来建立，只有专题性质的网站才能够实现，这是因为专题网站能将党的基本理论、路线、方针、政策等引入对大学生的思想政治教育中，在唱响主旋律的同时，可以通过生动活泼的案例，引导大学生树立社会主义理想信念，引导他们健康成长成才。

及时更新和补充信息资源，吸引学生主动点击。新媒体时代，信息呈现裂变趋势，校园网要留住学生，需要积极建设和适时补充包括教学软件库、素材库的网络课程库；同时，要针对学生的学习生活、心理咨询、就业指导等方面展开网上交流，还可以借助网络媒体开展网络学术交流、科技交流、娱乐活动、艺术探讨等丰富多彩的校园活动。校园网致力于为师生之间的学习交流互动搭建一个便利的平台，切实拉近了师生之间的距离，为高效地发现和解决学生的相关学习生活问题和心理问题提供了便利。

发挥学生主体作用，积极投身校园网建设。校园网建设并不只是学校和教育者的事情，学生作为校园网的主要服务对象，同时也是校园网的主人翁，也应该积极地参与到校园网的建设中去，积极鼓励大家完成自我参与、自主建设、自主管理、自我维护、自我完善。通过参与校园网的建设，着力培养学生参与校园网建设的激情与热情，既能利用网络资源对学生进行思想政治教育，又能以学生的智慧推动校园网建设向全方位、高层次的方向发展。

关注校园网络舆情，正面引导网络舆论。新媒体之所以那么受欢迎，是因为新媒体传播是带着思想的传播，受众已经学会从单纯的被动接受信息转变为主动接受和参与，并且会对自己感兴趣的话题进行跟帖，表达自己的观点，或支持或反对或质疑或同情等。所以要密切关注网上动态，了解大学生思想状况，把握校园网舆情，积极引导校园网的舆论方向，理性分析判断，对于负面的不良信息要努力消除影响，避免对大学生的思想造成腐蚀，影响其健康成长。

充分运用包括法律、行政、技术在内的各种手段，对校园网进行严格管理。由于新媒体存在极高的开放性、极强的交互性、传播多媒体化，使得媒体的管理变得十分复杂。因此，需要认真学习国家关于互联网管理的各项法律法规、各项规章制度，运用技术、行政和法律手段，对校园网进行科学管理，严防各种有害信息在网上传播。要定期开展校园网的整治工作，最大范围地在学生之间开展安全网络教育，最大限度地保证校园网信息的健康、安全，切实为大学生营造一个健康、安全的网络环境。

2. 手机媒体、IM 和 SNS 等建设

手机媒体建设。新媒体时代，特别是 4G、5G 的到来，使得手机已经成为一种综合性媒体，展现出独特的传播优势，微信、微博都是最基本最常用的手机媒体运用形式。

高校学生是手机最忠实用户群体之一，很多大学生甚至全天 24 小时“手机 QQ”、“人人网”不离线，随时随地与自己的好友保持联系，拓展了手机作为人际交往工具的固有功能，使得用户的社交网络变得触手可及。因此，高校思想政治教育工作者要积极研究和探索手机短信和手机报在大学生思想政治教育中的应用，充分依托手机媒体开展思想政治教育。

首先，搭建高校手机短信平台。完善学生管理服务信息系统，制作“高校手机报”，将各类信息以短信群发或点对点的形式传递给学生。当前，很多高校在新生录取通知书上，都已经为每名入学新生配备“校讯通”手机卡，并纳入信息服务系统，将手机与校园网络绑定，加强了学生与学校的沟通，同时也为传播主流价值观念搭建了平台。以“手机QQ”“微信”为代表的手机即时通信早已渗透到大学校园的每一个角落，手机SNS也与大学生形影不离。

其次，加强针对性，制作手机思想政治教育资源。因高校学生的手机基本都是智能机，具有多媒体功能，高校可以利用手机杂志、手机图片、手机音频、手机视频等形式制作能在手机上使用的思想政治理论多媒体课件，也可以开发基于手机媒体的大学生思想政治教育理论课手机软件系统，充分利用现代移动通信技术的成果，增强理论教学的吸引力和感染力，提高大学生思想政治教育的时效性。

即时通信（IM）建设。即时通信（Instant Messenger），是一种以软件为执行手段，依靠互联网平台和移动通信平台，以多种信息格式（文字、图片、声音、视频等）沟通为目的，通过多平台、多终端的通信技术来实现的同平台、跨平台的低成本、高效率的综合性通信工具，根据装载的对象可分为手机即时通信和PC即时通信。手机即时通信代表是短信，网站、视频即时通信如“米聊”、“YY语音”、“QQ”、“MSN”、“百度hi”、“新浪UC”、“阿里旺旺”、“微信”等应用形式。

近年来，它们以强大的信息实时交互、接近真实的交流情景、平等的传播方式、群体沟通功能，被人们广泛运用。即时通信除了能加强网络之间的信息沟通外，最主要的是可以将网站信息与聊天用户直接联系在一起。通过网站信息向聊天用户群及时群发送，可以迅速吸引聊天用户群对网站的关注，从而加强网站的访问率与回头率。这些都让众多网民爱不释手。截至2012年12月底，我国即时通信用户规模达4.68亿，比2011年底增长5265万，年增长率为12.7%。即时通信使用率为82.9%，较2011年底增长了2个百分点。在学生中，广泛使用的是手机短信、飞信、QQ等。为发挥新媒体的功能作用，应把握好两个方面：

首先，要利用IM拉近与学生的距离，实行个性化的沟通。高校思想政治教育工作者利用IM，既给大学生提供了表达观点和倾诉情感的时间和空间，也拉近与大学生的心灵距离。IM 还可以实现“一对一”、“一对多”、“多对多”、“多对一”等多种交流方式。对于部分存在心理问题的大学生，思想政治教育工作者可以通过这种方式接近他们，了解他们的现实生活和心理特征，发现其思想症结所在，轻松、友好地与他们进行交流，在获取他们信任的基础上因势利导，纠正他们的认知偏差，引导他们走出误区。

其次，要建立 IM 群组，实现群体交流与管理。高校思想政治教育工作者还可以和大学生共建 IM 群组，如 QQ 群、飞信群等。通过“群组”，可以实现多人交流，也可以进行好友的分类管理，如建立班级群组、学生会干部群组、学习小组群组等。除了在群内聊天、实现信息群发之外，很多即时 IM 工具还提供了“群空间”服务，如 QQ 群共享，用户可以在群空间中使用论坛、相册、共享文件等多种便捷的交流方式。在新媒体时代，大学生的班级概念逐渐淡化，同学间的交流减少，容易缺乏集体荣誉感和社会责任心。利用群组功能，可以把集体搬到网络和手机上去，在新媒体上建立交互性的信息活动平台。同时，大学生在群组里进行交流，可以不受课堂教学时间的限制，同学们之间进行充分的对话、交流与合作，感受学校、班级集体的力量、老师的关怀和同学的友谊。这种方式，不仅简单快捷，而且可以获得特别的教育效果。

SNS 建设。百度百科上关于 SNS 有三种解释，即 SNS，全称 Social Networking Services，即社会性网络服务，专指帮助人们建立社会性网络的互联网应用服务。也指社会现有已成熟普及的信息载体，如短信 SMS 服务。二是常用解释：全称 Social Network Site，即“社交网站”或“社交网”。第三种解释是：Social Network Software，社会性网络软件，是一个采用分布式技术，通俗地说，是采用 P2P 技术，构建的下一代基于个人的网络基础软件。

本书中所指的是常用的第二种解释，即“社交网”，专指帮助人们建立社会性网络的互联网应用服务，如“人人网”、“朋友网”、“开心网”等，均为社交网络服务网站。SNS 平台核心理念在于构建用户之间的人际网络，因此它更强调用户的真实性，用户的网络 ID 大多是实名，信息的真实度高，逐步聚合了包括博客、电子邮件、即时通信等传统互联网应用，还提供了社交游戏、微博等互动类应用，已经成为互联网上最新发展的潮流，成为生活、学习和工作的重要载体，深受广大高校学生喜欢。

高校思想政治教育工作者应关注到这种趋势，积极在大学生聚集的SNS网站上注册自己的实名账号，推动教师利用SNS网站作为个人搜集资料、学习授课、表达思想的平台，共享教育资源、交流教学心得，让教育主体的SNS账户成为思想政治教育知识库，形成教师、学生互动的教育系统，实现以丰富的内容吸引大学生，以积极的思想引导大学生。

(二) 开拓延伸新媒体载体合力的价值

本书在对新媒体概念的界定上，已经提到新媒体不仅仅是一种技术，同时更是一种变革人类与信息关系的变革。“今天，你微博了吗？”“微博”、“微信”“微表情”“微电影”“微公益”……新媒体发展至今，似乎一夜之间，各种以“微”字当头的信息传播方式势不可挡，“微”风蔓延，进入人们的生活，改变着人们的生活习惯，让信息传播与沟通零距离。其实，“微文化”这个概念最早的提出时间是20世纪90年代，提出者是当时的微乐队主唱麦子，在1997年7月组建了一支名为“微”的摇滚乐队，传播自己最初的微文化理念。“微即温暖”或“生命本微”，人们更多关注的是“微”这个字的表面意义，即“微小”“轻微”等，但同时人们也深刻认识到这是一种积聚的力量，通过一些看似微不足道的行为，不经意却改变了人们的生活，可以说这是一个“微温暖工程”。当前，开拓延伸新媒体载体合力的价值，应努力做好“微”文章：

1. 重视微博

微博，是一种利用移动通信技术、无线网络及有线网络技术即时发布消息的迷你型博客。它是一个基于用户关系的信息分享、传播以及获取平台，其用户可以通过各种客户端组建个人社区，以140字左右的文字更新信息，并实现即时分享。这就打破了传统媒介的信息传播滞后性、复杂性等特征，因而，自诞生以来就赢得了大量用户的青睐，影响力迅速扩大，以至有人将微博带来的时代称为“微时代”。

微博因其信息传播渠道多样、信息传递速度快捷、信息交流互动强的特点成为当代青年学生获取、交流信息的重要平台。当代大学生思维速度快，看待事物不拘泥于固有看法，很容易接受微博这一媒介。而他们在这个“微博时代”应用微博自由抒发个人情感的同时，也必然会受到一些非主流思想文化和低俗叛逆信息的侵袭。微博境遇下的高校思想政治教育，受教育者更加主动，选择更加多样，信息更加丰富，这就给高校思想政治教育带来了宝贵的发展机遇，同时也带来了前所未有的挑战。作为高校思想政治教育工作者，面对“微博时代”带来的机遇和挑战，应该充分利用微博这种时代工具对大学生开展及时而有效的思想政治教育工作。高校应高度重视高校微博的建设和管理，积极建立教育工作者自己的微博，主动建立“关注”发挥其正面思想政治教育功能，主动占领微博应用的制高点，发挥其思想政治教育的功能。在微博上，要把握好资料收集者、话题讨论者、问题解答者、引导者、教育者的身份，积极参与学生的讨论，密切关注学生学习、生活和工作中出现的焦点、难点和疑点，第一时间内给予答复、澄清；及时发现、处理突发性事件和重大问题，并迅速将处理结果通报给学生，与学生进行良性互动，用正确、积极、健康的思想文化占领这一新媒体载体。高校还要加强对微博的实名制引导，大量减少有害信息的出现，逐步建立大学生信息发布的社会责任感。

2. 关注微信

微信，是腾讯公司推出的一款通过网络快速发送语音短信、图片、视频和文字，并支持多人群聊的免费的手机聊天软件，用户可以通过微信与好友进行形式上更加丰富的类似于短信、彩信等方式的联系。这款新型的即时通信软件一经推出就受到广大用户的热切追捧。截至2013年1月24日，微信用户已达3亿。虽然作为同类型的即时通信软件，微信的出现比米聊晚，但是微信背靠大树好乘凉，有着腾讯QQ作为强大的支撑，完成了华丽跨越。现如今，微信的用户数已经远远超过了其他同类型的即时通信软件。

微信，从某种程度上说是短信、彩信、飞信的用户体验与产品功能的升级版本。在新媒体技术的支撑下，它以智能手机为基础，以手机客户端为依托，以增强用户体验为目标，融合了短信的文字，彩信的图片，同时扩充了语音和视频功能。尤其是语音功能的出现，极大地改进了传统即时通信功能和提升了用户体验，也对传统电信运营商的移动通话业务造成了很大的冲击。微信，以QQ为基础完成了“一站式服务”的捆绑销售。QQ账号与微信号相互打通，避免了重复申请账号，同时只要是QQ有的基本功能都能通过微信体验到。此外，微信还捆绑了QQ邮箱、腾讯微博、QQ离线消息等功能，实现了微信与QQ的互通有无，而且微信极大地优化了用户界面，简单、清爽是微信的主基调。打开微信，在主页面只能看到“微信”、“通信录”、“朋友们”、“设置”四个主按钮，不用通过烦琐的查找就能找到相应的功能。微信可以通过查找QQ好友就能迅速添加好友，保证了微信好友关系的熟悉度和可靠性。此外，微信还与手机通信录互通，这就保证了微信好友的强关系。熟人和陌生人是微信的关键词。熟人指代强关系，陌生人指代弱关系，微信把强关系与弱关系相互融合，符合了现代人的社交习惯和心理。微信的强关系主要是通过打通QQ和手机通信录实现的；微信的弱关系则是通过基于LBS的摇一摇、查看附近人、漂流瓶等认识陌生人的功能来完成的。

对短信、彩信、飞信等传统即时通信工具而言，微信的出现不仅是对它们基础功能的继承，更是对它们先天不足功能的弥补。从产品功能方面看，微信整合了短信、彩信、飞信的基础功能，并在此基础上进行了升级和扩充，用户体验度更高，产品功能更加人性化。从用户的需求方面看，用户使用整合了传统即时通信的微信得到了更好的使用效果和更大的心理满足，更符合现代人的社交方式和社交心理。正因为这样，微信这款新型即时通信软件在媒介间的“竞争中”脱颖而出，拔得头筹。随着媒介环境的改善和媒介技术的发展，基于新媒体技术的社交网站、PC客户端、OTT服务、APP等发展得风生水起。这些新技术和新应用的出现和发展，一方面给用户提供了全新的用户体验，增强了用户的使用黏性；另一方面给用户的生活方式、社交方式也带来了全新的变化；同时它日益改变着人们的交流习惯并对人们的身份进行深层次的重新定位。微信的广泛使用，不仅对传统的即时通信、社交方式乃至新媒体格局产生了影响，尤其使大学生越来越沉迷虚拟世界的交往，这对大学生的生活、学习、身心健康都会带来不同程度的影响。因此，关注微信，充分运用微信这个载体做好高校思想政治教育工作，是一项需要认真研究和探讨的新课题。

三、载体合力运行需要规避的若干问题

(一) 规避信息的海量性和分散性等造成的“合力不合”的风险

比如，大学生将新媒体视作纯粹的娱乐工具，聊天、游戏、短信为其主

要功能，过度使用网络和手机，这不仅会使自己偏离学习目标、降低学习效率，而且手机噪音、通宵上网等也会给身边同学的学习生活带来不利的影响。

（二）规避和消除不利于载体合力的各种反向作用

在强调新媒体为形成合力提供机会的同时，也要清醒地认识到可能的反向作用。由于新媒体具有开放性、隐匿性和虚拟性的特点，给有些人提供了恶意破坏的可能性。比如，发表不负责任的言论，制造垃圾信息，污染媒介环境，或侵犯他人名誉权，对他人进行侮辱和骚扰等，这不仅是媒介行为的失范，更是道德行为的失范，有的甚至还冲破法律的底线。同时，还要避免新媒体技术可能产生的风险。新媒体的风险，既包含了技术层面的网络“黑客”、病毒攻击、追查 IP 地址或手机号码，也包含利用远程协助盗看使用记录、盗取邮箱和 QQ 密码等技术对教育行为所进行的恶意破坏。

（三）规避对新媒体的过于依赖

长期以来，以课堂教学为主，辅助以讨论、社会实践等形式是高校思想政治教育的基本手段。而新媒体的独特优势，对于一直苦苦探索如何有效提高高校思想政治教育实效的工作者来说，无疑是柳暗花明，而这样的机遇，又使得一些人会不同程度地产生一定的依赖，从而降低传统思想政治教育载体的作用；同时，由于大学生自我控制能力相对较差，过多使用和依赖新媒介，也很容易形成“新媒体依赖”。这就需要我们高度重视各项载体的和谐运行，发挥其整体功能大于局部功能之和的效应。

（四）规避对新媒体教育环境的污染

针对当前高校思想政治教育信息监管机制不健全的现状，要采取切实可行的措施，加强对新媒体信息的监控和引导，设置管理关口，对信息资源进行筛选、过滤、净化，从源头上净化网络环境。同时，要切实加强舆情引导工作，做到早见事、早处置、早引导，以形成健康的新媒体教育环境，确保大学生生活在一个文明、健康、绿色的媒体环境中。

当然，在新媒体语境下形成“载体合力”，提高思想政治教育的实效性，还存在着机制形成、技术开发、制度保障等更为丰富和更深层面的话题，这些都值得高校思想政治教育研究者持续关注。

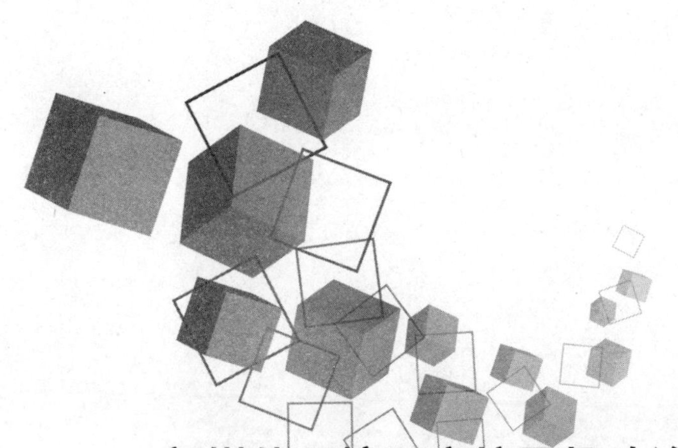

第九章

新媒体环境下高校思想政治教育的资源整合

整合的主要含义是指通过整顿、协调重新组合。思想政治教育资源整合是指把纳入思想政治教育活动并有利于思想政治教育的各种要素，根据思想政治教育的需要加以整顿、协调重新组合，以利于思想政治教育目的的实现。思想政治教育是一项社会实践活动，需要丰富的思想政治教育资源作为支撑。然而，新媒体时代人们的思维方式发生了变化，特别是人们的思想教育方式、接受方式发生了革命性变化。面临新情况、新问题，高校在思想政治教育资源开发、利用与优化整合等功能方面还很欠缺，这已成为制约当前高校思想政治教育工作的关键因素。因此，转变观念，提高认识，重视和加强思想政治教育资源整合功能，是新媒体时代开创高校思想政治教育工作新局面的一项基础性工作，这也是深化高校思想政治教育工作的重要途径。

第一节　新媒体环境下高校思想政治教育资源整合的基本依据

一、新媒体时代高校思想政治教育资源整合的必要性

新媒体技术的迅猛发展，为高校思想政治教育活动提供了广阔的空间，但无形之中也增加了思想政治教育的价值实现难度。资源整合的最直接意义就是使有限的资源最大限度地满足人们的需要，使资源利用达到最大化。在新媒体环境下，高校思想政治教育工作要突出资源整合意识，从资源的视角来研究和探讨资源整合对思想政治教育价值实现的意义。实行高校思想政治教育的资源整合，主要基于以下几方面原因：

(一) 克服新媒体时代高校思想政治教育资源自身短处的内在需求

长期以来，高校思想政治教育资源存在“三大短处”：

1. 资源短缺

当前，我国高等教育已经进入了大发展时期。大众化教育发展迅猛，一方面是大批中等职业院校升格为高等专科职业院校；另一方面是独立学院的兴起，使得高校数量激增。此外，原有高校不断扩招，促成了庞大的受教育群体。由于高校思想政治教育资源的增长幅度与受教育群体的增长速度不同步，许多高校的思想政治教育资源在短时期内显得相对短缺。因此，实行思想政治教育资源整合不失为解决这一需求矛盾的有效尝试，也有利于促进不同地区思想政治教育公平。

2. 资源发展不平衡

高校思想政治教育资源发展的不平衡，主要表现在两个方面：一是地区性不平衡。由于经济和文化发展的不平衡，不同地区的政府和教育行政主管部门对高等教育的财政经费投入有所不同。经过多年艰辛的努力，高校的

思想政治教育学科建设取得了较大的成就。目前，全国马克思主义理论与思想政治教育一级学科学位层次已达到齐备的程度，硕士、博士学位点几乎遍及全国各个大区，数量多，分布广，自20世纪80年代以来培养了大批的硕士生、博士生。但目前这些研究性环节主要分布在经济较发达的东部和政治文化氛围浓厚的北部地区，一大批有理论素养和实践经验的思想政治教育专家、学者相继向其聚拢。二是领域性不平衡。在社会领域内，社会思想政治教育资源主要有网络、影视、新闻、媒体、书刊、博物馆、纪念馆以及各类标志性建筑物等；社区思想政治教育资源主要有工厂、商店、社区、文化娱乐部门、司法机关等单位和部门，这些思想政治教育资源内容丰富但缺乏系统性和理论指导作用。而高校的思想政治教育资源虽然较为系统且具有很强的指导性，但缺乏生活气息和吸引力。在不增加或少增加思想政治教育投入的前提下，实行高校与社会、高校与高校之间的资源整合，可以最大限度地发挥现有的高校思想政治教育资源的作用，提高教育资源的使用效率。同时还有利于高校之间交流研讨，促进高校与社区间双向互动关系的形成，改善和巩固高校与社区间的相互合作关系，提高办学效益和教育教学质量。

3. 资源发展存在差异

高等教育的发展类型和层次具有多样性。从院校的生源层次来看，存在着本一批、本二批和本三批院校；从院校的办学性质来看，存在着公办院校、民办院校和独立学院；从院校的办学类型来看，存在着文科类院校、理工科类院校、艺术类院校及综合性大学。各级各类院校在思想政治教育资源方面存在着较大的差别。现实中，各种高校思想政治教育资源分散在不同的地区和不同的单位，受时空的限制无法实现有效聚合。资源整合是通过一定的手段和方式，使资源在一定程度和范围内集中。在思想政治教育资源总量一定的情况下，实施资源整合，也是各级各类高校解决思想政治教育资源差异性问题的有效尝试。

(二) 适应新媒体时代高校思想政治教育资源新特点的现实需要

新媒体时代，新媒体以其海量的信息、迅捷的传播速度、“多对多”的传播方式、受众范围广以及影响结果直接显著等特色，使其在高校思想政治教育中所起的资源性作用正逐渐被认识和重视。新媒体在高校思想政治教育中的地位和作用的显现，赋予了高校思想政治教育资源新的特点：

1. 潜在性

如同其他资源一样，思想政治教育资源无论其存在形态、结构，还是其功能和价值，都具有潜在性，必须经过思想政治教育工作者实施主体自觉能动地加以赋值、开发和利用，才能转化成现实的思想政治教育资源。新媒体时代，高校校园媒体的教育功能需要经过思想政治教育工作者自觉主动地加以开发和整合才能得以实现。

2. 多样性

思想政治教育资源的“客观状态”具有多样性，不同地域、不同时代、不同文化背景下，可供开发和利用的思想政治教育资源不同。新媒体时代，知识层面的、活动层面的以及环境与设施层面的高校思想政治教育资源，在概念和外延上得到了拓展。新媒体所承载的内容信息、文化、思维方式及其自身的知识传递的功能性作用，使得高校思想政治教育资源得到了极大的丰富。

3. 动态性

思想政治教育资源是一个与社会资源系统、人的主观价值系统和开发条件等动态适应的子系统，因而不同主体在不同情景下面对可能开发利用的思想政治教育资源是不同的。新媒体的开放、迅捷、及时和海量化信息承载量，赋予了高校思想政治教育资源动态的、开放的和较强情景性的特点，因而必须针对具体的时空条件和情景进行开发与利用。

4. 选择性

思想政治教育资源是客观社会资源经过主体筛选后具有主观性和客观性的资源，其涉及范围广泛，包括制度层面、精神层面和物质层面。新媒体在高校校园的兴盛丰富了高校思想政治教育的手段和途径，扩大了思想政治教育资源的选择性。

（三）加强新媒体时代高校思想政治教育资源利用的必然要求

新媒体时代，加强高校思想政治教育资源整合是为了合理地利用资源，使大学生思想政治教育具有更强针对性和实效性。如今的高校思想政治教育资源整合虽然取得了显著的成效，但是在整合过程中仍然存在着一些不可忽视的问题。因此，必须深化对高校思想政治教育资源整合必要性的认识，深刻认识“四个必然要求”：

1. 提高高校思想政治教育资源使用效率的必然要求

一般来说，教育者在高校思想政治教育实践中遇到和直接运用的都是大学生思想政治教育个别而具体的资源形态。但是，无论哪种资源形态都不是孤立存在的，而是与其他的资源形态相互依赖、相互支撑，有机结合在一起而形成一个整体。在高校思想政治教育资源整合过程中，存在着现有高校思想政治教育资源的有限性和所需资源无限性之间的客观矛盾。只有在现有的条件下，充分把握思想政治教育资源的属性，正确地审视和理解高校思想政治教育资源之间的内部关系，再进行全面的合理整合与配置，达到资源共享，才能更好地提高高校思想政治教育资源的使用效率。

2. 提升高校思想政治理论课实践教学资源质量的必然要求

高校思想政治理论课实践教学资源的质量，是指思想政治理论课实践教学资源作为一个系统，它的各组成要素能否满足实践教学的要求，以及各要素之间能否实现最优组合，形成合力，使之功能效益最大化。实践教学资源的质量也是影响高校思想政治理论课实践教学环节顺利实施的重要因素。新媒体时代，高校思想政治理论课实践教学资源既有人、财、物等有形的要素，又有教风、学风、校园环境、社会舆论等无形要素，这些要素之间的结构是否搭配合理，既反映了资源本身的质量，又直接影响和制约思想政治理论课实践教学的效果。即各种实践教学资源对思想政治理论课实施所起的作用不是一个简单的、直接的、机械的过程，而是一个有机的、综合的复杂过程。任何单个要素所起的作用都是十分有限的，只有将各种实践教学资源的力量联合起来实现资源共享，才能形成教育合力，达到资源综合利用的最佳效果，而这些只有通过对资源的充分整合才能实现。通过整合，可以将所需要的各种思想政治理论课实践教学资源按计划和要求进行调配和优化组合，使其相互联系、相互作用、相互影响，以提高资源的质量和利用效益，从而实现实践教学的既定目标。

3. 推进高校思想政治教育社会化的必然要求

高校思想政治教育社会化是指高校思想政治教育要适应社会发展的需要，贴近大学生的实际生活，以学校为中心，在全社会共同关心支持下，引导大学生适应社会、参与社会、服务社会，实现高校思想政治教育与社会教育相互渗透、相互作用的过程。高校思想政治教育的社会化从本质上来说就是为了促进大学生的社会化，它不仅是高校的任务，也与各级部门和社会各界有密切联系，因此，社会上的相关部门和相关群体都要关注和重视大学生思想政治教育，特别是要树立全员育人、全过程育人和全方位育人的大学生思想政治教育观念。随着新媒体的广泛运用，决定了高校思想政治教育资源整合方式的多样化，只有通过多样化的资源整合方式，才能达到高校思想政治教育资源利用率的最大化和效益的最优化，从而有力地促进高校思想政治教育社会化。

4. 对大学生进行立体教育和综合培养的必然要求

当前，新媒体的发展进程不断地改变大学生的思想、学习和生活状态，拜金主义、享乐主义和个人主义等社会思潮严重冲击着大学生的思想道德观念，高校思想政治教育工作者必须适应时代发展的要求，以社会主义的教育方针为指导，在大学生思想政治教育实践中，将学校教育、家庭教育和社会教育相结合，形成合力，并将各种校内资源和校外资源进行合理整合，充分发挥高校思想政治教育资源的作用，以提高大学生思想政治教育的适应性和有效性。只有这样，才能对大学生进行立体教育和综合培养，规范大学生的思想和行为，引导其走上符合当前社会主义教育事业发展要求的道路上来。

二、新媒体时代高校思想政治教育资源整合的可行性

(一) 需求的交互性为高校思想政治教育资源整合打下基础

高校思想政治教育资源整合的指导思想在于“优势互补、相互促进”。各高校既是思想政治教育资源的供给者，又是需求者，这种交互作用使得资源整合成为可能。不同地区、不同类型的高校在思想政治教育资源方面存在着很大差别，这种差别表现为三种情况：一是学校之间存在着思想政治教育资源的差异性。在大批的研究型院校中，思想政治教育资源优势主要体现在理论研究和学科建设方面。不足之处是教学与思想政治教育的实际工作相脱节的现象较为普遍，学校培养出来的博士大多又继而从事学科建设、理论研究，极少有人投身思政教学和实践工作，理论研究优势没有转化成教育实践

优势。从长远看，虽然学科建设最终会大力推进思想政治教育的资源建设，但是，近些年来，在客观上造成的现实是大批学者很少直接面对本科生开展思想政治教育工作，脱离思想政治教育工作第一线，思想政治教育资源“流失”。由于马克思主义理论与思想政治教育学科建设，尤其是与思想教育实践相脱节，造成高校思想政治教育资源的结构性“流失”严重；而以教学型为主的大批独立学院和高职高专院校恰恰弥补了这一缺陷，思想政治教育工作者（教师、行政、辅导员队伍）主要从事一线的思想政治教育工作，体验深刻，其优势在于教育观念开放、实践经验丰富以及思想政治教育信息资源密集。缺陷是队伍偏年轻化，缺乏理论归纳和总结能力不强。从整体发展来看，研究型高校与教学型高校实现思想政治资源的优势互补，既是促进我国高校思想政治教育资源均衡配置的必由之路，也是各高校提高思想政治教育实效性、创新性的现实要求。二是部分高校存在着思想政治教育资源闲置浪费的状况。一些重点院校和有思想政治教育学科设置的文科类院校，其雄厚的师资力量和丰富的实践基地等资源并未得到充分利用，因此愿意以某种方式提供给其他学校使用。三是部分高校的思想政治教育资源不足，存在着共享的需要。以上三种情况使得思想政治教育资源整合存在可行性和合理性。各种类型的高校通过资源整合实现双赢的同时，最终将促进高校思想政治教育整体水平的提高。

（二）有利的政策环境为高校思想政治教育资源整合提供保障

要实现高校思想政治资源教育整合，除了对资源的分布进行分析外，还必须从资源整合的支持系统进行考察。事实上，高校思想政治教育资源能否实现整合，以及在什么情况下能够实现整合往往受环境条件的制约。从我国现有的支撑政策来看，国家思想政治教育司非常重视青少年的思想政治教育工作，为大力支持高校做好思想政治教育工作，连续出台了相关文件，并组织了四门思想政治理论课教材的编写，以及组织骨干教师培训和辅导员队伍培训。各级教育部门也实行思想政治理论课教师全员培训，推行了持证上岗制度。新中国成立以来，如此大规模的思想政治教育培训是第一次，这在高校的各学科领域里也是独特的优势，国家和行政主管部门的政策支持为高校思想政治教育资源整合提供了政策保障和便利条件。

(三) 迅速发展的互联网技术为高校思想政治教育资源整合提供支持

20世纪90年代以来，信息网络技术得以迅猛发展，网络覆盖面越来越广。据统计，目前，全国高校建设有校园网、互联网已经成为校园生活中不可缺少的重要组成部分。

迅速发展的高校互联网是高校思想政治教育资源整合的技术支持，互联网具有信息量大、信息发布快、可异地传送以及不受时间、空间限制等优点，能够在一定程度上解决高校思想政治教育资源相对分散的问题。高校可利用网络技术来收集思想政治教育的资料，通过网络来丰富思想政治教育资源。目前，全国绝大部分高校都建立了思想政治教育网络或相关的校园网。从硬件设备角度看，当前开展网上思想政治教育在技术上已经比较成熟，我们只需要一些多媒体计算机，开通网络就可以参与高校思想政治教育资源的共建共享，充分发挥各类教育资源在高校思想政治教育中的作用。

总之，高校思想政治教育资源的整合与共享不仅是必要的，而且是可行的。它的必要性会随着高校的改革发展而愈显迫切，它的可行性会随着党建工作内容和技术的双重推进而与日俱增。

第二节　新媒体环境下高校思想政治教育资源整合的理论支撑

新媒体时代高校思想政治教育资源整合需要理论支撑，不仅需要哲学、经济学和教育学等基础理论和最新形势政策的依据，还要充分吸收其他相关学科的理论知识，并密切关注其他学科的最新理论发展，唯有如此，才能使高校思想政治教育资源达到最佳整合，并充分发挥资源整合后的效应，更好地推进新媒体时代高校思想政治教育工作。

一、哲学支撑

(一) 马克思主义关于社会存在与社会意识关系的原理

马克思主义从观察社会历史现象的“现实的前提”出发，详细地论述了社会意识从产生到发展的过程及其本质，马克思和恩格斯对社会现象的变化和历史发展与演进都作了全面的概括与分析，从这一前提出发，详细地阐述了有关社会意识的相关问题，主要包括社会意识是如何产生、怎样发展以及它的本质是什么，并且明确提出和系统阐述了“意识在任何时候都只能是被意识到了的存在，而人们的存在就是他们的现实生活过程”，“不是意识决定生活，而是生活决定意识”的原理。马克思和恩格斯在历史唯物主义原理中所提的社会存在决定社会意识，指的是社会存在是社会意识的根源，是第一性的；社会意识是对社会存在的反映，是第二性的，社会存在决定社会意识的发展变化。

如果要全面正确地理解社会存在与社会意识的辩证关系，不但要认识到社会存在决定社会意识，还要特别重视社会意识的能动的反作用和其相对独立性。这就要求我们在高校思想政治教育实践中，不但要弄清社会存在与社会意识的关系，还必须正确理解社会意识尤其是先进意识对社会存在的能动的反作用，只有这样，才能充分发挥思想政治教育的巨大作用，从而对高校思想政治教育资源存在的必要性和可行性有个全面的认识和高度的重视。

所以，只有加强对大学生物质生活状况及其变化发展规律的研究，探寻大学生产生思想问题的物质根源，才能较为全面地掌握大学生的思想面貌以及变化发展的趋势。在具体实践中，必须准确把握大学生的生活实际，积极争取社会中的有利力量，抵制和克服社会中的消极影响，从而深化高校思想政治教育资源配置的效率和水平，提高资源的利用率和使用质量，不断增强高校思想政治教育的针对性和实效性。这就为高校思想政治教育资源的有效整合提供了最基础的理论支撑。

(二) 马克思主义关于人的本质的理论

马克思主义关于人的本质的论述，为我们科学地认识大学生及其思想提供了基本的理论依据。马克思和恩格斯对前人的观点做了系统的研究和批判，去粗取精，从而吸取了人类思想史上最具有价值的理论成果，批判地继承了黑格尔辩证法的合理内核和费尔巴哈唯物主义的基本思想，创立了辩证唯物主义和历史唯物主义。马克思和恩格斯结合自己的研究，在此基础之上，在人类历史上第一次科学准确地阐述了人的本质是什么。马克思在《关于费尔巴哈的提纲》中作出了对人的本质的科学论断："人的本质并不是单个人所固有的抽象物。在其现实性上，它是一切社会关系的总和。"这就是马克思主义关于人的本质问题的最经典表述，它不仅是对人的本质的科学论断，还为科学考察人的本质开辟了正确途径。

根据历史唯物主义的观点，马克思主义第一次提出了人的本质由社会关系决定的理论命题，这具有开创性的意义，自此以后，人类研究人的本质具有了科学的思维方法和准确的理论基础。社会关系作为一个整体性的系统，是十分庞大而且非常复杂的。从马克思主义关于人的本质理论看，人的思想的形成与发展变化无时无刻不是受到社会关系的制约，这就要求高校思想政治教育必须建立在社会关系的充分发展基础之上。

以上的论证成为高校思想政治教育资源配置的重要理论依据，为高校思想政治教育资源整合确定了科学合理的目标。这也要求在高校思想政治教育资源整合的过程中应该认识到以下几个问题：首先，高校思想政治教育的主体是人，并存在于一定的社会关系之中，思想政治教育资源是被人所利用的，也一定是蕴含在一切社会关系的总和之中的；其次，大学生的思想以及高校思想政治教育资源都应该具有一定的特点和差异，要对其作出准确的把握和判断，只有将其放在大学生所处的特定的社会关系中去理解才有意义；最后，大学生思想和高校思想政治教育资源的发展变化，必定与大学生所处的各种社会关系的发展变化紧密相关。只有这样，才能充分把握和利用高校思想政治教育资源，用以增强高校思想政治教育的社会性和适应性。

（三）科学发展观理论

党的十七大报告提出"以人为本、全面、协调、可持续发展"的科学发展观，这是中国共产党在总结过去经验和教训的基础之上，对于发展的思想的继承和弘扬，是马克思主义关于发展的思想在新时代的集中体现。这也成为推进我国经济社会全面发展的指导思想，同样也是指导高校思想政治教育工作的科学世界观和方法论。

科学发展观，第一要务是发展，核心是以人为本，基本要求是全面协调可持续发展，根本方法是统筹兼顾。如何在高校思想政治教育的具体工作中正确运用科学发展观理论，增强思想政治教育的实效性，是当前思想政治教育工作者所面临的现实问题。

高校思想政治教育的培养目标，决定了在大学生思想政治教育工作中必须贯彻“以人为本”的理念。人是高校思想政治教育的主体，高校的思想政治教育工作必须坚持从“以人为本”的基本点出发，不断突破在传统理念上所形成的思想政治教育的既定思维，从理论上为促进学生全面发展和思想政治教育工作改革指明正确的方向，从而使高校思想政治教育工作落实到为学生服务的根本上来，最终贯彻到不断促进人的全面发展。

全面协调可持续是科学发展观的基本要求，也是加强和改进高校思想政治教育的基本要求。必须着眼于实现思想政治教育系统内外诸要素的有机结合，提高高校思想政治教育的针对性，全面协调各种思想政治教育资源，为大学生发展进步创造条件。统筹兼顾是科学发展观的根本方法。高校思想政治教育资源整合也必须掌握统筹兼顾的科学方法，正确、妥善处理各方面的关系。

二、经济学支撑

(一) 供需均衡理论

习近平总书记在党的十九大报告中指出，我国经济已由高速增长阶段转向高质量发展阶段。在实践中必须把握三个具体要求。坚持质量效益导向、坚持创新驱动发展、坚持全面深化改革。

供需均衡是一个经济学术语，它涉及两个概念（即供给和需求）和一种状态（供给—需求状态）。经济学中的产品生产是指厂商的行为，产品需求是指消费者的意愿行为。供需均衡理论，指的就是生产者提供的产品只有符合消费者的需求，市场的供求才会达到均衡。如果供给与需求不匹配，即供给者提供的不是消费者所需要的，那么，一方面生产者浪费了为生产其产品所耗费的人力、物力和财力；另一方面，消费者的需求得不到很好的满足。所以，消费者所具有的现实和潜在的消费需求，应该成为生产者在生产过程中的目标基础，只有这样，才能生产出满足广大顾客需求的优质产品，否则，生产者的生产就具有盲目性，生产和消费的供需平衡就不能圆满实现。

高校思想政治教育资源作为一种特殊的商品，其生产者为“教育者”，即高校思想政治教育相关部门、教师和职工；需求者为高校大学生，作为高校思想政治教育重要载体的思想政治教育资源在教育者和大学生之间存在着“供给—需求”关系。按照市场规则，如何配置资源、组织生产都取决于消费者的消费需求。

在高校思想政治教育过程中，大学生的需求状况是分析决策参考的一个最为重要的因素。新媒体时代，高校思想政治教育资源必须与大学生的学习、生活和思想实际紧密结合起来，从人本理念出发，切实做到大学生想之所想、急之所急，只有这样才能使传统思想政治教育过程中教育内容“入耳不入心”的被动局面得到良性转变，从而充分发挥高校思想政治教育的巨大效用，也就能够为高校和谐发展提供强有力的思想文化基础。

在经济生活中，需求和供给是相互独立而又相互依存的，一方面需求带动供给；另一方面供给也创造需求。然而，在高校思想政治教育中强调供求一致，并不是完全按照大学生的需要来提供思想政治教育资源，他们需要什么就生产什么，而是要对大学生的需求进行正面引导和层次提升，使思想政治教育产品的生产不仅遵循了供求规律，而且符合高校思想政治教育的切实需要。因此，我们提供给大学生的思想政治教育资源首先是能够符合大学生实际需求的，绝不能是无原则地、只是随意迎合学生的任何需求，而是要求必须将大学生的个人需求与高校和社会的整体需求进行统一，从而能够最大限度地满足其个人需求。对于那些不符合高校和社会目标的思想政治教育资源，则应当加以引导和纠正。

(二) 成本效益分析理论

成本效益分析是一种通过比较项目的全部成本和效益来评估项目价值的方法，成本效益分析是一种经济决策方法，就是将成本费用分析法运用于政府部门的计划决策之中，以寻求在投资决策上达到如何以最小的成本获得最大的效益。需要量化社会效益的公共事业项目价值就经常用这种分析方法来评估。

19世纪法国著名的经济学家朱乐斯·帕帕特在其著作中首次提出了成本-效益分析方法的概念，并将其定义为“社会的改良”。随后，越来越多的专家和学者开始关注这一理论，并开始逐步应用于社会生活中，甚至开始渗透到政府活动中。随着现代社会经济的迅速发展，政府的职能逐渐多元化，政府投资项目也开始逐渐增多，在政府的实践应用和积极推动下，这一理论在经济运行过程中的作用也越来越明显。这促使广大人民也开始更加关注投资，重视投资项目支出的经济和社会效益。在此基础上，成本效益分析理论在实践方面也得到了迅速发展，现如今这种能够比较成本与效益关系的分析方法已经被世界各国广泛采用并运用于各种领域。例如，成本效益分析法运用在高校思想政治教育领域，这种成本包括思想政治教育的实际成本和机会成本，其中实际成本也叫直接成本，指的是以货币支出的教育资源价值，机会成本也叫间接成本，指的是因资源用于教育所造成的价值损失，也就是说，如果资源不用于大学生思想政治教育，它可能获得的最大的收益。

效益是检验高校思想政治教育资源整合水平的唯一标准。从本质上讲，高校思想政治教育工作的效益是一种精神效益，是人的世界观、人生观、价值观以及知识量、信息量等主观世界的某些积极变化。各类高校思想政治教育资源在形式上有很大的差异性，在作用上也有很强的替代性，必须结合高校思想政治教育实际确定使用哪种资源、使用多少以及选择使用的时机和场合，这就是新媒体时代高校思想政治教育资源整合所需要解决的重要问题，它直接关系到高校思想政治教育的效果。高校思想政治教育资源整合是一个动态的过程，主要是组织和支配各类教育资源为大学生教育目标服务。在资源整合过程中，应该遵照成本—效益分析的方法，使教育资源能够得到有效配置，形成合力，达到事半功倍的效果。

三、教育学支撑

(一) 邓小平“三个面向”的教育理论

邓小平理论中非常重要的有机组成部分就是邓小平教育理论。1983年10月1日，邓小平为北京景山学校题词“教育要面向现代化，面向世界，面向未来”，“三个面向”教育理论是基于我国正处在社会主义初级阶段的基本国情提出来的，是对我国教育事业发展的指导方针、教育的性质和方向的深刻阐述，也由此形成了鲜明的理论主题和科学体系。

随着经济全球化发展的不断深入，不同国家和地区政治、经济、文化的交融与碰撞也日益增强。我们已经不能再以孤立的眼光来看待整个社会，更不可能与世隔绝搞现代化，办教育事业同样不可能闭门造车。邓小平的“三个面向”的教育理论实质上对教育事业提出了三项要求：第一，教育的发展必须紧密结合社会经济发展的实际情况，与国家的战略目标和战略步骤相适应，按照我国现代化建设的要求培养相应的人才，从而带动我国公民素质在科学技术、文化知识和道德水平上的整体提高；第二，要以世界的眼光和开放的精神来看待教育问题，学会借鉴和吸取世界各国先进的科学文化知识，对于世界范围内全人类共同创造的文明成果要能够为我所用；第三，教育必须在仔细分析自身特点的基础上，认真考虑现代化建设的长远目标，运用发展的思维，使培养出的优秀人才能够适应和满足未来社会发展的需要。

邓小平“三个面向”教育理论具有实践性、开放性和预见性的基本特征。它在很大程度上突破了传统高校思想政治教育资源在空间和时间上的限制，指明了高校思想政治教育资源的开发和利用的正确方向。在新媒体时代，高校思想政治教育资源整合必须遵循社会主义现代化建设的一般规律，运用世界性的眼光和发展性的思维来考虑问题，这样才能实现资源整合的科学化和合理化。如果仍旧被限制在传统陈旧的教育思想观念之中，冲不破影响高校思想政治教育资源开发和利用的制度性障碍，就培养不出社会主义的合格建设者和可靠接班人。在对高校思想政治教育资源进行整合时，只有将其置于开放的环境中，将现实与未来相结合起来考虑，才能充分发挥高校思想政治教育资源的实用性和有效性。

(二) 生活教育理论

生活教育理论是著名教育家陶行知教育思想的主线和重要基石，集中反映了他在教育目标、内容和方法等方面的观点主张，陶行知探索适合中国国情教育理论的努力，由此可见，陶行知的“生活教育”理论从渊源上来讲是吸取和改造的杜威教育思想，主要包括生活即教育、社会即学校、教学做合一相互联系不可分割的三个方面。这一理论最主要的特点就是主张教育要同实际生活相结合，反对传统教育中死读书的旧观念，更加注重儿童的创造性和独立工作能力的培养。

“生活即教育”是陶行知生活教育理论的核心。陶行知指出：“生活教育是生活原有，生活所需自营，生活所必需的教育。教育的根本意义是生活之变化。生活无时不变，即生活无时不含有教育的意义。”陶行知认为，教育这个社会想象，起源于生活，生活是教育的中心，教育应为社会生活服务，在改造社会生活中发挥最大的作用。“社会即学校”，是“生活即教育”思想在学校与社会关系问题上的具体化。陶行知认为自古以来，社会就是学校，因为所有的教育思想都来源于社会，所以社会应该是人民大众唯一的、共同拥有的大学校。“教学做合一”，是“生活即教育”在教学方法问题上的具体化。生活教育理论要求学生在接受教育的过程中手脑并用，劳力与劳心同行，这就大大突破了传统教育上只重视学校教育而忽视社会教育，只重视书本学习而忽视生活实践、劳心与劳力相分离的限制，迸发出强烈的时代气息。

从生活教育理论阐发的观点来看，在新媒体时代尤其强调高校思想政治教育的实践活动必须克服传统教育理念上的错误看法，改变过去那种以学科、课堂、教师为中心的传统教育模式，树立起源于生活、最终还要回归于生活的教育理念。我们要深入发掘现实生活中的高校思想政治教育资源，使现实社会生活中教育资源的作用得以充分发挥，对理论教学和现实生活中的思想政治教育资源进行优化整合，努力实现理论教学和现实生活的相互融合与统一。

第三节　新媒体环境下高校思想政治教育资源整合的现状分析

一、存在的主要问题

当前，在新媒体环境下，高校思想政治教育资源整合已初有成效，但问题也不少，概括起来，主要存在“四个不足”：

(一) 新旧媒体之间互动不足

新媒体时代，高校校园媒体主要包括传统媒体和新兴媒体两大类，具体来看形式多样，包括校园报纸、学生社团报纸杂志等纸质媒体、校园广播、校园电视、橱窗海报宣传栏、校园计算机网络、手机媒体等形式。目前，高校校园媒体的运营基本处于各自为政、互不干涉的局面，校园媒体之间互动不足。比如，对于某一具有重大思想政治教育意义的新闻事件、信息素材，各大校园媒体一般而言都是根据自己的节目安排和节目编排习惯，选择适合自己的时间进行报道和宣传，这种分散的、小规模的报道和宣传，无法在学生中产生较深、较广的影响，这样就造成了不少有意义的媒体信息资源的浪费。

就网络网页内容建设而言，目前以工作导向为主，未能充分体现资源化建设导向，即较少直接立足于丰富和完善校园新媒体思想政治教育资源建设，既表现为网页内容多以日常工作信息为主，记流水账，报道的成分较重；又表现为未将这些工作信息加以整理，转化为新媒体思想政治教育资源。如不少高校开展的优良学风班、优秀大学生、优秀学生干部、自强之星等评选活动，创建评选时轰轰烈烈，信息量大，更新快，访问多，一旦工作结束，便被新的内容取代，随即淡忘与消失，往后也难以查阅。互动与共享是新媒体的优势，在校园网上建设具有互动功能的平台，多数高校经历了“开发—控制—再开发—适度控制”的过程，因参与、互动形成的新媒体资源较少，直接导致学生对网站的兴趣减弱、参与减少，同时也较难形成具有参考意义的交流案例。加之管理缺失，更新不及时，较少补充新内容，也导致对大学生的影响力呈减弱趋势。

(二) 资源结构开发不足

当前，由于对高校思想政治教育资源结构开发不足，已远远不能满足新媒体时代高校思想政治教育的需要。所谓资源结构开发不足，是指高校思想政治教育资源没有得到协调、合理的开发利用，部分资源在承担着思想政治教育任务的同时，另一部分资源却处于闲置状态。这具体反映在三个方面：

1. 校内与校外资源结构失调

目前，高校的管理方式属于封闭式管理，认为校内的思想政治教育资源就属于本校所有，校外的思想政治教育资源属于政府管理范围。在高校思想政治教育资源开发利用结构上，以开发校内资源为主，这种指导思想无可非议，但大学生毕竟是活生生的个体，家庭、社区属于他们的活动范围，校园周边环境也对大学生具有深刻影响，他们思想品德的形成是校内、校外资源合力作用的结果。在高校思想政治教育资源开发利用的过程中，有的高校只注重了校内资源的开发，忽略了与校外资源平衡协调地开发利用。

2. 校内显性资源与隐性资源结构失调

微观资源方面：从学科上看，过于注重马克思主义理论课上对大学生进行思想政治教育，忽视了其他学科的思想政治教育功能；从载体形式上看，过于偏重文本资料，甚至以教科书为唯一教学依据，忽视了非文字性的不断生成的动态资源和其他形式的资源；从人力资源上看，只注重马克思主义理论课教师的主导作用，忽视了其他教师和学校工作人员对学生思想政治教育的影响。

中观资源方面：高校扩招后，学生人数剧增，而思想政治工作人员不增加，相对而言，大大增加了思想政治工作人员的负担，有的高校辅导员与学生的比例高达1∶760。而其他教职员工一般只注重本职工作的完成，认为思想政治教育是思想政治教育工作者的事情，不能真正形成思想政治教育的合力机制，造成高校思想政治教育资源的开发与利用中显性资源与隐性资源结构失调。

3. 校内物质资源与其价值开发结构失调

高校内的物质硬件是高校教育的物质基础，高大宏伟的图书馆、实验楼、计算机房等物质硬件是一所高校实力的象征，但是，有的高校却没有将它们作为思想政治教育资源加以开发利用。例如，只将图书馆作为知识汇集的场所，将实验楼作为能力培养的地方等。硬件建设只是思想政治教育的物质载体，它所体现的思想政治教育功能才是具有决定意义的。在注重物质建设的同时，更应关注它的现代化物质外壳下的丰富内涵，不能造成“教育现代化的物质外壳与丰富内涵之间严重分离”。尤其是网络技术的迅速发展，各高校都建成了自己的校园网，系统不断更新换代，但对新媒体的思想政治教育资源开发利用不够，教育软件较少，思想政治教育软件才是最终进行思想政治教育的资源，软件的缺乏还造成硬件的闲置，有了相应的软件，“外壳”与“内涵”才算真正结合在一起，“外壳”才具有它存在的价值。

(三) 高校思想政治教育网络资源利用不足

新媒体资源是高校新型的思想政治教育资源，为高校思想政治教育提供了新的教育平台。我国目前已形成相当规模的网络体系，各高校也紧跟时代步伐，纷纷建设自己的网络，开发利用新媒体的思想政治教育功能已初见成效，但仍存在不足之处。

1. 思想政治教育网站内容有待充实

利用新媒体进行思想政治教育符合大学生的心理特点，符合时代特征，主动占领这个思想政治教育新阵地已是大势所趋。各高校思想政治教育部门也纷纷建立了自己的网、站、室，内容涉及党团工作、学生工作、马克思主义理论课教学等，但其主要内容却大多数为规章制度、活动通知、消息报道等，师生参与讨论、发表见解、进行心灵交流的BBS或聊天室很少，内容缺乏前瞻性、互动性，思想政治教育网站访问量很小。调查发现，对于思想教育类网站，“经常浏览”的大学生仅占4.5%，“有时去看”的占36.3%，“想看，但不知道网站”的占21.7%，“暂时没兴趣”的占19.7%，“从没看过，也不想看”的占17.8%。中国互联网络信息中心（CNNIC）调查结果显示，我国网民中，18～24岁的年轻人居多，大学生成为接触网络最广泛的群体。但调查显示，上网大学生中，热衷于聊天的占79%，选择玩游戏的占36%，只有不到18%的学生上网是搜索信息，下载软件。高校思想政治教育网站影响力小，覆盖面不足，充实网站、网页的思想政治教育内容已成为我国高校思想政治教育进网络的关键，用积极、健康的思想文化占领网络阵地已成为当务之急。

2. 各高校网站资源有待整合

目前，全国几乎所有高校都已建立了思想政治教育网站，摸索出了自己的思想政治教育网络模式，但这些网站大多数是校园局域网，主要限于本校校内使用，各校网站分散不均衡，互不联系，没有进行交流互动，各自为政，孤军奋战，处于相对独立游离的状态。它们不能相互呼应，取得一定经验的网站经验得不到推广，急需建立思想政治教育网站的高校没有经验可循，这势必会影响思想政治教育网络资源的充分利用。在网络这块阵地上，我国已建立了不少思想政治教育网站，经过几年发展已初具规模，打破各高校思想政治教育网站割据独立的局面，跨越时空障碍，加强各高校间的联系与合作，实现资源共享，优势互补，建立互动平台已成为高校思想政治教育网络资源建设的重要任务。

(四) 高校思想政治教育财物资源不足

整合新媒体资源，需要一定的资金支撑。长期以来，从国家到地方，高校思想政治教育方面的物力、财力投入不足已是历史性问题，造成了必要的思想政治教育活动无法开展，必要的思想政治教育设施、设备不能建设和增加，必要的人员经费不能到位，影响了思想政治教育工作者的积极性和创造性。在经济欠发达地区投入更为有限，成为制约思想政治教育的“瓶颈”问题。例如，由于开发资金投入不足，即使掌握了新媒体技术，也无法顺利地建立思想政治教育网站，更无法快速地建立完善的思想政治教育信息资源库。而且，高校思想政治教育信息资源开发者素养的提高必须要通过专业的培训和利用先进的技术设备，这些都离不开充足的开发资金。虽然现在思想政治教育经费的投入有所改善，各省将高校思想政治教育经费应占政府拨给的事业费和收缴的学生培养费或学杂费总和的比例由2%～4%大致调整到了3%～5%，但实际上，不少学校都未能达到这一要求。由此，可以看出，高校思想政治教育开发资金投入不足，造成了高校思想政治教育资源短缺，影响了高校思想政治教育资源的有效整合。

二、原因分析

(一) 高校思想政治教育资源整合的观念滞后且理论研究乏力

迄今为止，高校思想政治教育资源配置观念还没有发生根本转变，与新媒体时代高校思想政治教育发展需要和大学生的思想变化不相符，还存在着片面、保守、教条的思维方式。思想政治教育工作中缺乏以人为本的教育理念和科学的资源观，由于对学生的资源需求特点认识和把握不够，导致在高校思想政治教育资源整合中出现有效供给不足的情况。同时，对高校思想政治教育资源整合进行系统研究的著作与论文还很少，对高校思想政治教育资源的含义和特征缺乏必要认识，不能对现有资源进行深入挖掘是当前思想政治教育研究的薄弱环节之一。实践需要科学理论的指导，没有科学理论的指导必然导致高校思想政治教育资源整合的不合理。

(二) 高校思想政治教育管理体制相对滞后且管理方法不科学

新媒体时代，高校思想政治教育资源整合需有管理工作体制做保障。早在1994年《中共中央关于进一步加强和改进学校德育工作的若干意见》中就明确提出："各级各类学校党组织都要加强对学校思想政治教育工作的领导。不管学校实行何种领导体制，校长都要对学生的德智体全面发展负责；在党委(总支、支部)的统一部署下，学校都要建立和完善校长及行政系统为主实施的德育管理体制。要把德育贯穿在教育的全过程，落实在教学、管理、后勤服务的各个环节上。学校和教育行政部门的机构改革，应注意对德育机构做出合理安排，有所加强。要建立德育工作的评估制度，并把德育工作作为评价一个地区、一所学校教育教学工作的重要内容。高等学校德育工作应列入'211工程'评估标准。"但是，近20年来的实践证明，高校思想政治教育管理体制和"党委领导下的校长负责制"这一领导体制在实际运作中面临诸多不适应。一是尽管多数学校虽然设主管思想政治工作的副校长，但是他们没时间、没精力领导、组织思想政治工作，党政工团齐抓共管的"大思政"体系没有形成，实践中存在"两张皮"现象。二是学校党委作为思想政治工作的领导者和决策者和行政(院、系)作为思想政治工作的具体实施者和执行者，在现实中很大程度上需要靠人的素质来实现。高校思想政治教育科学管理不到位，一些高校学生工作没有长期规划，也缺少阶段性计划，管理规章制度也不健全，管理人员职责和分工不清，全员思想政治教育意识淡漠，硬件设施和人员配置不全，更没有实施过程管理和目标管理的措施，甚至找不到文字档案记录等。三是新媒体时代，高校思想政治教育面临着新情况，在原有的管理体制和管理方法存在弊端尚未克服的基础上又出现了一些新问题，使得管理体制不健全和管理方法不科学的问题更加突出。

(三) 高校思想政治教育工作者整体素质尚待加强

高校思想政治教育工作者自身素质的高低决定了其对高校思想政治教育资源能否全面认识和正确选择，更决定了其能否合理地整合资源，有效地利用资源。目前，高校思想政治教育工作者的整体素质还不是很高：一是高校思想政治教育工作者数量不足，绝大多数高校专职学生政工干部的配备没有达到教育部规定；二是高校思想政治教育工作者结构不合理，存在专兼职结构不合理，学历结构不合理，职称结构不合理；三是高校思想政治教育工作队伍不稳定，队伍流失现象较为严重；四是高校思想政治教育队伍的整体素质不高，由于工作压力、体制和管理等问题，队伍总体缺乏创造力和活力；五是高校思想政治教育工作者内部资源整合不够。日常思想政治工作者与“两课”教师，特别是与马克思主义理论课教师缺乏协作，理论教育与日常教育没有形成整合优势。高校思想政治教育工作者整体素质不高，将首先影响到高校思想政治教育人力资源配置，又因为高校思想政治教育工作者和教育对象都是人，所以高校思想政治教育工作者整体素质不高将影响任何一种高校思想政治教育资源作用和功能的发挥，影响了整个高校思想政治教育资源的合理整合；六是能力欠缺造成网络资源利用不足。能力欠缺是指高校思想政治教育资源的开发主体，由于能力达不到要求的标准而不能使网络资源得到有效的开发与利用。在新媒体时代，随着网络化、信息化、数字化技术不断发展和普及，只有充分认识和掌握科学技术前沿的“强势群体”，才能被工作对象所接纳，也才能成为实质意义上的思想政治教育工作者。教师低水平的网络应用能力，势必会影响网络资源的开发和利用。学生在网络资源的开发利用方面具有与教师同等的主体地位，但学生需要在教师的指导下才能按照思想政治教育的要求开发利用网络资源，教师网络资源开发利用能力的欠缺也限制了网络资源的开发利用，从而也会影响到高校与校外资源的联系与共享。

第四节　新媒体环境下高校思想政治教育资源整合的路径选择

一、转变思想观念，科学定位资源整合

新媒体时代，高校思想政治教育的环境发生了重大变化，思想政治教育资源整合必须首先从转变思想观念入手，树立整体、全面、开放、效益、

发展的新思想政治教育资源观。为此，需要树立“四个资源观”：

(一) 树立思想政治教育资源辩证观

确立高校思想政治教育资源辩证观，需要我们正确处理好三个重要的资源矛盾关系：一是思想政治教育资源的有限性与无限性问题，思想政治教育的人力资源、财力资源、物力资源、组织资源等就其物质性而言是有限的，但新媒体所提供的思想政治教育资源以及教育工作者利用资源的潜能是无限的。二是思想政治教育资源的有用性与有害性问题。新媒体所提供的资源海量、鱼龙混杂，既可以成为思想政治教育的有利资源，也可能对大学生造成不良的影响。三是思想政治教育资源量与质的问题。量与质的辩证关系要求我们在不断丰富高校思想政治教育资源的同时，也要不断提高资源的“质”，提升资源的利用率。

(二) 树立思想政治教育资源层次观

高校思想政治教育资源是可以从纵横双向划分的矩阵系统。从横向来划分，思想政治教育资源可以分为人力资源、财物资源、信息资源、组织资源、制度资源和文化资源等。就文化资源而言，又可从纵向划分为传统文化资源、国外文化资源与网络文化资源等。思想政治教育资源的层次观要求我们对各个层次的资源进行有效整合，让思想政治教育贴近大学生生活实际，改变过去对有些思想政治教育资源不客观、不现实、理想化过重、人为拔高的情况。

(三) 树立思想政治教育资源整体观

新媒体时代高校思想政治教育资源是丰富多彩的，融传统与现代、虚拟与现实、国内与国外、整体与部分为一体。一般来说，教育者在思想政治教育中直接碰到和运用的总是个别而具体的资源形态。然而，无论哪种资源形态都不是孤立的，而是同其他与之相关的资源形态结合在一起的。这就是资源的整体性质。要提高思想政治教育资源的利用效益，就必须树立对教育资源的整体观，协调好思想政治教育工作者队伍内部以及思想政治教育工作者和非思想政治教育工作者之间的关系，既要看到具体的思想政治教育资源的特性，又要看到相关的各种资源的整体优势，避免资源的重复建设与浪费。

(四) 树立思想政治教育资源发展观

新媒体时代，由于高校思想政治教育资源是同新媒体的发展和人的发展需要以及教育者的开发能力联系在一起的，因而便具有了历史性质，不仅其品类、数量、规模在不断的变化中，而且其功能也在不断地发展着。思想政治教育是精神文明建设的重要组成部分，客观上应与物质文明和政治文明同步发展。高校思想政治教育工作者应坚持资源化建设导向，主动充实网络思想政治教育资源；同时要善于将各类信息加以系统分类整理，变信息资源为网络思想政治教育资源。

二、坚持整合原则，规范资源整合

新媒体时代高校思想政治教育资源整合是依据一定的目的和需要而进行的信息加工活动，是涉及技术可行性、整合后的知识间的关系性以及高校教育功能、学生的满意度等多方面因素的复杂工作，所以在整合的过程中高校要制定出相关的原则、标准来对思想政治教育资源的整合过程予以约束、规范，只有这样才能充分发挥思想政治教育资源的强大功能和优势，更好地为大学生服务。归纳起来，高校思想政治教育信息资源整合原则有以下几种：

(一) 开放性原则

开放性，是新媒体时代的重要特征。当今世界，全球化趋势日益加剧，只有致力于推进世界思想政治教育资源供应体系和需求市场的共同开放，不同思想政治教育资源才能借助于不断扩大的开放发挥互补效应。任何一个实行闭关锁国、地方保护主义政策的国家和地区都不可能在开放的时代背景中领先。要保证思想政治教育资源开发成果辈出，必须以开放的眼界，放眼整个人类资源市场。具体而言，就是要学会利用国际、国内两个资源市场，加强区域之间的思想政治教育资源整合，实现合理开发，有效使用。思想政治教育资源系统本身是一个开放的体系，它不断地同外界的其他不同系统之间发生着信息交流，实现不同地区之间资源的互补和动态交流。但同时也应当看到，新媒体技术的发展使得高校处于一个开放的信息环境之中，也使高校思想政治教育环境日趋复杂。因此，高校在构建思想政治教育环境中必须坚持社会主义的政治方向，开放高校校园媒体信息，在学生自由的选择接受和发布信息的同时，学校应给予积极的、主流的引导和约束。

(二) 创新性原则

创新是一个民族的灵魂和生命力所在。创新就是要突破已有的、不合时宜的旧框框，建立起符合时代新需求的新方法、新体系。新媒体时代高校思想政治教育资源的整合也离不开创新，创新是思想政治教育资源整合应坚持的重要原则。人们总是希望能够看到新闻传媒中有新的东西出现，千篇一律的事物很容易让人产生审美疲劳，导致人们对校园媒体所传播的内容关注度下降，校园媒体的作用就随之减弱。因此，校园媒体思想政治教育资源在进行整合和利用的过程中，应该坚持创新的原则。

(三) 系统性原则

高校思想政治教育资源整合是一项系统工程，按系统论基本原理，一方面，高校思想政治教育资源整合系统自身的动态平衡，是维持该系统可持续存在的基础；另一方面，各高校思想政治教育资源系统之间彼此释放的功能应互相契合，建立良性的互馈机制。在教育中，最忌讳的是各种教育因素的无系统性、不协调性所导致的各种教育影响的相互冲突，使教育的效果被抵消，甚至使被教育者产生思想混乱，导致负效应。因此，在系统整合高校思想政治教育资源过程中，应在充分开发和利用人力资源的基础上，使优秀的高校教师掌握和采用最有效的介体资源，创造最有利的环境资源，充分利用雄厚的网络资源、文献资源，有效协调高校教育系统内部各部门、各单位之间的关系，使高校思想政治教育系统的内部各要素，目标一致、紧密配合，实现高校的各种思想政治教育资源的最佳整合，以充分发挥高校思想政治教育系统的整体功能。坚持系统性原则，最优化是系统论的一个组织原则，可以理解为选择解决某种条件下各种任务的最好方案，使之在资源整合过程中尽量高效、合理、协调。总之，保证高校思想政治教育资源整合系统的功能契合，保持系统内部的动态平衡，是新媒体时代高校思想政治教育资源配置环境协调发展的最基本原则，应严格遵循。

（四）实效性原则

高校思想政治教育资源整合应以学生需求为出发点和落脚点，只有紧紧把握学生需求，以学生满意的方式提供给他们所需要的信息资源，提高信息资源整合的全面性、综合性、时效性和准确性，才能真正确立在新媒体环境下经得住考验的思想政治教育资源体系。所以，在整合的过程中高校必须站在学生的角度去分析、设计和规划，尽可能地方便学生使用，增强思想政治教育资源检索系统的可操作性和实效性。

在整合高校思想政治教育资源过程中，还应兼顾各种校园媒体的经济性和效率性之间的平衡。根据资源本身的属性特征，高校网络媒体思想政治教育资源的整合必须遵循经济性的原则，充分体现实效性。所谓经济性原则，就是指要追求资源整合能实现的最佳效益，能用最少的投入来追求德育资源价值的最大化，要尽可能用少的物质支出和精力支出，达到最理想的效果，具体包括开支的经济性、时间的经济性、空间的经济性。整合高校网络媒体思想政治教育资源要立足经济性，追求实效性，实现效益最大化。在经费上，要用最节约的开支取得最优化的效果。在人力资源上，要充分发挥学生个体、学生团体的力量，让学生积极主动、有质有量地参与到校园媒体的运作过程中。

（五）科学性原则

在高校思想政治教育资源整合的过程中，高校要对信息资源的整合对象、整合内容、整合方式等进行科学的论证，运用一定的技术手段和方法，确定不同类型、不同层次的信息资源整合的范围、比例，并且制定出明确的计划，科学有效地开展整合工作。只有这样，才能使高校思想政治教育资源得到合理的组合，使整合后的思想政治教育资源取得最好的组织结构和功能，最大限度地发挥新媒体时代高校思想政治教育资源的总体效用。另外，还要看到，由于思想政治教育资源本身以及学生需求都具有明显的层次性、差异性，所以高校思想政治教育资源整合过程中还要按不同类型、不同层次、不同方式进行多维的整合，切忌随意拼凑。

（六）超前性原则

思想政治教育的功能不仅在于处理人们已经表现出来的思想问题，纠正其行为偏差，更重要的是要善于预测人们的思想走势，可能出现的思想问题，防患于未然。同样，在新媒体环境下，整合高校思想政治教育资源，也必须以超前性原则为指导，根据当前社会的发展趋势和人们思想发展态势，前瞻性地开发未来思想政治教育所需要的资源，从而提前做准备，增强思想政治教育对受教育者的影响。例如，鉴于新媒体技术的发展和互联网用户激增的趋势，当前应该加强对网络技术资源的利用，率先将其引入思想政治教育活动中，抢占思想政治教育网络阵地，让网络成为思想政治教育资源开发的重要内容。

（七）增效性原则

高校思想政治教育资源整合应切实体现以效益为主的原则，即高校思想政治教育资源整合要有利于重新合理地组合现有资源，使其发挥更大的合力作用，实现 1+1 ＞ 2 的增效效应。经济活动讲效益，高校思想政治教育资源整合也要讲效益，任何设定目标的社会实践活动都必须讲求效益。只有重视效益，合理整合资源，避免造成资源浪费，才能达到比整合前增效、增量的目的，最大限度地避免各种资源浪费，提高思想政治教育资源的利用率。

（八）可持续性原则

随着人们对资源稀缺性特点的认识，可持续发展战略逐渐被各国作为国策加以贯彻实施。在思想政治教育资源整合系统中，思想政治教育自然资源、社会资源和人才资源开发都必须严格遵循可持续发展原则，贯穿始终。因此，贯彻可持续发展原则，就是要求思想政治教育资源的整合既要满足当代人进行思想政治教育的需要和愿望，培养有平等公正意识的、能与自然协调的、可持续发展的新人，又不至于违反思想政治教育规律和社会发展的规律，影响下一代人和未来社会的发展。具体来讲，合理整合思想政治教育教育资源，就是要及时确保教育资源的补偿和再生，避免教育资源的缺乏和枯竭，从而保证思想政治教育的“再生产”和“扩大再生产”。在这一过程中，必须注重发展的持续性、稳定性、整体性、协调性等。此外，不仅要求节约利用，合理配置资源，而且要求对资源进行保护和更新建设，做到在整合中保护，在保护中整合。总之，不利于整合的保护是无价值的，不作保护的整合是不可持续的。

三、加强网站建设，充分发挥资源共享的功能

当前，为适应新媒体时代的要求，要通过高校思想政治教育资源整合，突出抓好以下“五个网站”建设：

㈠ 思想政治教育主题网站建设

高校思想政治教育主题网站，常称校园“红网”或“德育网”(简称主题网站)，它以大学生为主要服务对象，以中国特色社会主义理论为构建网络内容的理论支撑，以学生熟悉的网络软件和信息技术为手段，通过开辟喜闻乐见的栏目，弥补现实思想政治教育手段的不足，有目的、有计划、有组织地全方位渗透马克思主义世界观、人生观、价值观，准确传达党的路线、方针、政策和政治主张，帮助学生排除干扰、辨别是非，提高政治思想素质，为实现伟大中国梦而勤奋学习科学文化知识。主题网站是高校思想政治教育的重要载体和集中表现形式，是高校传统思想政治教育的补充和延伸，是传播红色思想的平台、提供师生交流的平台、实现信息共享的平台、引导心理健康的平台、创新思维方式的平台。正因为如此，各级教育行政主管部门和各高校均非常重视加强主题网站建设，如四川省、山西省等在“十一五”初期，就出台了《普通高校思想政治教育主题网站建设意见》，要求省域内高校建成思想政治教育主题网站和网页，着力构筑高校网络思想政治教育的重要阵地，大力推进校园网络文化建设，积极拓展大学生思想政治教育的有效途径。从实施的情况看，不少高校建成了有特色的主题网站，网站栏目和网页设计较新颖，内容紧贴时事和学生生活，更新较及时，特别是新媒体技术的充分运用，使网页愈加生动，吸引力进一步增强，网站点击率高，学生受到先进文化潜移默化的感染和熏陶，收到润物无声的效果。这些成功经验值得总结推广。

㈡ 党校、团校网站建设

高校的党校是在校党委直接领导下培养党员、党员领导干部、教学理

论骨干和入党积极分子的学校，是高校学习、研究、宣传马列主义、毛泽东思想、邓小平理论和“三个代表”重要思想、科学发展观、习近平新时代中国特色社会主义思想重要讲话的主要阵地。高校团校是高校对团员骨干和学生干部的培训机构，是高校团组织的一种重要教育组织形式，是加强和改进大学生思想政治教育的重要阵地，对于加强共青团的思想建设、组织建设和能力建设起到了十分积极的作用。积极分子的党性教育，具有特殊的教育优势和不可替代的作用。新媒体时代，高校党、团校要充分发挥自身优势，通过开展政治理论的专题课堂教学、以时政热点为主题的研讨会、辩论会、知识竞赛等活动，在提升大学生的思想政治素质上发挥重要作用。一方面，高校的党校、团校是大学生进行理论学习的重要平台；另一方面，大学生参加党校、团校学习，还带有一定的学习任务性质，是促进大学生学习理论知识的重要途径，因此，应大力加强党校、团校网站建设，尤其应不断丰富其内容，增强其吸引力和实效性。

(三) 党委职能部门学生事务管理服务部门网站建设

高校党委职能部门是按照《中国共产党普通高等学校基层组织工作条例》的规定开展工作的，即党的委员会根据工作需要，本着精干高效和有利于加强党的建设的原则，设立办公室、组织部、宣传部、统战部和学生工作部门等工作机构。各机构在履行其工作职责的过程中，其网页设置的基本栏目除了直接与工作相关以外，还应建有专栏，介绍党的基本知识。这些内容，构成了网络思想政治教育资源不可或缺的内容。高校的学生事务管理部门在教育、管理和服务学生的过程中，主要是在校园网上发布大量工作信息，特别是关于学生奖励、活动和违纪学生处分处理的信息，对学生的思想政治教育起着重要作用，构成高校网络思想政治教育资源的重要内容。

(四) 内设教学、科研机构网站建设

高校内设教学、科研单位包括内设行政机构、科研机构和教学单位。现在高校校园网络的建设，除了专题性的网站外，多属于工作平台性质。在这样的架构下，高校内设行政、科研机构的网页建设，多数均没有思想政治教育价值取向的内容设计，但在事实上，这些内设机构网页上的内容，作为一

种隐性思想政治教育资源，也应从思想政治教育视角进行建设，使其充分地发挥作用。高校的教学院系，作为教育教学的基层单位，其网页建设的学科专业特色较强，与学生所学专业关联度高，学生关注度高，实际浏览次数多。因此，教学院系网页中的党建栏目、学生工作栏目、团学活动栏目等，也应承载大量的思想政治教育资源，成为新媒体时代高校思想政治教育资源的重要阵地。

(五) 其他专题性网站建设

在高校开展党建和思想政治工作的过程中，总会结合一段时间的中心和重点工作建设专题性网站，如在“保持共产党员先进性学习教育”、“学习实践科学发展观”、“创先争优‘V’群众路线教育”等活动中，建设保持共产党员先进性教育活动专题网站、学生党员科学发展观学习实践活动专题网站等。在新媒体时代，这些专题网站建设，应特色鲜明、主题明确、学生集中关注度高，使其成为开展高校思想政治教育活动的重要载体、高校思想政治教育资源的重要补充。

四、优化资源整合，提高资源利用率

当前优化高校思想政治教育资源整合、提高资源利用率，可从以下几个方面入手：

(一) 扩大整合主体范围，充分发挥微观资源和宏观资源的作用

1. 从微观资源方面分析

首先，马克思主义理论课教师应该成为新媒体时代高校思想政治教育资源的主要整合者。马克思主义理论课教师具有丰富的思想政治教育理论知识，具有一定的教学经验，熟悉本校及所属地区的思想政治教育资源分布情况，熟悉学生的思想状况，加之熟练掌握新媒体技术，他们是整合思想政治教育资源最合适的人选。同时，教师本身具有的思想、知识、经历等，其言行、教学方式等都是重要的思想政治教育资源，教师本身是这种资源的拥有者，当然应该是这种资源的整合和利用的主体。其次，大学生应该成为开发的主体。现代社会的发展，使得新媒体成为大学生生活中不可缺少的部分，新媒体在大学生之间的交流和学习中所起的作用越来越重要，他们在相互交

流的过程中既受到新媒体传播的信息影响、也受到对方思想的影响，他们的思想、经历、生活经验等都成为思想政治教育资源，所以，大学生不仅是高校思想政治教育资源利用的主体，同时，也应该成为整合的主体。

2. 从宏观资源方面分析

高校领导者和教师（马克思主义理论课外的其他教师）都应该转变各自为政的思想，尤其是学校领导的思想关系到整个学校及校外思想政治教育资源的整合，学校领导首先要重视新媒体时代高校思想政治教育，只有从思想上重视，才能谈资源的整合和利用。学校领导是思想政治教育决策系统的核心，只有重视思想政治教育，才会在制度、规范的制定上有所体现，才会在奖惩等方面进行合理分配，所以，学校领导既是制度层面的静态资源的开发者，也是高校思想政治教育人力资源的整合利用主体。学校领导也是校内、外资源整合的协调者。新媒体时代，建立学校、家庭、社会“三位一体”的思想政治教育网络，形成全员育人的局面已是大势所趋。

（二）创新整合模式，实践探索高校思想政治教育资源整合

从技术操作层面探索高校思想政治教育资源整合模式，有学者提出有“三种整合模式”可供参考。

1. OPAC 整合模式

OPAC，即 Online Public Access Catalog，联机公共检索目录，是高校图书馆进行信息资源整合的最基本方式，值得高校思想政治教育资源整合借鉴。OPAC 书目系统资源整合包括馆内资源整合和馆际间的资源整合两种方式。馆内 OPAC 系统资源整合主要指 OPAC 书目出处与其电子全文图书、电子全文期刊、视听资料的对应链接以及书刊与其评论信息、来源信息的对应链接。学生检索到书目信息后，可以立即阅读书刊的全文，还能浏览与之相关的文字、音频、视频等资源。馆际间 OPAC 系统资源整合主要是通过执行“Z39.50”协议，聚合不同平台上的异构 OPAC 数据库，建立书目整合检索系统。整合后，学生只需通过一个 OPAC 系统界面即可检索到相关思想政治教育的 OPAC 资源。这里的“Z39.50”协议是一个对于整合数字信息资源有重要意义的计算机网络协议，它在信息资源的整合中正发挥着越来越大的重要作用。

2. 跨库检索的整合模式

由于不同的数据库有着不同的编码结构和表达方式，每个数据库使用的检索技术和数据存放格式不同，各数据库以不同的检索界面呈现给学生，学生要掌握这些检索系统的使用方式并非易事。因此，对不同的思想政治教育资源数据库的信息资源进行整合，构建同一个检索平台，实现多数据库的跨库检索。跨库检索的实现机制，就是学生登录到同检索界面提交用户名和密码，指定检索配置，提交检索词，选择要检索的数据库和站点、检索方式等，然后提交选择，系统调用每一个选定的数据库和站点，并把检索表达式转化成系统可识别的表达式，让每个数据库自主完成检索过程，数据库返回的是包含有相应记录信息的静态页面。同时，系统还要对各静态页面进行格式转化以及信息解析工作，提取所需要的信息，转化成统一的格式，最后再对检索的记录进行整合排序，把整合好的统一结构的记录提供到统一的检索界面。

3. 指引库建设的整合模式

在网络思想政治教育资源整合过程中，要把杂乱庞杂的信息资源整合成用户易于接收的形式提供给学生，就必须开发出具有二次信息检索功能的指引库。但指引库实际上只是采用超文本技术建立的虚拟数据库，从物理上并不存储各种实际的信息资源，但学生通过对其访问却可以检索到有关思想政治教育的实际资源，即它可以指引学生到特定的网址获取所需要信息。指引库的建立首先要搜索相关网站，这种搜索可以采取自动搜索技术、用户登录和手工查找等方式，然后集成相关站点的相关页面信息和数据库信息，确定检索体系以及所使用的检索语言，同时建立各种索引，如关键词索引、分类索引等，最后建立便于用户使用的人机检索界面，可使用户直接点击或浏览所要查询的主题。

(三) 有效运用资源，增强高校思想政治教育的效益

1. 适用人力资源

人力资源是从事高校思想政治教育的专兼职人员。整合新媒体所提供的高校思想政治教育资源，需要有专门的队伍进行专门的研究和操作。要增强思想政治教育的效益，首要的还是必须充分发挥好人力资源的优势。

2. 善用财物资源

财物资源是构成高校思想政治教育所需要的物力和财力的各种成分的总和。高校思想政治教育的网站建设和技术维护都要依赖于具体形态的物力资源，也离不开高校思想政治教育的经费投入与支持。物力资源与财力资源一起在高校思想政治教育过程中起着一种物质基础和支撑作用。因此，必须确保资源投入的总量与实际需要相适应。

3. 巧用组织资源

新媒体时代高校思想政治教育是高校党政工作的一个重要组成部分，加强和改善校党委的领导，是做好思想政治教育的关键。需要强调的是，大学生党员应以身作则，在思想、道德、作风上自觉成为其他同学的表率。思想政治教育只有在党委的统一领导下，党、政、工、团共同努力，齐抓共管，各部门密切协作，构建一个纵横交错的思想政治教育网络，群策群力，才能使大学生的思想政治教育有声有色。

4. 活用文化资源

新媒体时代高校思想政治教育内容是思想政治教育文化资源整合的结果，没有思想政治教育文化资源就没有思想政治教育内容，思想政治教育也就无从谈起。思想政治教育文化资源越丰富，思想政治教育内容的选择性也就越广越充实。因此，我们要善于借助新媒体技术，大力开发整合思想政治教育的文化资源，为其教育内容改革提供充足来源。

(四) 以校内资源为中心，优化整合校际资源

各高校的思想政治教育资源各有所长，应该在整合利用本校资源的基础上，优化整合校际资源，促进资源共享。新媒体的发展为高校思想政治教育资源共享提供了可能。首先，加强校际合作，促进教师资源共享。教师资源共享形式多样，可以互聘教师、交流思想政治教育经验、跨校选课、进行远程教育等。其次，加强校际资源共享，创造新的资源。各高校思想政治教育资源的整合主体具有各自的思想和智慧，在校际合作情况下，不仅可以整合利用本校资源，还可以利用外校资源，从而可能产生新的想法，形成新的资源。最后，建立以中央网站为中心的高校思想政治教育网络平台。可以建立以中央网站为枢纽、各高校思想政治教育网站为支撑的网络系统，共同组

成网站网络，自己作为网络的子系统，可以共享其他网站的资源，这既体现了统一性，又体现了多样性。

五、建立健全管理体制，为资源整合提供保障

(一) 要整合好传统媒体与新型媒体资源

加拿大传播学者麦克·伦汉提出：“报纸是人体的延伸，广播是耳朵的延伸，电视是视力、听力的同时延伸。”以此，网络则是报纸、广播、电视等传播媒体的延伸。高校校园媒体在高校文化建设，特别是高校思想政治教育中的作用是通过它的导向性和影响力来实现的，而这种导向性和影响力又要通过校园媒体的整合和延伸来实现。因此，传统媒体作为承担校园宣传工作的首要因素当之无愧。在新媒体技术高速发展的今天，新媒体已经成为我们生活的主流媒体，它不仅对大学生的学习和生活产生重大影响，而且在高校思想政治教育中所起的作用也越来越显著。无论是传统媒体还是新型媒体，每一个媒体都有对自己的定位，即对自身传播的性质、任务、传播对象的规定。如何充分利用各个媒体的资源，充分发挥各个媒体的传播优势，以达到最佳的思想政治教育效果，是高校媒体联动和整合的主要目标。因此，我们要整合好传统媒体与新型媒体资源，通过极强的视觉吸引力和声音感染力，充分发挥两者在高校思想政治教育中的作用。

(二) 要实行管理模式的变革

高校的媒体管理工作多由学校党委宣传部或共青团组织、学生工作部门以及学生社团负责，这体现出高校媒体运作中的政治把关性和操作主体的学生化倾向，学生在校园媒体中的主动权在提升，这一趋势有其存在的必要性和合理性。但在新媒体时代，文化多元、信息激增、受众兴趣和选择方式日益多样化，如果一味固守现有管理模式，势必影响到高校思想政治教育资源的进一步优化整合。因此，高校校园媒体有必要实行管理模式的变革，实质性的变革措施就是依据校内各大媒体形态已经基本完备的现实状况，组建校内媒体的综合管理协调部门，统一负责全校各种媒体的有机配合和协调运转，从而形成校内新闻宣传的整体系统合力，打破以往高校报纸、校园广播、电视或校园网络分别由多个部门分散管理、各自为战的格局。只有这

样，高校媒体才有可能获得一个较有利的、有序、有效的发展空间，并依托其中，扬各自优势，避各自不足。目前，我国许多高校已在实践探索中组建了能较好地实现上述功能的校园传媒统一管理机构“新闻中心”，有了这个机构，党委宣传职能部门对媒体的管理相应转变为对媒体传播内容上的必要指导和要求，相关具体运作则交由新闻中心去实施，从而实现真正意义上的宏观舆论调控。这样，高校校园媒体传播就可以获得更多的、能遵循自身运作规律的发展空间，为其顺应时代发展争取到一个较为有利的环境。例如，将各媒体的新闻资料综合起来，由负责报纸的媒体编辑出版报纸，由负责网络的媒体发布网上新闻，由负责广播的媒体播出一些时事的新闻，由负责电视的媒体制作视频新闻。新闻中心负责新闻采写和平衡协调各媒体，新闻中心的采编人员在熟悉全面工作的前提下，具体负责某项工作，从而使媒体整合的广度和深度得以延伸。新闻中心的运作可以有效地解决稿件的综合处理、相互传递、技术手段、时间差等问题，统一策划和采访新闻、撰写通稿、编排版面，制作节目等相互配合、相互补益，使理论和实践更好地结合。即是说，整合后，新闻中心的采、编、播、制作、管理、发行等工作融于一体，成为统一的信息集散地。

(三) 要建立健全运行管理的相关制度

高校校园传媒主管部门要统一制定媒体运行、管理的一系列规章制度，保证校园传媒工作的制度化和规范化，以制度建设推动思想政治教育资源整合。第一，重视队伍建设，突出专业化，通过建立人才引进制度，规定校园传媒的用人标准和选拔程序，保证通过竞争选拔专业知识牢固、专业技能扎实的新闻传播人才。第二，建立一套完整的工作制度和纪律，制定校园传媒传播工作中的具体行为规范。第三，建立培训制度，定期或不定期举办业务培训班，以提高校园传媒工作队伍的实际工作能力。第四，建立绩效考评制度，定期对校园传媒工作者的工作进行考核，对在宣传工作中表现突出的，给予奖励和表彰。最后，强化网络监控，有效引导网络舆论等基本内容，从而为高校思想政治教育资源整合提供保障。

六、加大投入，为资源整合提供支撑

加大资金投入，增加高校思想政治教育资源的总供给量。如果没有相应的资金投入，是难以取得所需要的思想政治教育资源的。一些地方思想政治教育资源储备较为丰富，但整合利用不够，其原因常常是缺乏必要的资金投入。因此必须加大投入，以增加高校思想政治教育资源的现实供给量。随着经济的发展，国家应加大高校思想政治教育投入比例，并且要有计划地逐年增加；地方应结合本地经济发展状况和思想政治教育发展需要进行投入，制订切实可行的投入计划，保证投入到位；每个单位应根据自身思想政治教育活动开展情况来加大投入，进一步完善新媒体技术硬件建设，为高校思想政治教育资源的有效整合提供资金支撑。

参考文献

[1] 刘流民 . 新媒体环境下高校思想政治教育实践路径研究 [D]. 南昌：东华理工大学，2016.

[2] 张帆 . 新媒体背景下高校思想政治教育载体创新研究 [D]. 成都：成都理工大学，2016.

[3] 邱燕 . 新媒体环境下高校思想政治教育工作的优化策略 [J]. 学校党建与思想教育，2015(24)：62–63.

[4] 刘雅婷 . 新媒体环境下高校思想政治教育研究 [D]. 大连：大连海事大学，2015.

[5] 王志远 . 新媒体视域下高校思想政治教育研究 [D]. 昆明：云南财经大学，2015.

[6] 田博 . 高校思想政治教育在新媒体环境下所面临的挑战及应对策略 [D]. 信阳：信阳师范学院，2015.

[7] 魏晓文，李晓虹 . 新媒体环境下高校思想政治教育传播效果研究 [J]. 大连理工大学学报(社会科学版)，2015(01)：96–100.

[8] 吴艳 . 校园新媒体环境下高校思想政治教育途径路径研究 [J]. 湖北省社会主义学院学报，2014(06)：94–96.

[9] 鲁凤 . 自媒体环境下高校思想政治教育的境遇解析与路径探究 [J]. 黑龙江高教研究，2014(06)：124–126.

[10] 张阳 . 新媒体环境下高校思想政治教育研究 [D]. 兰州：兰州商学院，2014.

[11] 张贵仁 . 新媒体环境下高校思想政治教育实效性解析 [J]. 佳木斯教育学院学报，2014(02)：50–51.

[12] 伍安春，陈彩健 . 新媒体环境下高校思想政治教育的信度危机及其应对思考 [J]. 探索，2013(05)：140–143.

[13] 刘旭 . 新媒体环境下大学生思想政治教育研究 [D]. 郑州：郑州大学，2013.

[14] 张佳 . 新媒体环境下增强高校思想政治教育实效性的思考 [D]. 大庆：东北石油大学，2013.

[15] 汪馨兰，戴钢书 . 创新与发展：新媒体环境视域下的高校思想政治教育 [J]. 思想教育研究，2013(02)：78–80.

[16] 王焕成 . 新媒体环境下高校思想政治教育的理念探索与路径选择 [J]. 湖北广播电视大学学报，，2010(04)：37–38.